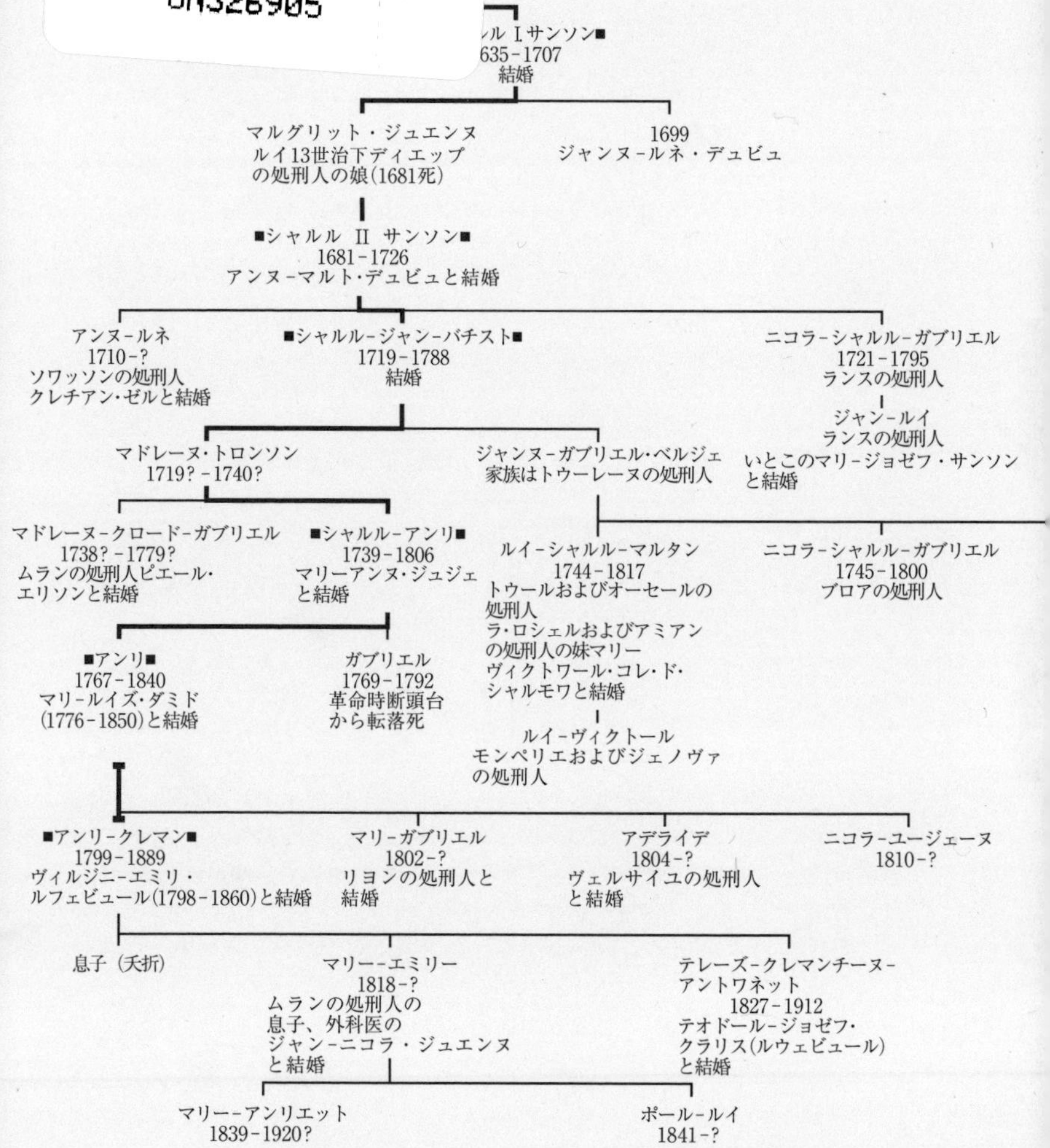
ルル Iサンソン■
635-1707
結婚
マルグリット・ジュエンヌ
ルイ13世治下ディエップ
の処刑人の娘(1681死)
1699
ジャンヌ-ルネ・デュビュ
■シャルル II サンソン■
1681-1726
アンヌ-マルト・デュビュと結婚
アンヌ-ルネ
1710-?
ソワッソンの処刑人
クレチアン・ゼルと結婚
■シャルル-ジャン-バチスト■
1719-1788
結婚
ニコラ-シャルル-ガブリエル
1721-1795
ランスの処刑人
ジャン-ルイ
ランスの処刑人
いとこのマリ-ジョゼフ・サンソン
と結婚
マドレーヌ・トロンソン
1719?-1740?
ジャンヌ-ガブリエル・ベルジェ
家族はトゥーレーヌの処刑人
マドレーヌ-クロード-ガブリエル
1738?-1779?
ムランの処刑人ピエール・
エリソンと結婚
■シャルル-アンリ■
1739-1806
マリーアンヌ・ジュジェ
と結婚
ルイ-シャルル-マルタン
1744-1817
トゥールおよびオーセールの
処刑人
ラ・ロシェルおよびアミアン
の処刑人の妹マリー
ヴィクトワール・コレ・ド・
シャルモワと結婚
ニコラ-シャルル-ガブリエル
1745-1800
ブロアの処刑人
■アンリ■
1767-1840
マリ-ルイズ・ダミド
(1776-1850)と結婚
ガブリエル
1769-1792
革命時断頭台
から転落死
ルイ-ヴィクトール
モンペリエおよびジェノヴァ
の処刑人
■アンリ-クレマン■
1799-1889
ヴィルジニ-エミリ・
ルフェビュール(1798-1860)と結婚
マリ-ガブリエル
1802-?
リヨンの処刑人と
結婚
アデライデ
1804-?
ヴェルサイユの処刑人
と結婚
ニコラ-ユージェーヌ
1810-?
息子(夭折)
マリー-エミリー
1818-?
ムランの処刑人の
息子、外科医の
ジャン-ニコラ・ジュエンヌ
と結婚
テレーズ-クレマンチーヌ-
アントワネット
1827-1912
テオドール-ジョゼフ・
クラリス(ルウェビュール)
と結婚
マリー-アンリエット
1839-1920?
ポール-ルイ
1841-?

パリの断頭台

七代にわたる死刑執行人サンソン家年代記

バーバラ・レヴィ
喜多迅鷹／喜多元子 訳

法政大学出版局

ケイ・ブラウンに捧ぐ

Barbara Levy
LEGACY OF DEATH
The Remarkable Saga of the Sanson Family,
Who Served as Executioners of France for Seven Generations

Japanese translation rights arranged through
Japan UNI Agency Inc., Tokyo

はじめに

この本は、著者のためにフランス中の市町村当局および記録係に対してのみならず、パリの電話帳に収載されている二十九のサンソン家に宛てて、無数の手紙を書く労をとられたパリ事務所のジョルジュ・ワルツマン氏に深く負っている。氏の興味と励ましは尽きることがなかった。また弁護士ジャン・ジャキノ氏にも心からの謝意を捧げたい。この尊敬すべき友人は、忽忙《そうぼう》の間私の質問に煩を厭わず答えられ、電話や手紙を通して、あるいは直かに援助を与え続けられた。さらに、快く多大の時間を割き、多くの興味深い記録を発掘して下さったパリ警視庁博物館のジョルジュ・アルビュルジェ夫人、および私の研究を助けて下さった国立図書館、国立資料館《アルシーヴ》、カルナヴァレ博物館の職員のみなさんにも深く感謝の意を表したい。また、ニューヨーク公立図書館プリント室のエリザベス・ロスおよびロバータ・ウォンのご両人の豊富な知識と資料がなければ、私は私が望んでいた図版の多くを発見することは先ず不可能であっただろう。最後に、北フランスの寒くて湿っぽい旅に同行し、サンソンが生活し仕事をしていた町々を共に訪れてくれた妹のジェシカ、およびある雨の日曜日、一日つぶしてモンマルトルの墓地を共に訪れ、サンソン家の墓碑の写真を撮ってくれたいとこのケネス・ストラウスにも同じく感謝したい。

目次

パリの断頭台

——七代にわたる死刑執行人サンソン家年代記——

ヴィヨン墓碑銘※

わが亡き後に　ながらふる　一切衆生《いっさいしゅじゃう》よ、
頑《かたくな》なる心を　われらに　抱《いだ》くなかれ、
不憫《ふびん》なるものよと　われらを憐れまば、
神は　直ちに　聖寵を　汝らに垂れむ。

鈴木信太郎訳『ヴィヨン全詩集』（岩波文庫）

※一般には『絞首罪人の歌』と呼ばれている。

プロローグ

第二十区にあるその墓は、モンマルトル墓地の中でも最も古いものの一つである。まわりをとり囲む鉄製の手すりは錆びつき、つつましい墓石に刻まれた文字は、ほとんど判読できなくなっている。この広大な墓地の小路の一隅に押しこめられ、周囲にもっと仰々しい墓が立ち並ぶ中で、ひっそりと小さくなっている。エクトール・ベルリオーズ、エミール・ゾラ、テオフィル・ゴーチエ、スタンダール、ゴンクール兄弟、などといった著名人のかたわらにあって、サンソン家《ファミーユ・サンソン》という言葉からは何の響きも伝わってこない。通りがかりの人の目は、マダム・レカミエ（訳注 文人・政治家が多く集まった有名なサロンの女主人）とか、アルフォンシーヌ・プレシス（訳注『椿姫』のモデルになった娼婦）などの墓碑は把えても、シャルル－アンリ・サンソンやその孫アンリ－クレマンの文字の上は素通りしてしまう。

歳月風雪はサンソンの名をぼやけさせてしまった。しかし、一六三五年から一八八九年までの三世紀の間、その名はフランスにおいて他の誰にもおとらず良く知られていたものである。サンソン家は七代にわたって、王侯貴族、枢機官、政治家、作家、銀行家、革命家、新聞編集者および王の寵姫などとの近づきを誇ってきた。サンソン家の一族は重要人物であったが——愛されるというよりは恐れられ、尊敬されるというよりはさげすまれていた。しかし、不運な始まりから不名誉な終焉にいたるまで、サンソンの家名は、フランスの歴史と切っても切れない関係にある。

一九七二年度版のパリの電話帳には、二十九所帯のサンソンの名が載《の》っているが、そのすべてがこの死刑執行人の家系との関わりを否定している。直系の子孫の墓参りが確かめられたのは、一九二〇年が最後である。だが、一九七一年の五月と、さらに一九七二年の五月にも、二鉢の赤いゼラニウムが墓前に供えられた。だから、誰かが——友人であろうか、縁者であろうか？——憶えているのだ。王室の処刑人たちもまた人間であるということを、誰かが知っており、彼らを人間として厚く弔《とむら》っているのだ。

初代サンソンのデビュー

彼は丈の高い男であった。彼を見つめつつ立ちつくす群集の誰よりも高かった。そして今日、彼の背丈は、彼が立っている足場のせいで強調され、誇張されている。俳優か？ その端正な顔立ち、肩まで垂れた灰色がかった金髪、そのほっそりした腰や長い脚などを見れば、そのようにも見える。だが、彼の肩幅、強い首すじ、活力みなぎる筋肉質の腕などが、もっと精力的な職業を物語っているようだ。軽業師《アクロバット》？　石工？　兵士？　もう少し注意して見れば、さらに訳の分からない矛盾点に気がつくだろう。この男の褐色に日焼けした皮膚は、刻まれた幾条もの皺《しわ》とは不似合いに若々しいし、彼の身体はその存在を申し訳なく思っているにしては余りにもしなやかで健康的である。なぜ、彼は肩を落としているのか。まるで恥じ入ってでもいるかのように、突然、見物人から顔をそむけるのはなぜなのか？

すでに、黒山のような群集が、街路という街路、路地という路地から、その広場めざして集まっていた。というのは、この男はルーアンの生まれではなかったのに、その名が知られていたからだ。はじめのうちは、群集は黙って彼を値ぶみし、彼の外見を観察することでその好奇心を一時的に宥《なだ》めていた。しかし、待ち時間が長びくにつれ、ひそひそ声の憶測はやがていら立ったぶつぶつ声となり、さらには言い合いや苦情となっていった。

その時、口ぎたない喚声《かんせい》に迎えられて、二番目の男が姿を現わした。両手は固く握られ、腕は高く上げられていた。とるに足らない人物として、この新参者はほとんど群集の不興を招くにも値しないように見えた。破れた半ズボン《ブリーチ》しか身にまとわず、やせ細った上半身を剝き出しにしたこの男の肋骨は、肉で覆われているというより、むしろ透明な絹で覆われているかのようだった。

三番目の男が足場の上に登った。すると突然、水を打ったような静けさが広場を押しつつんだ。

ピエール・ジュエンヌの存在は、いつでも、たちまちのうちに、憎悪と軽蔑と恐怖の入り混じった沈黙を呼び醒ました。今日の沈黙には、その上に好奇心の要素がつけ加わっていた。というのは、背高の金髪の大男は、ピエール・ジュエンヌの義理の息子であったばかりでなく、彼の新しい助手でもあったからである。

ピエール・ジュエンヌは、ルーアン、ディエップ、およびコードベカンコーの刑執行人であった。一六六三年のこの日は、この若者、シャルル・サンソン——その前身は冒険家であり王の兵士——にとっては、そのデビューを印す重要な日であった。このドラマにおける彼の役割は、第二義的なものかもしれないが、すべての目は彼の上に注がれていた。彼は義父と同じ服装をしていたが、その粗いウールのシャツ、それにベストと膝までのズボン、毛のストッキング、厚底のブーツなどは、ボアシエール侯爵の率いる連隊の大尉の色彩豊かな軍服とはまるで異なっていた。彼の立ち姿があまり堂堂としていないのは、神経質になっていたせいであろう。だが、なぜ彼が神経を立てねばならないのだろうか。彼はただ、犠牲者の真の刑罰——車裂きの刑——に先立って行われる笞刑《ちけい》をとりしきれば良いのだ。

手渡された太い棍棒を受けとる時、この元兵士が顔面蒼白になったのは奇怪だし、さらに奇怪なことには、彼の額一面に玉の汗が吹き出すのが、処刑台の間近かにいた人びとの目にとまった。彼は一瞬ぐらりとし、それから前方によろめき出たが、両脚が下でもつれて木の足場の上で転倒してしまった。棍棒は彼の力萎えた身体のそばに音を立てて転がった。

王室の処刑人たる地位を占めるばかりか、処刑人の家系の創始者になろうとしていた男にとって、これは不運なすべり出しではあった——その息子や孫息子が彼のあとを継ぎ、孫娘や曾《ひ》孫娘が処刑人を失とし、その兄弟や叔父や従兄たちが、フランスのあらゆる大きな町や都で、斧や剣を振るい、首を吊るし、四つ裂きにし、火焙《あぶ》りにし、焼き鏝《こて》を押し、手足を切り、車裂きにし、しまいにはギロチンで首を切ることになるであろうこの男にとっては。

サンソン一族の以後の業績は、年代記の中に詳しく記録されている。しかし、この男、初代サンソンに関しては、公的記録は簡略で、ただ、「マルタン・エスローなる男の車裂きを取り行なうにあたって、処刑人ピエール・ジュエンヌが罪人の笞刑を婿に命じたところ、かの婿は気絶し……群集の嘲笑を浴びた」とあるにすぎない。

一八六二年発行の『ル・ヌーボー・パリ』の中で、セバスチャン・メルシエは、処刑人の心に何が去来するのか——自分の恐ろしい役目を、ごくありきたりの仕事とみなしているかどうか、死刑囚の最後の言葉を聞き、最後の眼差しを見たことを知りながら、夜の眠りに就くことができるのかどうかを知りたい、と書いている。

サンソン一族とはどのような人びとなのか。おおかたの人にとって、彼らは不気味な存在であった。太い指と血糊のついた爪を持った怪物であり、嫌悪され、罵倒され、恐れられるべく運命づけられた忌まわしい対象物であった。しかり、彼らは人間ではなく、物体であった。人びとは彼らの存在を我慢し、彼らの任務を必要悪として容認していた。いったい全体、彼らには感情というものがあったのだろうか？ 彼らも愛したり憎んだり、弱みや欲求、偏見、疑念、恐れといったものを持っていたのだろうか？ この種の仕事に身をゆだね、みずから人非人としての生活を送った挙句、自分たちの息子にまで同じ道を歩ませるのは、いったいどんな種類の人間なのだろう、——傲慢なのか、虚栄が強いのか、野心家なのか？　『監獄年鑑《アルマナ・デ・プリソン》』に所収された十八世紀の版画の一つに、処刑を行なっている男の図がある。彼の手はすでにギロチンの刃を落下させる綱を引きしぼっており、彼の頭はすでに断頭台へとめぐらされている。この男はサンソンであり、図の下には次のような詩がのっている。

サンソンの深き叡智を讃めたたえよ
そは、宿命の刃《やいば》にてすべてを滅ぼす
かくの如き恐ろしき状況にありて、
彼は何をなし得ようぞ、
ただみずからを断頭するのみ。

初代シャルル・サンソンの運命の恋

サンソン一族の出に関しては、いくつかの伝説がある。そのもっとも一般的なのは、彼らがフィレンツェの生まれであり、姓はサンソニ（あるいはサンゾニ）で、マリ・ド・メディチの随行員としてフランスへやってきた、というものである。この一族の最後の処刑人であったアンリ－クレマン・サンソンは、長たらしい眉唾ものの家系史の中で、次のように述べている――「罪人の処刑に一生をかけた初代サンソンであるピエトロ・サンソニ（彼はイタリア人であった）がこの非道なる職業についたのは、なかば彼の生きた時代の英雄的な感情のせいであり、なかば恐ろしい運命の組み合わせのせいであった」。

二番目の話は、サンソンの子孫の一人が確立したものであるが、この家の真の家紋は十字軍の時代にさかのぼり、サンソン・ド・ロンヴァルはウィリアム征服王の父、ロベール・ル・マニフィークの家令であった、と主張している。ずっと後になると――そしてこちらの方が本当らしいが――破れ鐘の紋章と、サン・ソン（音の出ないの意）という語呂合わせめいた語句がついた楯が見られる。

第三の説によると、この家系は十五世紀にアベヴィルで確立され、富裕なブルジョアジーに属し、一族の何人かはアベヴィルの地方役人（*échevin*《エシュヴァン》）であった。中の一人は、伝えられるところでは、アンリ四世の宮廷に仕え、その孫のニコラ・サンソン（地理学者でルイ十四世の教師）は、サンソン・ド・ロンヴァルの子孫ということになっている。

これら諸説はみな、事実以上の神話（もっと正しく言うなら、願望的思考）を含んでおり、明らかに、同一の理由に基づいて生まれたものである。血塗られた祖先に対する嫌悪と恥辱で一杯になったサンソン一族が、数世紀にわたって、考え得る限りの方法で、自分らの存在を弁明し、身の証しを立て、赦し、贖罪《しょく》し、高め、正当化し、擁護しようとしてきたものだ。貴族の出であることを証明しようと努めたのもその一つにすぎない。しかしながら、ド・ロンヴァルという呼称から、彼らはロンヴァルが位置しているピカルディ地方の出であることになるが、この地方の舞台に彼らが姿を現わしたのは、十五世紀ではなく、十七世紀であると記録されている。

ロンヴァル（Longval）の村は、（当時は Longueval《ロングヴァル》と綴られていた）三百人の住民から成り、封建的包領（訳注 その国の全土または大部分が他国の領土に囲まれている領土）で、王庫、教会、そしてサンソンという名の男に税金を支払っていた。この男は、地方藩主の一封臣にすぎなかったが、村の税金の三分の一を徴収していたため、貴族を暗示するサンソン・ド・ロングヴァルという呼称でみずからを名乗った。実際に居住していたのは、ロングヴァルから約八十キロ、海岸からわずか二十キロの、ソム川沿いの豊かな商業都市であるアベヴィルであった。この町は布の製造の中心地であっただけでなく、繁華な港町でもあり、この地の富裕な中産階級は、魚、ぶどう酒、動物の皮、東洋の香料、木材、木綿、その他多くの国内国外の商品を扱っていた。ロングヴァルからの税収を、サンソンはこのうちいくつかの有利な商売に投資して、非常に裕福に暮していた。

彼は、ブロシエ嬢と結婚し、ジャン－バチスト（一六二四）とシャルル（一六三五）という二人の息子をもうけたことが分っている。この二人がまだ非常に若かった頃、両親が相ついで疫病で死に、彼らは、リムーの領主であった母方の叔父ピエール・ブロシエに養育された。

ブロシエには、コロンブという名の、シャルルと同い年の娘があり、二人はごく幼い頃から相思相愛の仲であったと言われる。十一歳年長のジャン－バチストは、勉学を積んで司法官の称号を取得した。そこで、叔父は、彼にアベヴィルの裁判所の判事の地位を獲得してやり、コロンブをめとるように告げた。

ブロシエが、自分の娘に対するシャルルの気持を知ったうえで彼を家から出したのか、若者が失恋の痛手でみずから家を出たのかははっきりしない。ともかく、シャルルは、王室に仕える決心をしてアベヴィルを去り、パリへ向った。彼は、ロシュフォールで王の艦隊に合流し、ケベックへ向ったものと思われる。ケベックで三年間の従軍ののち、フランスへ帰りツーロンに上陸した彼に届いたのは、彼に助力を求めるコロンブの手紙であった。

アベヴィルでは、ピエール・ブロシエはすでに亡く、コロンブの夫となっていたジャン－バチストも病に倒れていた。コロンブに遺贈されたリムーの領地は地方領主に押収されてしまい、その奪還訴訟のためにジャン－バチストは彼の財産を使い果して、今や家を売らねばならない破目におちいっていた。おまけに、おそらくこの不幸な出来事のせいだろうが、ジャン－バチストは卒中に見舞われ、麻痺で盲目の身となっていた。新大陸で稼いだ金で比較的豊かになっていたシャルルは、この夫婦をできるかぎり援助した。しかし、コロンブと一つ屋根の下に暮すうちに自分の感情を押え切れなくなったシャルルは、一六六一年に、突如として自分の預金の大部分をコロンブに与え、王の代官でありディエップの町の総督であるド・ラ・ボアシエール侯の連隊で、大尉の職権を購入した。

一年ののち、シャルルは、ジャン－バチストが死に、貧乏な未亡人となったコロンブがアベヴィルを立ち、彼に会うためにディエップへ向かったとの知らせを受けた。彼は、彼女の旅の最後の行程でどうにか彼女と合流し、二人してディエップに向けて馬に乗って行くうちに、大嵐に遭遇した。落雷に仰天した馬は、ひるんで棒立ちになり、二人は地面に投げ出された。シャルルが意識を取り戻すと、男と、女と、若い娘が自分を介抱しており、彼らから、コロンブが死んだことを知らされた。

連隊に帰れるほどに体力を取り戻すまで、ジュエンヌという姓のこの一家が――というよりはマルグリット・ジュエンヌが――彼の面倒を見てくれ、やがて彼はこの娘と恋におちた。彼女は彼の情婦になることは承知したが、なぜか頑強に、妻になることを拒んだ。ある日、ディエップの中央広場を通りかかった彼は、処刑台を目にとめ、そのそばに背高のひげの男をみとめた。それがマルグリットの父であり、ディエップ、ルーアン、およびコードベカンコーの処刑人、ピエール・ジュエンヌであることを知ったシャルルは、愕然として、次に、重い心で、娘が彼の求婚を受け入れられなかった理由を悟《さと》った。

処刑人に対する偏見は、これより百年以上も後の革命の到来とともにはるかに増大したものではあるが、それ以前のいつの世にも存在していたし、地方の町や村ではそれがとくに強かった。処刑人の娘は、他の職業の男との婚姻を禁じられていた。ある処刑人の家庭に適齢期の娘がいた場合には、玄関の扉にその事実を公示する貼り紙を出し、村の若者がかくも血で汚れた家系に巻きこまれることはおろか、娘とひょっこり顔を合わせることさえないようにするべく義務づけられていたそうである。処刑人への勅書、委任状、支払書、その他の文書等は、彼らに手渡してはならず、受取人がひざまづいてそれを手にしなければならないように地面に放られるべきものとされていた。処刑人たちは、しばしば、村はずれの淋しい場所に住むことを要求され、地方によっては、家を赤ペンキで塗るように命じていた所もある。教会では、処刑人の席は他の人びとの席から離れているのが普通だった。民衆の偏見が増すにつれて、処刑人の中には住居が見つけられない者も出て来たし、他の顧客の足が遠のくのを恐れた商人たちは、しばしば彼らに物を売るのを拒絶した。

シャルル・サンソンは、事態がこの先どうなるかを認識していたにちがいない。というのは、ジュエンヌの農場に近づかないように努めたからだ。しかし彼の感情は、彼の意志より明らかに強かった。小さい村の常とて、二人の関係は間もなく司令部の耳に達した。ボアシエール侯は、連隊の名誉を汚した廉《かど》でこの部下を叱責し、マルグリットに会うのを止めるか、さもなくば職権を放棄せよと命じた。シャルルは兵営を去り、ジュエンヌの農場へ戻ったが、そこでもまた、ピエールから、マルグリットと結婚するか、さもなければ実の父であるピエールが彼女を殺さなければならないと脅迫された。シャルル・サンソンは職権を捨てて彼女と結婚した（後になって、ジュエンヌの姓はノルマンディでは良く知られていることに彼は気づいた。この一族の男はすべて処刑人であったのだ）。

初代サンソンがこの職に入ったのは、このような次第であった。そしてこの職業は、以後六代にわたって彼の家系のものとなった。彼は好きこのんでこの職についたのではなく、やむを得なかったのだ——恋におちた者の重い罰金として。

初代シャルル・サンソンの生活と生涯

フランス革命の一世紀前における正義の観念は、現代の目から見ると正義でも人道的でもないように映るかもしれない。しかし、それは、教会と国家が一つであり、「正義」が神の正義を意味していたこの時代においては、つじつまの合ったものであった。それは、神授の権限に基づいて神の代理として人民を統治した王の名のもとに施行された。罪人を処罰することは神の意志であった。それゆえ、教会と君主の視点では、刑罰は創造主を讃美することに通じた。最も残酷な責めの形態をも正当化したこの正義は、中世以来一般的であり、人びとが教会の絶対的権威を信じ、その教えに盲目的信頼を抱き続けた間は存続した。

フランスは、一七八九年まで封建社会のままであり、いくつかの州《プロヴァンス》や地区《セクトゥール》に分かれ、それらを統治していた富裕で強力な貴族たちは絶大なる特権を有し、その権威は絶対的であった。

領主および枢機官（彼らの多くはその両方の称号を受け継ぐか獲得していた）は、領地のみならず、そこに住む人びとをも所有していた。それぞれの州が独自の法律を作り施行しており、それらは州によってさまざまであった。十八世紀当初、法廷は、約三百六十種もの異なった法典と格闘しなければならなかった。ある州では罰金刑となる行為が、別の州では焼き鏝《こて》の刑に相当したり、死刑に相当したりさえした。しかしどの州でも、貴族は投獄や責めの危険なしにほとんどあらゆる犯罪を犯すことができたのに、商人階級や百姓はほんの些細なことで苛酷な刑罰を課せられた。陪審員による裁判は存在せず、囚人の尋問は一判事によって行われ、彼はある男を有罪とするに足る証拠を握っていた場合には判決も下した。証拠が不充分な場合には、自白を強制するために拷問を用いることも彼の自由であった。

そして、拷問は刑罰の一形態として容認されていた。「なぜなら、肉体の苦痛を忍んだものは、その罪をまぬがれる」と聖書にある（Iペテロ　4・1）。フランス人はこれを信じ、これに従った。シャルル・サンソンは神を恐れる敬虔な信徒であった。しかし、次第に自分の務めに慣れ、この逃れられない職業に身をゆだねはしたものの、屈辱と不面目が彼の顔面に深く刻まれ、心の苦痛からだんだんとふさぎ気味の性格になっていった。教会は布告を発し、緋《ひ》の衣《ころも》をまとった裁判官は法令や判決を口にすればよかったが、彼らの理念や言葉が現実のものとなるのを見ることが、悪夢にも似たサンソンの務めであった。

　現実はさまざまの形態をとって表われ、その苛酷度は犯した犯罪如何《いかん》であった。晒《さら》し台――罪人を鎖でつなぐ柱――は、パリでは二階立てで八角形の塔から成っていた。罪人は市の立つ日に三日間連続してここに晒され、どの側からも見えるように三十分ごとにぐるりと位置を変えられた。いくつかの町では（オルレアンもその一つ）囚人は尖軸の上を回転する檻の中に立たされた。これは、倒産、偽造、重婚、詐欺、トランプでのいかさま、野菜や果物の盗み、禁書の販売、瀆神といった種の犯罪に対する一般的な刑罰方法であった。時には、カルカンと呼ぶ鉄製の首枷《かせ》がおまけにはめられることもあった。それには、罪人の名と告発された罪状を記した板が下げられた。本格的刑罰の前にしばしば行われたアマンド・オノラブル *amende honorable*（訳注　公然と罪を認めて赦しを乞うた加辱刑）は、囚人を荷車に乗せて街頭を引きまわしたり、古くは、騎士の拍車を汚物の山の上で壊したりすることを意味した。兵士の場合には、彼の楯をハンマーで三つに打ちくだき、頭からたらい一杯の煮え湯を浴びせて凌辱を加えた。笞《ち》刑（一七八九年に一般人に対しては禁止されたが、フランス海軍においては一八四八年まで続行された）や切除刑（焼き鏝を当てたり、手、足、耳、舌などを切断する）などは、一般的な刑罰として処刑人がとり行なった。

耳切り（*essorillement*《エソリユマン》）もまた、しばしば行われた。初犯にたいしては先ず片耳を切り、再度犯罪を押さえられた場合はもう一方を切断された。通常、最初に左耳を切ったが、これは、左耳が生殖器と関連があると信じられていたためである。それゆえ、左耳の欠除は、犯罪性向を受け継ぐ可能性のある子供作りを予防することになると考えられていた。火挟み刑（*tenaillement*《トナイユマン》）は、灼熱の火挟みまたはやっとこで囚人の皮膚を剝ぎとり、そのあと傷口に熱した鉛やワックスや樹脂をそそぐ刑罰であった。両端にローラーのついたラックと呼ぶ拷問台は、そこに罪人の手首とくるぶしを固定し、台を回転させて、関節を引き伸ばし、多くの場合四肢を脱臼させる装置であった。

ギロチンが登場する前までは、死刑の方法はさまざまで、犯罪の種類のみならず、罪人の社会的地位によって変わっていた。火焙りはおもにユダヤ人、プロテスタント、および他の異教徒向きの刑であった。剣での打ち首は貴族階級のためだけの特権で、一般民衆には斧が用いられた。浮浪人、すり、かっぱらい、その他のちゃちな犯罪人の命運は、首吊り役人の輪縄のところで尽きた。四つ裂きの刑（ほぼ例外なく尊長者殺しに適用された）は、囚人の手足を四頭の馬に縛りつけたのち、馬を四方に追い立てるものであった。

車裂きの刑は、ドイツで考案されたものといわれている。罪人は荷車の車輪に固定され、四肢は車《しゃ》輻《ふく》沿いに伸ばされた。車輪が回転すると、処刑人は鉄棒で罪人を打ってその骨を砕いた。フランスでは、二打ち三打ちしたのち、ふつう囚人を絞殺したが、他の諸国ではこのようにして苦痛を短縮させることはなかった。*Estrapade*《エストラパード》（吊り落し）というのは、囚人を非常に高いところから落とすやり方である。船上では、この方法は *la*《ラ》 *cale*《カル》 と呼ばれ、二つの形があった。*la*《ラ》 *cale*《カル》 *sèche*《セーシュ》（水なしカル）では甲板上に落とし、*la*《ラ》 *cale*《カル》 *humide*《ユミッド》（水中カル）では水中に落とした。死刑にはこのほか溺れさせたり、生きたまま皮を剝いだり、煮えたぎった油や湯につけたりすることも含まれた。

シャルル・サンソンはこうしたすべての手段を用いたわけではあるまいが、盗みと殺人の咎でクロード・ヴォーティエを車裂きに処し、ジャン・ヌイに同じ罪状のもとに同じ刑を課したことが知られている。ユルベーヌ・アティバールという名の三十五歳の女は、夫に毒を盛った罪で、サンソンによって手首を切断されたのち、首を吊られた。

ルーアンとディエップでの数年は辛いものであった。さらに、一六八一年には個人的な悲運にみまわれた――マルグリットが男児を生んだあとで死んだのである。この子もシャルルと命名された。一六八五年に、やもめのシャルル・サンソンはディエップをあとにしてパリへ向った。

その後二年間の彼の消息は不明である。が、おそらく、彼に探すことのできた唯一の仕事は、処刑人の助手の仕事であったろうと思われる。一六八七年、パリの *bourreau*《ブロー》（処刑人）ニコラ・ルヴァスール（通称ラ・リヴィエール）が、職を追われ、その職権を売りに出すことを命じられた。彼は売春婦に税金を課した罪に問われたものだが、これは法的にはオルレアンの処刑人の特権であってパリの処刑人の権限ではなかった。ニコラ・ルヴァスールの妻はジュエンヌの一族でマルグリットのいとこにあたっていたため、ジュエンヌの家族はこの差し迫った空席を知っていた。一族の誰もルヴァスールの要求した価格を支払うことができなかったが、シャルル・サンソンは金を持っていたらしく、その地位を望んでそれを買い入れた。次に掲げるのは彼の叙任状（*Lettre*《レトル》 *de*《ド》 *Provision*《プロヴィジョン》）で、パリの国立資料館《アルシーヴ・ナショノー》に保管されている。

パリにおける死刑ほか有罪判決の執行について――一六八八年。

神の加護を受けるフランスおよびナヴァール王ルイは、本証書を見るすべての者に告げる。本年八月十一日のパリのわが高等法院の命令にもとづき、下文に述べる理由によって、わが市――パリ裁判区およびパリ子爵領における上級裁判の刑執行の職務は、該職務についてのわが特許状を受領次第、シャルル・サンソン通称ロンヴァルによってのみ遂行されることを決定し、よって次のことを布告する。すなわち、前記シャルル・サンソンことロンヴァルの示した良き振舞い（訳注 買取り金額のこと）に鑑み、余は上記命令どおりに、これまでは同命令によって解職された前任者ニコラ・ルヴァスール通称ラ・リヴィエールによって保持され行使されてきた前記の市――パリ裁判区およびパリ子爵領における死刑ならびにその他の有罪判決の執行人たる地位を彼に授与することを認め、かつ本証書によって改めて授与し、さらに大法官の連署によって、当該職務およびその保有に関しては、前記の市――パリ裁判区およびパリ子爵領の露店および市場における生産物、収益金、総収入額、諸報酬等々、同様な職種の在任者たちによって公正妥当に享受されてきた下記のような諸種の徴集権に対する上記サンソンの爾後《じご》の行使、享受、受益を付け加えるものである。すなわち、ピロリ・デ・アル（市場の晒し台）の家屋および地所、その付属家具および付属建物を理由の如何を問わず一切の支障・妨害なく享有すること。さらに各商人たちから次のとおり取り立てる権限を持つこと――すなわち卵を直接背負いもしくは手で運ぶ商人からは卵一箇、荷駄《にだ》の場合は二箇、荷馬車の場合は各一台については半カルトロン（十二箇）。陸路、水路を問わず、運ばれてきたリンゴ、桃、ブドウ、その他の産物は、一籠《バスケット》につき一スー、ただし水路の場合は何艘《そう》かの舟であっても馬一頭分の積荷に相当すれば同じ。同一量の荷を積んだ馬および荷車の各々については二スーずつ。陸路、水路を問わず、グリーンピース、セイヨウカリン、麻の実、カラシの種、プーラヴァン（poulavin）、アワ、クルミ、クリ、ヘーゼルナットを運ぶ者からは、慣例どおり匙一ぱい。背負いもしくは手で、バター、チーズ、家禽、淡水魚を運ぶ行商人からは六ドゥニエ（半スー）、馬一頭について一スー、豆荷車一台分について二スー、放下車《チップ・カート》一台について二十スーと鯉一匹。莢《さや》入りエンドウ豆、同じくソラ豆一袋について一スー、一籠《バスケット》について六ドゥニエ、陸路、水路を問わず行商人によって運び込まれたオレンジおよびレモン一箱《ケース》について一スー。殻つきカキ荷馬車一台分について四分の一ポンド《ーカルトロン》、船荷についてはそれに比例して。また箒を運ぶ者は一人について箒一本、荷駄の場合はそれぞれ二本、荷馬車の場合はそれぞれ六本。石炭を運ぶ商人からは壺一ぱい分の石炭を、同業組合の縄製造人たちからは刑執行用の縄を。これらの権利はわがパリ市およびわが王国のその他の地域でもこれまで常に行使されてきたが、上記サンソンもそれを享有するであろう。ただし、夜警、警防団、橋、渡し船、自家用のブドウ酒その他の飲料の受領に関しては、すべての徴収を免ぜられ、また職務のために、彼自身およびその使用人は、攻撃用、防御用を問わず武器を運ぶ権利を保有するものとする……

キリスト紀元一六八八年、（ルイ十四世）治世第四六年、九月二三日、

ヴェルサイユにて授与。

この奇妙な文書に列挙された諸権利と特権は、十五世紀の昔にさかのぼる。その当時も、一六八八年にシャルル・サンソンが王からの辞令を受けとった時と同様、パリの処刑人もフランスの他の地区の同業人の誰も、固定給というものを受けていなかった。そのかわりとして、一四九五年発行の勅命によって、シャルル八世は処刑人たちに、いわゆる *droit*《ドロア》 *de*《ド》 *havage*《アヴァージュ》（ピンはね権）を授けている。*havage*《アヴァージュ》 という語は、動詞 *havir*《アヴィール》 から由来し、今日では焦がす、焼く、火をくぐらす、といった意味であるが、当時は手で取ることを意味した（今日の動詞「持つ」*avoir*《アヴォワール》はここから出ている）。*havage*《アヴァージュ》は、処刑人が、パリのさまざまな露店や市場から、卵、果物、魚、野菜、石炭、木材、その他、王の特許状に列挙されたあらゆる品物を手に取り、自分で使用したり転売したりできることを意味していた。もし彼が両手につかめるものだけを取ることが許されていたとすれば、彼の *havage*《アヴァージュ》 の総額も大したものではなかったであろう。しかし、処刑人には余禄があった――助手に手伝わせることがで

きたのである。おまけに、助手の人数を規制した法律は皆無であった。良く知られたフランスの諺 "*insolent*《アンソラン》 *comme*《コム》 *un*《アン》 *valet*《ヴァレ》 *de*《ド》 *bourreau*《ブロー》"（処刑人の手下のごとく厚かましい）は、この時代から由来している。

havage《アヴァージュ》に加えて、処刑人は彼が処刑した男女の死体がまとっていた衣服や所持品をすべて所有する権利があった。彼自身は一文も税金を払わなかった。その年間収入は六万五千リーヴルにも及んだものと見積られる。助手――十五人から二十人――に給料を支払い、自分の馬は自分で面倒を見なければならなかったが、ロープ、鞭、斧、サーベル、剣、その他彼のすべての商売道具は、もろもろの組合が提供した。La《ラ》 Maison《メゾン》 du《デュ》 Pilori《ピロリ》 des《デ》 Halles《アル》（訳注　中央市場の晒し台の家の意）と呼ばれた処刑人の家は国家のものであったが、彼は無料でそこに住み、それはその名が示す通り、晒し台に隣接し市場の近くにあった。

　こうした収入源に加えて、シャルル・サンソンはほどなく、また別の稼ぎ方を見つけたが、それは彼の子孫のすべてに利用されることにもなった。パリの処刑人としての彼の義務の一つは、家族の引き取り手のない死体を自分の家に持ち帰り、聖職者がどこに埋葬するかを決定するまで保管することであった。このため、彼は自分の家の一部屋を死体安置室《モルグ》として確保しなければならなかった。この規定を知った時、はじめは恐れをなしたものの、シャルルはついに嫌悪感を自らの罪悪感によって克服し、苦痛を加えると同時に痛みを和らげる術《すべ》を会得する意図をもって、死体の研究を始めた。彼は外科学や薬学の本を求め、骨や筋肉や関節の接合状態などを研究し、治療法を考案し始めた。リューマチの痛みを和らげるためのクリームや膏薬を調合したり、骨折した骨を接《つ》いだり、裂けた肉を治療したりして、いかにも一見、治療術のエキスパートとなった。彼の腕前を聞き伝えて、人びとは彼のもとへ治療を求めて来るようになり、彼に助けてもらえるという彼らの期待は、処刑人に対する彼らの生来の恐怖を和らげる結果となった。

彼の一日は忙しかった。午前中は、通常、晒し台に罪人をつなぐ前に笞刑を課した。そしてもちろん、群集はそれを見物したり冷やかしたり、罪人に石を投げたりごみ屑を浴びせたりするために集ってきた。そのあとでシャルルと助手たちは、馬を駆ってシャトレその他の牢獄へ行き、死刑囚を選び出して処刑場であるグレーヴ広場に連行した。そうした日には、シャルルは彼の制服――胸に黒で絞首台を、背にはしごを縫いとりした赤い胴着――を着けていた。彼のキュロット（半ズボン）は藤紫《ロイヤル・ブルー》色であった。

勅任処刑人としてのシャルルの叙任が公式のものとなった時、彼の息子のシャルルは七歳であった。一司祭が少年に読み書きを教え、数学、歴史、公教要理の手ほどきをした。しかし、誰も自分の子供を処刑人の子とつき合わせようとはしなかったので、少年には遊び友だちが一人もいなかった。息子の孤独を案じ、かつ、女囚に焼き鏝をあてたり、重婚者の皮を剝いだり、売春婦を晒し者にしたりすること――おまけにそれを見物に来る群集――がものすごい音とさわぎをひき起すのが悩みの種でもあったので、シャルルはサン－ローランの教会の近く、現在のフォブール・ポアソニエールの地に家を買い入れた。こうして、息子を晒し台のそばから離し、父と息子は暮し振りに体裁をつけることができた。この家には庭園があり、助手や馬車、馬、商売道具等を入れる離れがついていた。

しかしこの立派な暮し振りも、シャルル・サンソンにとっては幻影でしかなかった。アンリ・サンソンが編集し、十九世紀に出版された『回顧録《メモワール》』の中に、シャルルの手になるとされている告白がある。これは一六九三年にパリで書かれたものだが、この年は彼が勅任首切役人という重荷を引き受けてからちょうど五年目、引退する六年前にあたる。この不幸な処刑人はこう言っている。

神は深遠な慈悲をもって、彼がわれらに耐えさせようとする十字架をわれらの肩の上で計り給うた。いかばかり重くとも、人が甘受し得ない不運というものはない。また、当初はあたかも大海の水を呑み干すがごとく、一見為しとげることが不可能と見えることも、ただ習慣の力によって可能となるものである。私が運命に反逆するようになったのち、私はみずからの不遜のいたすところだけではなく、私にとっては不当な悪にも良く耐えて来た。私の死が私の生よりは血にまみれることが少ないよう神に祈りながら……。神の慈悲を乞う前に、私はわが罪を告解し、処刑人というこの無惨な務めに私をつかしめるにいたった理由を述べ、もし私が許しに値いするものならば、彼ら（わが子供ら）が私を許してくれるよう願うものである……

このあと、ボアシエール侯の連隊の大尉として過した日々のことを述べ、彼の忌まわしい称号の原因となった状況を説明する告白が続く。

日々の務めに縛られ、それを心の底から恥じながらも、シャルルは自分の息子の将来に関しては現実家《リアリスト》であり、彼が父のあとを継ぐよりほかにすべのないことを知っていた。若いシャルルは、ポントワーズの処刑人のもとへ見習いとして送られた。

一六九九年六月、彼はパリに戻り、父の助手をつとめたが、これがこの六十四歳の処刑人が断頭台に姿を現わす最後の舞台となった。

この仕事は、パリ高等法院の参議官であり司法官《マジストラ》であった男の妻、アンジェリク・ティケ夫人に関するものであった。夫の強欲、残忍性、不貞などに愛想を尽かしたアンジェリクは、彼を毒殺する計画を立てたが、やがて気を変えて、殺し屋をやとって人気《ひとけ》のない路上で殺させようとした。ところがまぎわになって彼女は再度心をひるがえし、命令を破棄した。しかし、夫が疑惑を抱いたのと、殺し屋の一人が自発的に告白したことで、彼女は逮捕され、グレーヴ広場で斬首刑に処せられることになった。

父シャルル《シャルル・ペール》がこの特定の処刑に激しい反撥を示したことについては、いくつかの要因が寄与していた。まず第一に、彼はそれまでにもう、拷問やら首吊りやら首切りを、やりすぎるほどやってきていた。彼はうんざりし、恐れをなし、吐き気を催していた。次に、アンジェリク・ティケは異常なほどにコロンブに似ていた――肌の色、髪の色あい、顔かたちなどがそっくりであった。シャルル・サンソンの惨めな気持に加うるに、処刑の当日は息苦しいほどの暑さで、彼が断頭台の上でアンジェリクの聴罪司祭アベ・ド・ラ・シェタルディの言葉を聞いているうちに、空がかき曇り、遠雷の音がしはじめた――それがさらに、コロンブと彼女の死んだ日の思い出につながった。

突然、パリは篠《しの》つく雨に見舞われた。オテル・ド・ヴィル（市役所）の前に集まっていた群集は散り散りになり、処刑人の助手たちは断頭台の下にもぐりこみ、シャルルと司祭とアンジェリクだけが取り残された。

「わたしを許して下さい」とシャルルは彼女に言った。「お待ち頂かねばならないのは心苦しい。しかしもしこのどしゃ降りの中でお首を刎ねようとすれば、わたしのサーベルが滑って、あなたに不当な苦しみを与えることになりかねません」（特権階級であったため、アンジェリクは斧を用いず剣で首を切られることを許された）。

彼は一時間以上も待った。その間、雨で衣服がはりついて、いっそう線が露わになった女の繊細な身体や、ほつれ髪や、コロンブに生きうつしの青白い顔などを眺めているうちに、この哀れな女に対する哀惜の情が彼をむしばんでいった。ついに雨がやみ、群集が戸のかげ、露台《バルコニー》の下から姿を現わし始め、シャルルは不可避的なこの処刑をこれ以上延期できないことを悟った。

「時間です」と彼は言い、それから小声でつけ加えた、「どうぞお許し下さい、マダム」

この思いがけない謝罪と、彼の声にこめられた誠実さが、犠牲者の眼に涙を生じさせた。彼女は彼の手をとり、それに接吻した。

シャルル・サンソンがみずからの感情に圧倒され、十八歳になる息子をかえりみて、「お前がわたしに代われ。わたしにはその意志もその力もない」と言ったのは、その時であった。

アンリ・サンソンの『回顧録』がこの物語りを次のように締めくくっている。

彼（若いシャルル）は、首切り用の重い諸刃《もろは》の剣を両手で持ち、半円を描いて振りかぶり、犠牲者の首めがけてその刃を打ちおろした。血しぶきが上がったが、首は落ちなかった。群集から恐怖の叫びがあがった。彼はふたたび打った。再度風を切る音が聞えたものの、首は胴体から離れなかった。群集の叫びはすさまじくなってきた……一打ちごとに飛び散った血潮に目がくらみ、サンソンは三度《たび》剣を振った……ついに首は彼の足下に転がった。

この処刑は非常に残酷で衝撃的であったため、パリ全市がこの事件でもちきりになった。パラティン公女でオルレアン公妃のエリザベート・シャルロットは、一六九九年六月二十三日の手紙の中で、「誰も彼も、話といえば夫の暗殺を企てた参議官の妻のこと、その死に際の立派だったことばかりです。しかし、その首が落ちるまで、処刑人が五度も六度もやり直したため、彼女の苦しみは大変なものでした。この処刑を見ようと集ってきた人は数知れずありましたので、窓の貸料は五十ルイ金貨にもなりました」と記している。

その夜、シャルル・サンソンは息子に職を譲った。

一六九九年七月十一日、十八年のやもめ生活ののち、この六十四歳の処刑人は再婚したが、今回はその職業とは関係のない結婚であった。花嫁のジャンヌ－ルネ・デュビュは、大工の親方の娘であった。このもの静かで信心深い女は、夫を何とか慰めようと努めたものと思われる。彼はもはや自分で処刑を行なう必要はなかったが、なおも、すべての処刑に立ち会って監督しそれを法的に正式なものとしなければならなかった。しかし、妻の優しい心くばりでさえ、月日とともに積もり積った気鬱と絶望感を根絶することはできなかった。はじめのうち、彼は自分の外科と薬による治療を続け、自分の蔵書に貴重な専門書を追加し、他の研究と自分の発見とをひき比べたりしていた。しかし、そのうちに、血を見ると震えがくるようになった。彼は息子に解剖学の講義をするのを止め、しまいには患者の治療も断るようになった。ある日、囚人たちを晒し台へ連行しなければならなかった際、群集の嘲笑の的となったのは彼自身であった――おそらく、彼はルーアンでの最初の苦痛に満ちた経験を思い浮べたにちがいない。

一七〇三年、彼は、ブリーコントーロベールに小さな農場を買って、そこへ引退した。彼は一七〇七年に永眠した。彼の遺骸はパリに持ち帰られ、サンーローランの教会でその葬儀が行われた。そして教会の墓地に埋葬された。

奇妙なことに、彼の葬儀は盛大であった。その職業にもかかわらず、シャルル・サンソンは尊敬され、愛されていたからである。貴族、司法官、商人、看守、僧侶、百姓たちが教会につめかけ、みずからの心臓が鼓動を止めるまで、あまたの処刑の責め苦に苛《さいな》まれてきたこの男に対して、弔意を表した。彼がいかに自分の務めを忌み嫌っていたかは周知のことであり、それが彼に同情をもたらす因となっていたし、また、彼の医者としての役割が感謝と親愛の情をよび起こしていたからであった。

二代目シャルルとその子ジャン－バチストの生活と生涯

一七〇七年四月十二日、父の死の八日前に、息子シャルルは彼の継母の妹アンヌ－マルト・デュビュとノートルダム・ド・ボヌ・ヌベル教会で結婚した。一七〇三年に父がブリ－コント－ロベールに引退の際、この若者の処刑人としての称号は暫定的なものであったが、一七〇七年の父の死後、彼は王から正式な叙任状を受け取った。

当時彼は二十七歳で花嫁は二十四歳だった。父の寡婦と数カ月間一緒に暮した後、若夫婦は、ポアソニエール通り（今日のフォブール・ポアソニエール）とダンフェール（地獄）通り（今日ではよりおとなしく、ブルー通りと呼ばれている）との角、サン・ピエール・ド・モンマルトル教区に、自分たちの家を購入した。一七〇七年に六千リーヴルで購入されたこの家は、一七七八年までサンソン家が所有し、その年に十万リーヴルで売却された。

自分の職業に関しては実務家肌《プラグマティスト》であったシャルルは、彼の息子や孫が処刑人となることをきわめて自然で当り前のことと考えていた。しかし、彼にも父親の感受性の鋭さと、母マルグリット・ジュエソヌの優しい性格が受け継がれていた。彼は死ぬまで、彼の手がけた犠牲者に対して親切で慈悲深いとの評判を享受し続けた。マダム・ティケを例外にすれば、彼の職歴の前半は、盗人や追い剝ぎばかりを対象としていた。だが、一七一五年のルイ十四世の没後、囚人のタイプに変化が生じた。

フランスは当時、不安定な情勢にあった。諸戦争が国庫を疲弊させ、一六八五年のナントの勅令廃止が多くの工業階級（その多くはプロテスタント）を国外に脱出せしめていた。資金を確保するために、摂政オルレアン公フィリップはプロテスタントの銀行家の財産に目をつけ、その出所のみならず、彼らの所有権をも追求した。その結果、多くがガレー船送りとなり、彼はその資産を没収することができた。シャルルはその中でももっとも著名な金持ちを十人処刑した。

一七一六年に、アンヌ－マルトは女児を生み、その子はアンヌ－ルネと命名されて、のちにソワソンの処刑人であるクレチアン・ゼルと結婚した。また、この年、シャルルは、少くとも処刑人としては、きわめて異常な経験をした――つまり、彼の犠牲者の一人の生命を救う手助けをしたのである。

アントワネット・シカールという、美貌の三十代の女は、フォン・シュリーベンなるドイツ人の情婦であったが、彼女の主人がたまたま摂政暗殺の陰謀に加担していた。アントワネットの隣人たちは、彼女のもとへ非常に多くの男客が出入りしていたと申し立てたが、実際にはそれはすべて一人の人物――フォン・シュリーベンで、彼は尾行をくらますために、官吏やら商店主やら僧侶やらの変装をしていたものである。ある晩、隣人たちの耳に、声高のどなり声と、そのすぐあとに壁や床に物の打ちあたる音とが聞こえた。彼らは警防団《ガード》を呼んだ。ドアを打ち破って見ると、彼女は、マスケット銃兵の制服を着た一人の男と対峙していた。それはフォン・シュリーベンだったが、この男はその後の混乱を巧みに利用してさっさと遁走してしまった。アントワネットは、隣人の証言に基づいて、売春婦として逮捕された。

オルレアン公フィリップの暗殺計画には、彼女の愛人も加担していたため、彼女は真実を述べることができなかった。そこで、九尾のネコ鞭（訳注 通例、コブ結びのついた九本のひもを柄に取り付けた鞭）で背を三十回打たれたあと、晒し台で一時間公開され、さらにサルペトリエール（女囚監獄）――貞節を強制するには、硝酸カリウム《サルペートル》（火薬）よりもこの方がはるかに効果的である――に無期投獄されることになった。

シャルル・サンソンの助手の一人が、晒し台から牢獄へと女を護送する間に彼女から指輪をかすめ取った。それをその男の指に見咎《みとが》めたシャルルは、警察に届け、その結果、暗殺計画の全容が明るみに出た。罪ある者は罰せられ、アントワネットは釈放された。彼女は感謝の印としてこの指輪をシャルルに贈り、彼の子孫はそれを誇らしげに見せびらかした――王室への忠誠の証拠として。

この年はまた、オルレアン公フィリップがフランスの財政危機を立て直そうと必死の試みの挙句、スコットランド人ジョン・ローの理論の餌食となった年でもあった。摂政はローの銀行に、以後法定通貨として流通することになる紙幣発行の権限を与えた。同時にこの財政家に、ミシシッピ会社の株式を発行する許可を与えたが、この会社は新大陸に莫大な資産を有するとされていた。この新しい銀行業の仕組みにつられて、フランス人はローの計画に大金を投資した。この株式会社が一七二〇年に王立銀行と合併した時には、物すごい投機熱をあおった。株価は五百リーヴルから二万リーヴルまで高騰し、流通発券高は三十億に達した。しかしこの賭博者天国は永続きするはずはなかった。紙幣の価値を下げようとした試みは民衆の信用を下落させ、この組織全体が、上昇の時と同じくらい急激に崩壊した。このような瓦解にありがちなこととて、ブルボン公爵とかコンティ公といった情報通の投機家は株を売却して巨額な利を得たが、あまたの商人や農夫、はたまた召使たちまでが破産の憂き目を見ることとなった。シャルル・サンソンが財政的痛手を蒙ったかどうかは不詳である。が、彼とその後継者は、あらゆる危機につきものの苦しみと刑罰という遺産を相続したのであった。

リーニュ公の孫で摂政の従弟、フランドル伯アントワーヌ・ド・オルンは、ある夜、キャバレーである男に、彼から株を買いたいという口実で会い、その男を刺殺してその紙入れを強奪した。ド・オルンは、連れのシュヴァリエ・ド・ミルとともに逃亡したが、その前に、カフェの下僕の一人に顔を見られ、素姓を確認されてしまっていた。彼らは逮捕されて白状したが、ド・オルンは、被害者がユダヤ人であることを犯行の言訳としてつけ加えた。貴族の多数が助命を嘆願したにもかかわらず、オルレアン公フィリップはそれを退《しりぞ》け、犯人たちに車裂きの刑を宣告した。

若き美男のオルン伯に関しては、十八世紀の年代記の中に多くの記録が残っている。中でも、かのゴシップの大家であり手紙気ちがいの、摂政の母后パラティン公女は、友人の一人にあてた手紙の中で次のように記している——

パリ、一七二〇年三月三十一日。こんなに殺人事件が多いので、今年はさながら悪魔がいっせいに飛び出したにちがいないように思われます。札入れ目当ての殺人が起らぬ晩は一夜とてありません。身分の高い人びとまでがこの醜悪で恐るべき行為に手を染めており、その一人がかの若くてハンサムなフランドル伯オルンです。彼はまだ二十三歳で、つい三週間ほど前に彼を私にひき合わせた名誉騎士ド・モルターニュ氏は先週の月曜日に病没し、そして火曜日にはオルン伯が車の上で絶命しました。悲しむべきことです。フランス全体が伯爵の減刑を嘆願しましたが、私の息子は、こうした忌むべき行為には見せしめが必要であると申してそれを断行し、民衆は大いに満足して、『われらの摂政は公正だ！』（"Notre《ノトル》 Regent《レジャン》 est《エ》 juste《ジュスト》!"）と叫びました。（リズロットからの手紙、英訳マリア・クロル）

パラティン公女エリザベート・シャルロットは、世間の情報に通じていたことで有名であったが、その彼女にさえ、運に見放されたオルン伯の助命を嘆願したある人物の素姓は分らなかった。一七二〇年三月二十三日の夜、シャルル・サンソンが公園の中を歩いていると、ヴェールで顔を隠した一人の婦人が近づいてきて、かの二十三歳の罪人の命乞いをした。それが叶わぬと覚ると、女はヴェールを上げて、みずから摂政の妾のパラベール夫人であることを明らかにしたうえ、今度は彼を買収しようとした――が、これも徒労に終った。しかしシャルルはついに、オルンを処刑場へ連行する途上で彼女の一味がその誘拐を試みるなら、それを妨害はしないということで妥協を示した。それが失敗すればそれまでの事だ。シャルルが約束できたことといえば、オルンの身につけていた物を何か記念に彼女に贈るように計らう、ということだけであった。

当時の慣例として、処刑人は、処刑の方法と、それに先立つ体刑の方法とを記した書状を受け取ることになっていた。オルンの車裂きの刑を指示された時、シャルルは、*retentum*《ルタントム》（隠し縄）――公衆の目には見えないくらいの非常に細いロープのことで、処刑人は囚人に車責めの苦痛を与える前にこれでその首を絞めて殺した——の使用許可を記したお決まりの文章を探したが、それについての記述は無かった。この命令の野蛮さに驚いたシャルルは、それに逆って、ともかく *retentum*《ルタントム》 を使用した。彼はまた、パラベール夫人との約束も守って、オルンの巻き毛を一房彼女に送り届けた。

それから一年経つか経たぬうちに、またしても車が使われることになった。今回は、アントワーヌ・ド・オルン伯とは社会的地位が正反対ではあったが、著名度の点でははるかに上の一人の男がその対象であった。盗賊、すり、人殺しのルイ・ドミニク・カルトゥシュは、身長わずか四フィート半の小男であった。一六六三年のパリで、彼は五人兄弟の長男として生まれた。父親は、ポントシュウ通りの桶屋だった。典型的なパリの悪童《ガマン》の彼は、読み書きを習ったことはなかったが、天性の知能と豊かな思いつきに加え、巷間やサン－ローラン市場などで鍛えられた抜け目なさと狡猾さとで、間もなく大勢の仲間のリーダーとなった。ジプシーの群に混じって過した五年の月日は、いかさまトランプのあの手この手を授け、彼の生来の身軽さを助長させた。彼はまるで猿のようにやすやすと、こちらの屋根からあちらへと飛び移ることができたと言われる。

陽気で呑気で快活なこの男は、その話術がまたきわめて巧みだったとされている。その大きな黒い目がチカリと光り、口元がほころぶと、彼の信じられないほどの魅力に抗しきれる女は一人もなかったそうである。彼の手先は社会のあらゆる階層に及んでいた。彼らはパレ・ロワイヤルやルーヴルや、銀行、商店、個人の住宅などで盗みを働き、街道では馬車を、海上では船を襲撃した。そして、非常に多くの者が——特にカフェや居酒屋や街道筋の宿屋の主人たちが、彼に隠れ家を提供したため、彼は長年にわたって逮捕をまぬがれてきた。

デュシャトレという男——この男は、自分の罪を赦して貰うことを条件に、当局にカルトゥシュの引き渡しを約束していた——によって裏切られた後でさえ、この盗賊を捕えてグランド・シャトレの牢獄に護送するのに、三十人もの兵士の手が必要であった。彼は三重の扉のついた独房に、鉄の柱に鎖で繋がれたが、彼は看守の中にさえ友人を持っていた。脱走はもう一息で成功するところだった。その後、彼は難攻不落で恐れられていたコンシエルジュリに移され、拷問——聖アンドリューの十字架（×の形の十字架）にかけて鉄棒で打つ——ののち車裂きの刑に処するとの判決を申し渡された。バルビエの日記は、一七二一年十一月二十七日金曜日に行われたこの出来事を、次のように描写している——

その夜（二十六日木曜）は一晩中、辻馬車が客をグレーヴ広場へと運び、ついに広場は処刑を待つ人びとでぎっしりと埋まった。広場に面した窓という窓には、一晩じゅう灯がともっていた。身を切るような寒さで、群集は広場のど真中で火を焚き、地元の商人は飲食物を売った。誰もが笑い、酒を飲み、歌っていた…… 見物人のほとんどは、一カ月以上も前から席を予約してあった。

バルビエはさらに、処刑後、処刑人の助手の一人がわが家にカルトゥシュの死体を保存して、物好きな人びとに一人一スーでそれを見せた、とつけ加えている。

これは十一月の出来事で、翌年七月には、カルトゥシュの五人の情婦たちが首を吊られた。その一人が、拷問されてすっかり白状したことから、六十名もの共犯者の名前が明るみに出たが、その中には有名な宝石商も何人か混じっていた。カルトゥシュは自分の身内は無関係だと主張したが、十五歳になる弟の一人が逮捕され、グレーヴ広場で二時間、腕吊りの刑に処すとの判決を下された。これはシャルル・サンソンにとってあまりにもショックだったため、刑の時間が終るよりずっと早く彼を殺してしまった。

グレーヴ広場は、今ではオテル・ド・ヴィル広場となったが、もっともしばしば処刑が行われた場所である。他にも、レ・アル、モベール広場、ノートル・ダム寺院の前庭《パルヴィス》、ポン・ヌフ、ポン・サン－ミシェル、サン－タントワーヌ門《ポルト》、サン－トノレ門、サン－ドニ門、およびサン－ジャック門などの場所があったが、これらはもっと軽い刑罰のために使用された。

長い年月の間にセーヌ川の岸のゆるい斜面に堆積した砂礫《グレーヴ》にちなんで、グレーヴ広場と呼ばれたこの場所は、当時、仕事にあぶれた人びとの溜まり場でもあった。半端仕事の男たち、あらゆる職種の労働者、とくに近辺の古いモルテルリ通りあたりに住む石工などが多かった。パリジャンは彼らを皮肉たっぷりに、「グレーヴの天使たち《アンジュ・ド・グレーヴ》」と呼んだ。こうした仕事を求める人びとは、傭ってくれそうな使用者と話しがまとまらなかった時、“*faisaient*《フゼ》 *la*《ラ》 *grève*《グレーヴ》” あるいは “*se*《ス》 *mettaient*《メッテ》 *en*《タン》 *grève*《グレーヴ》”（訳注 「グレーヴをした」「グレーヴに入った」の意。現在「ストライキをした」「ストライキに入った」もこう言う）。この言葉の今日《こんにち》の意味である罷業、ストライキはこれから出ている。大革命の到来まで、サンソン一族の仕事は、ほとんど例外なしに、この広大な堂々たる広場で行われ、モンゴメリやラヴァイヤックといった悪名高い弑逆者《レジサイド》たちがここで命運尽き、その後、何百人もの人間がそのあとに続いた。

一七二一年という年は、シャルル・サンソンにとって、二番目の息子ニコラ－シャルル－ガブリエルの誕生にもかかわらず、不運な年と考えられて良い（彼の長男シャルル－ジャン－バチストはこの二年前に生まれていた）。この年の十月に、オルレアン公フィリップは *droit*《ドロア》 *de*《ド》 *havage*《アバージュ》（ピンはね権）を廃して、その代わり、処刑人に一万六千リーヴルの年俸を与えることにした。それまで優に六万リーヴルを越す年収に慣れていたシャルル・サンソンにとって、これは手ひどい打撃であった。彼は摂政に謁見を求め、自分の権利を請願した。しかし、フィリップはすでにこの命令書に署名したあとであり、その撤回を拒絶した。公は彼をなだめるため、総額五万リーヴルのジョン・ロー銀行の株券を与えたが、もちろんそれは紙屑同然のものだった。そして、シャルルが抗議の声を上げると、摂政はただ肩をすくめて、そのうちに株の価値が元に戻るだろうと言っただけであった。オルレアン公の唯一の歩み寄りは、処刑人に、刑死者が身につけていた物をすべて与える、ということだった。それ以前には、ベルトから上の所持品のみにかぎられていた。シャルルはまた、処刑一回につき五スーの手数料を得る権利を得たが、これは話にもならぬくらい僅かな額であった。しかし、彼は、父にならって医術を施すことで、何とか収入の補足をつけた。

その後五年の間に彼の健康はしだいに衰え、ついに四十五歳でその職を辞めざるを得なくなった。一七二六年五月、彼は病床から身を起こして、同性愛の罪状のエチエンヌ・バンジャマン・デ・ショフールの処刑を行なった。摂政の父君が同性愛者であったという事実にもかかわらず、同性愛は犯罪とみなされていた。もしデ・ショフールが用心深かったなら、火焙りなどという恐ろしい刑罰を免《まぬが》れていたことだろうが、不運にも、彼と関係のある二百名もの貴族のリストを警察に押さえられてしまったのであった。二百人全部はとても処刑しきれなかったので、彼らの取り持ちを務めたデ・ショフールが処刑されたものである。

八月、シャルル・サンソンは、辞表を提出するとともに、長男が彼のあとを継ぐことの許可を要請した。

サンソン一族全員の中で、シャルルは、その職業を恥じたり、それで心を痛めたり、それに取り憑かれたりせずに済んだ唯一の人物であった。彼はそれを受け入れた。そして、心優しい人間だったので、自分の不快な任務を可能なかぎり慈悲深くとり行なった。息子があとを継がねばならないことは、否定し得ぬ事実であったため、その事実に鑑《かんが》みて、彼は、兄の方が王の委任を獲得するのは必然のこととみなしていた。しかし、この職権は世襲のものではなかった――民衆が、首都の処刑人に与えた、ムシュウ・ド・パリというこの愚弄的な称号は、七歳のシャルル－ジャン－バチストがすんなりと入手できるものではなかった。そこで、死の床にあったシャルルは、妻のマルトに命じて、シャトレ牢獄の公証人のメートル（敬称）・デュピュイと、二人の友人であり公的拷問官のフランソワ・プルュドムとジュール・トロンソンを呼び寄せた。この後者を証人として、シャルルは息子に職を遺贈し、彼が成人に達するまで、トロンソンには彼を仕込み、プリュドムにはつなぎの処刑人になって貰うことを頼んだ。

九月二十五日に彼は世を去り、サン－ローラン教会の父のかたわらに埋葬された。十分喪に服したあとで、未亡人は再婚したが、この女はサンソン一族ではなかったのに、彼らの宿命から逃れられなかったという事実は興味をひく。彼女の二度目の夫は、メッツの町出身の処刑人の家系に属していたのである。

もしシャルルが彼の妻より長生きしていたならば、サンソンの家名はこれほど血腥《なまぐさ》いものとはならなかったかもしれない。もし彼の心優しい継母ルネ・デュビュが彼に感化を与えることができたなら、子孫の将来は異なったものとなっていたかもしれない。しかし、ルネはジャン－バチストの祖母にすぎず、彼女の懇請にもかかわらず、母親の意向の方が幅をきかせた。そして、マルト・デュビュ・サンソンにとっては、王の委任を受けたこの仕事は名誉ある職業であり、フランス国家にとって他のどんな仕事にも劣らず重要な仕事であった。ルネは彼女に、子供が幼いのをもっけの幸いにして、それをこの職の引き継ぎを辞退することの口実に使うよう奨めたが、マルトは頑としてそれを容《い》れなかった。高等法院が夫の遺言を有効と認めないのではないかと懸念《けねん》して、彼女はみずから請願に出かけることにした。喪服に身を包んだ痛ましげな姿で――十分それを計算に入れつつ――彼女は検察官に面会を求め、彼は同情（もしくは嫌悪）から、ついに彼女の嘆願に屈し、七歳の少年ジャン－バチストに処刑人の名を与えた。実際の処刑は代理人が行なったとはいえ、わずか七歳のこの子供は、すべての処刑に立ち会い、それに法的な体裁を与えなければならなかったのだ！

マルトは自分の子供たちを地方の処刑人のもとへ見習いに出すことはせず、みずからの手で仕込んだ（アンヌ－ルネはソワソンの処刑人に嫁し、ガブリエルはランスの処刑人となる）。ジャン－バチストをムシュウ・ド・パリに仕立て上げるべく、鞭打ち、焼き鏝《こて》当て、首吊り、切除、車裂き等のすべてに彼を立ち会わせた。やがて十八歳になった彼は、最初の処刑を行ない、大いにその母の誇りを満足させた。

しかしマルトには気の毒なことだったが、ジャン－バチストは彼女の期待には副《そ》いきれなかった。感受性が鋭ど過ぎ、深く傷ついた。処刑の度毎に彼は非常に動転し、自分のしたことを忘れるために、馬に飛び乗るやパリを脱け出し、何時間も駆け回るのが常であった。彼の祖父同様に、犠牲者の亡霊がたえず彼につきまとった。

一七三八年、ジャン－バチストは、サン－ローラン教会で、ジュール・トロンソンの娘マドレーヌと結婚式を挙げ、その夜結婚を祝うパーティが催された。祝宴が始まるやいなや、パリは車軸を流すような雨に見舞われた。大あわてで雨やどりの軒を求める人びとが多かったので、扉を激しくノックする音が聞こえた時、誰もとくに驚きはしなかった。

ポーチのひさしの下に立っていたのは三人の若い貴族で、一人はディヨン伯の連隊の、ロイヤル・アイリッシュ警備隊の制服を着ていた。その家の主《あるじ》の名も問わずに、彼らは招じ入れられるままに気さくに祝宴の仲間入りをした。宴も終りに近づいた頃、親切な主《あるじ》の名を尋ね、彼が誰であるかを知った時、彼らはさっと顔色を変えた。若い士官は、処刑人の七つ道具に対する好奇心を表わし、拷問や処刑に用いるさまざまな道具を見せて貰えまいかと懇望した。ジャン－バチストは承知し、彼が諸刃《もろは》の剣に指をすべらせてその鋭さを確めているのを眺めていた。

「このような武器を使えば」と警備隊員は言った、「あなたは間違いなく一撃ちで首を落とすことができるでしょうね」

ジャン－バチストはうなずいた。

「万一私にその必要が生じた場合には」と士官はほほ笑みながら言った、「あなたに今の約束を守って貰いましょう」

この士官の名は、トランダルのトマス－アーサー・ド・ラリー伯であった。何年ものち、もうずっと以前に息子があとを継いで引退の身でありながら、ジャン－バチストはこの約束を忘れずに、それを果たすために出てきたのであった。

月日がたつうちに、彼ははじめのうちの苦悩を、克服とまではいかなくともどうにか鎮められるようになった。そして、少くとも外面的には母親に似始め、こわばった、いかめしい、ピューリタン的な風貌となっていった。嫌悪は諦めに道を譲り、彼は、自らの務めを神の御心《みこころ》として受け入れた。

彼はマドレーヌ・トロンソンとの間に二人の子をもうけた。娘のマドレーヌ－クロード－ガブリエルは、ムランの処刑人ピエール・エリソンに嫁した（彼女の娘はのちに叔父にあたるルイ－シル－シャルルマーニュ・サンソンと結婚することになる）。また、息子の通称「ル・グラン」シャルル－アンリは、やがて父のあとを継ぎ、革命に際しての活動で、この一族中もっとも有名な人物となる。

最初の妻が死んで、ジャン－バチストは再婚し、これによってもう一本の家系が生じ、それが究極的にはフランス全土に及ぶ処刑人の連鎖《チェーン》を形成することになるのである。彼の後妻ジャンヌ－ガブリエル・ベルジェはトゥレーヌ州《プロヴァンス》の処刑人の一族であった。この結婚は六人の息子と二人の娘を生み出し、彼らはおいおい処刑人の仲間入りをしていった。長男のルイ－シャルル－マルタンは、まず手始めに、パリで、異母兄シャルル－アンリの助手をつとめ、のちにトゥールの処刑人に任ぜられてそこで二十八年間精勤した。彼は一七九六年に引退したが、二年ののち、暮しが立ち行かなくなったため、ブロアとヴェルサイユの処刑人を志願した。が、これらはいずれも他人が任ぜられた。彼はようやくディジョンで職にありつき、一八〇七年にはオセールの処刑人となった。

次の息子ニコラ‐シャルル‐ガブリエルは、兄にならってパリで仕事を始め、のちにブロア、モンペリエの処刑人の地位を歴任した。モンペリエでの彼の前任者ジル‐マルタン・ベルジェは大酒飲みであったが、ニコラ‐シャルル‐ガブリエルも（この地での二年の在任中は）同様であった。

ジャンヌ‐ガブリエル・ベルジェとの間にもうけたジャン‐バチストの三番目の息子、ルイ‐シル‐シャルルマーニュは、プロヴァンの処刑人となった。La《ラ》 Maison《メゾン》 du《デュ》 Bourreau《ブロー》（死刑執行人の家）として知られる彼の家は、いまだに、町はずれの城壁の外側の Allée《アレ》 du《デュ》 Bourreau《ブロー》（死刑執行人小路）と呼ばれる細い小路沿いに残っている。やがて、彼はヴェルサイユでシャルル‐アンリの役割を引き継ぐことになるのだが、セーヌ・エ・オワーズ県に設けられた最初のギロチンを担当したのは、このルイ‐シル‐シャルルマーニュであった。彼の息子、ルイ‐アンリ‐ガブリエルは家業に背を向けて錠前屋になる修業を積んだが、その確かな腕前にもかかわらず、生活して行けないことが分った。サンソンの名ゆえに、誰も彼の店の顧客になろうとしなかったためである。

ジャン‐バチストの娘マリ‐ジョゼフは、彼女の従兄でランスの処刑人のジャン‐ルイに嫁いだ。このほか、ピエール‐シャルル、ジャン‐バチスト‐ピエール、およびジョゼフ‐クロードの三人の息子と、最後にガブリエルという娘がいたが、この娘については何も知られていない。

一家は規律正しい生活を送っていた。子供たちは読み書きを習い、日曜日には家族打ち揃って正式ミサに列席した。ジャン‐バチスト自身は毎朝夜明けとともに起き、他の善良な市民と同じく、サン‐ローランのミサに出かけた。処刑が無い日には、患者の診察と手当てをし、一時にはそれを打ち切って昼食をとった。午後は一時間ほど庭で仕事をしたのち、自分の小さな実験室に引きこもって物理学や自然科学の研究をしたが、とくに植物学に重点をおいた。彼が草の根や葉から調合した軟膏や膏薬は非常に効果的だったので、その処方は彼の子孫のすべてに用いられた。夕食前、彼はよく戸口に腰を下ろして、隣人たちと雑談を交わした。彼らはみな、彼が親切で慈悲深いことを知っており、彼を敬愛していた。

ある日、コンデ公の子息の一人のシャローレ伯爵が、シエスノーという名の彼の具足師兼彫刻師を連れて来て、ジャン－バチストの診療を求めた。この男は、修理中の銃が暴発して、胸部がつぶれ、手首が砕かれ、両頬が引き裂かれていた。ジャン－バチストの解剖学の知識と接骨技術に彼自身の発明による薬剤の効果が相まって、具足師は二カ月で全快した。伯爵は大いに満足し、王室関係にこの話をふれて廻った。その結果、ジャン－バチストの患者は、その数ばかりでなく、富と社会的地位の点でもぐんと向上したので、彼は、金持には高い治療費を要求し、貧乏人は無料で診療してやることができた。両親のどちらかに似るというよりは祖父シャルルに似ていたジャン－バチストは、人道主義者《ヒューマニテーリアン》であるとの定評をかち得ていたが、これは処刑人としては望外な喜びであった。

一七五四年に、彼は三十五歳の若さで卒中に見舞れ、そのために右半身がきかなくなった（この不幸な出来事は、彼の生活がもたらした緊張――自分の感情を押さえ、忌まわしい職業に対する生来の嫌悪感を押し殺そうと努めてきたこと――がひき起こしたものだとも考えられる）。彼は、パリから約二十マイルのブリ－コント－ロベールにある小さな田舎家に引退した。これは一七〇三年に祖父が買ったもので、今日なおも、パリからブリ－コント－ロベールを通り、プロヴァン、トロアを経てスイスへと通ずる国道十九号の近くに残っている。

田舎の静けさと、のんびりした何ものにも煩わされない生活と――そしておそらく何にも増して――恐れおののくことが無くなったことが回復に役立ったものであろう。一七六一年、仕事が必要になったジャン－バチストは、職を求め、ブリ－コント－ロベールの大法官管轄区の処刑人の地位を得た。一七六六年、完全に四肢の自由を取り戻したので、彼と妻はパリに戻った。

しかし、そうこうしている間に、首都では処刑人が必要であった。ジャン－バチストがもはやその務めを遂行できないという噂が伝わるやいなや、地方の処刑人たちは、この羨望の的たる地位を手に入れたいと念じて、パリへ駆けつけてきた。しかし彼らはマルト・デュビュを計算に入れていなかった。十五歳の孫シャルル－アンリの手をひいて、この不屈の女丈夫はずかずかと検事の事務室へ入って行ったが、そこにはすでに先客がいた。早くも二人の競争相手が地方から上京して、二万四千リーヴルでこの地位の購入を申し出ていたのである。この父子が検事の面前を退出するやいなや、彼女は、すぐさまパリを立ち去れ、さもなくばお前たちを投獄させるように取り計らう、と言って二人を脅した――おそらく、単なる脅迫に過ぎなかったのであろうが、サンソン一族の影響力と権力の噂は、長年の間に知れ渡っていた。これに怖じ気づいて、この処刑人の候補者たちは、重罪犯人のごとく彼女の前から遁走してしまった。

彼女は、シャルル－アンリの任命をかち取った。高等法院は、彼が父に代わるべしとの布告を出し、そうすることで継承権を保証した。だが、パリ高等法院でさえ、ジャン－バチストの存命中は、その息子を正式に任命することができなかった。

シャルル－アンリと二つの処刑――ダミアンと首飾り事件――

シャルル－アンリ・サンソンは、La《ラ》 Clef《クレ》 de《ド》 Voûte《ヴート》 de《ド》 la《ラ》 Révolution《レヴォリュシオン》（革命のくさび石）**と呼ばれてきた。**一七八九年に始まるその血腥《ちなまぐさ》い期間中、彼はサンソン親方《メートル・サンソン》とか、大《ル・グラン》サンソンとか、シャルロ（彼の洗礼名にちなむ綽名《あだな》で、彼の一族のほとんど全員に共通）とか、サン－ファリーヌ（粉なし）、などさまざまな名で知られていた。この最後の呼び名は手の込んだ語呂合わせで、彼がギロチンで落された犠牲者の首を入れるのに、*sacs*《サク》 *de*《ド》 *son*《ソン》（籾殻袋《もみがら》）を使ったことから来ている。つまり、彼の袋は *sans*《サン》 *son*《ソン》（籾殻が入っていない）ということになり、この語はサンソンの姓とまったく発音が同じであった。これが間もなく、Sans《サン》-Farine《ファリーヌ》（粉のない）という、より一般的な言い方におき代えられたのである。

彼は、一七三九年二月十五日に生まれ、幼い頃、その家族の姓と職業が知られている教区から移す意図で、家から離されたが、素姓を隠そうとしたこの試みは、彼の場合には成功しなかったし、彼以後のサンソン一族の後裔《こうえい》たちにとっても同様であった。級友に彼が誰かを見破られた瞬間から、学校生活は耐え難いものとなり、両親は彼をルーアンの学校からパリへ連れ戻さざるを得なかった。彼は、ハーディ先生の寄宿校に入れられたが、そこもまた、同じ理由で退校する破目になった。この問題には個人教授以外に解決方法が無いことを悟ったジャン－バチストは、教区の司祭グリゼル師に依頼して、ポアソニエール通りの自宅へ来てシャルル－アンリの教育を見て貰うことにした。少年は明らかに知能は普通だったが、あまり優秀な生徒とはいえず、アカデミックな学問よりは、司祭の宗教的道徳的説話の方に関心を示した。

十一歳の年から、彼は父の助手を務めたが、処刑台上に彼の姿を見かけることはあまり無かった。一七五四年一月、ジャン－バチストは引退した。シャルル－アンリはまだ正式な叙任を受けていなかったとはいえ、なおかつパリの処刑人であり、処刑台上に臨まなければならなかった。一七五五年一月、この十六歳の少年は初めての務めを行なった。リュクストンという名の男が車裂きに処せられることになっていた。曾祖父の例に倣《なら》って、少年はただ介添えをしただけで、補佐役の男に仕事をやらせた。そして、曾祖父シャルル同様、彼は恥じ入った様子で、恐ろしい光景からひるんで目を逸《そ》らしていた。

その後ほどなく、モンジョという男が棍棒で打たれた後車裂きの刑に処せられることになった。この男は、彼の情婦レコンバ夫人の夫を殺害したものである。その日は雪模様で、寒さと恐怖に震えながら、シャルル－アンリは処刑台の上で、白人と黒人の混血の男が棍棒を振っている場所からできるだけ離れた所に突っ立っていた。哀れなモンジョが車に架けられている間（彼が死ぬまで二時間かかった）、レコンバ夫人は、武装した護衛に引き立てられて、愛人の苦悶のさまを見せつけられた（モンジョをそのかして殺人を犯させた罪で、この女はのちに絞首刑に処せられた)。彼女は評判の美人で、彼女が苦しみ嘆くさまを見て、シャルル-アンリの嫌悪と憎悪はますますつのった。

孫が立派にその任務を果たすかどうかを確かめるため、処刑台のそばに陣取っていた老いたるマルト・デュビュは、処刑の間じゅう、彼に向って、交互に鋭い叱咤と激励の叫びを浴びせたが、少年が怖じ気づいて目を逸らしていたことで大いに機嫌を損じて怒っていた。

レコンバ夫人は妊娠を理由に、自身の刑の執行延期を申し立てた。女が妊娠していると主張した場合には、二カ月のあいだ獄につなぎ、その申立てが本当かどうかをその間に見きわめるのがきまりであった。もし本当に妊娠していれば、子を生むことが許されたが、そうでなければ、申立ての虚偽が確認されるやいなや絞首刑に処せられた。モンジョの刑死後二カ月たって、シャルル-アンリは彼女の首を吊るすよう命じられた。当時の一報告によると、「グレーヴ広場と附近の道路には、彼女の連行と処刑を見物するため、大勢の群集が押し寄せた。群集の波は、ノートル・ダムの塔あたりまで及んだ……彼女が処刑台に上ると、人びとはあたかも観劇時のように拍手喝采した。そして、処刑が行われている間、街頭の売り子たちは、犠牲者の似顔絵に、その犯罪物語のパンフレットを添えて、売って廻った」という。

自分の務めの残酷さ野蛮さに負けず劣らずの、血に飢えた民衆の浅ましさに、シャルル-アンリは血も凍る思いがしたが、このあとに訪れた仕事に比べれば、初期のこの経験などはたちまち影が薄れてしまうものであった。一七五七年一月五日、ロベール-フランソワ・ダミアンがルイ十五世の暗殺を試みた。王が毛皮のコートを重ね着していたため、ナイフの刃はあまり通らなかったが、未遂であれ既遂であれ君主殺しは重大犯罪であった。ダミアンは尋問にかけられ、有罪を宣告され、パリ高等法院により死刑の判決を言い渡されたが、その内容はほとんど信じられないほど残忍なものであった。

当法廷は、このきわめて邪悪にして忌まわしく嫌悪すべき主殺しが国王の身に加えられたことに対し、神にして人たる王に対する弑逆罪で、ロベール－フランソワ・ダミアンに有罪を宣告する。よって被告ダミアンは、シャツ一枚で、重さ二ポンドのろうそくを持って、パリ第一教会前に荷車で連行され、そこでアマンド・オノラブルを行ない、そののち、ひざまずいて、彼が、前述のきわめて邪悪にして忌まわしく嫌悪すべき弑逆罪を、悪心をもって故意に企て、右手にしたナイフで国王を傷つけたことを宣告し、その行為に対する悔悟を表明し、神と国王と正義の赦しを乞う。さらに、当法廷は、そののち彼がグレーヴに連行され、そのために特別に建てられた処刑台上で、その胸、腕、ふくらはぎを火挾みで灼かれ、前出の弑逆罪を犯したナイフを持った右手は硫黄で焼かれ、彼の傷口には、沸騰した油、溶けた鉛、硫黄入りの樹脂とワックスを注がれ、そののち、四頭の馬に身体を引き裂かれ、その四肢および胴は焼却し、その灰は風で散逸させられることを命令する。当法廷は、彼の資産を王庫に没収し、前述の処刑に先立って、ダミアンを通例および異例《ケスチオン・オルディネール・》の尋問にかけ《エ・エクストラオルディネール》、共犯者の氏名を告白させることを命ずる。彼の生家は取り壊し、その跡にはいかなる建物もこれを建てることを禁ずる。

一七五七年三月二十六日、パリ高等法院による布告。

シャルル－アンリは仰天した。フランスでは、アンリ四世の暗殺者フランソワ・ラヴァイヤック以来、誰一人として四つ裂きの刑に処せられた者はいなかったし、それも一六一〇年の出来事で、百年以上も昔のことであった。彼あての命令書を読んだだけで、この処刑人の背には寒気が走り、それらを実行に移さねばならないことを考えるとそのおぞましさ、忌まわしさで一杯になり、彼はとうてい自分がこれを成し得ないことを知った。彼は父に相談したいと思ったが、ジャン－バチストとマドレーヌはまだブリ－コント－ロベールに住んでおり、そこは十八歳の少年が出掛けて行くには遠すぎた。彼は、致し方なく、祖母のもとへ行って、自分にはとてもこの仕事は出来ないと告白した。

この頭の鋭い老婦人は、シャルル－アンリが真実を述べていることを悟った。辞職しようかという彼の提案は問題外であった。かと言って、むりやり彼にダミアンの処罰を行わせれば、彼自身の恥を晒すに止まらず、全サンソン一族の名に泥を塗る恐れがあった。唯一の解決法は、彼女の息子でジャン－バチストの弟、ランスの処刑人たるガブリエルを呼び寄せることであった。シャルル－アンリは、処刑に立ち会ってそれを法的に承認しなければならなかったが、実際には叔父の助手を務めさえすれば良かった。シャルル－アンリはこの一時凌ぎを有難く受け入れた。マルト・デュビュにとっては、これは、彼女の生涯の栄光の機会であった。――処刑台上に、一人ではなく、二人ものサンソンが立つことになるのだ！

ランスの処刑人たるガブリエルには、パリで職務を行なう権限はなかったが、「王宮およびフランス大裁判所の判決および宣告の執行者」（“Exécuteur des Sentences et jugements de l'Hôtel du Roi et Grande Prévôté de France")として、彼が処刑台に臨むことはまったく合法的であった。この称号は、ルイ十一世の治世このかた、宮廷裁判長《プロヴォーマーシャル》によって下された判決は皆無であったので、まったく肩書きだけのものだった。しかしその職はまだ存続し、三千三百リーヴルの年俸が支払われていた。

この刑の執行にあたって、先ず、四頭の強い馬を探して購入する必要があった。これに、ガブリエルは四百三十二リーヴルを支払わねばならなかった。次に、そしてこの方がずっと難しいことだったが、高等法院が命じた拷問を行なう人間を一人傭い入れる必要があった。というのは、ガブリエルも、彼の助手たちも、誰一人としてこの手順のどれにも加担したがらなかったためである。この予備段階の刑罰を引き受けた老人は、奇妙な偶然の一致であったが、名をスービーズと言い、――ラヴァイヤックを処刑した男の孫であった。

三月二十八日の午前五時に、ガブリエルとシャルル－アンリは、めいめい制服を着けて馬車《カート》に乗りこんだ。その背後には、四頭の馬と十五人の助手たちが続いた。コンシエルジュリ牢獄で、彼らは「尋問」――つまり死刑の前に犠牲者に課せられた拷問に立ち会った。これは、彼にその共犯者を白状させるためのものであった。「吊り落とし《エストラパード》」で両腕を脱臼させられ、両足を責め「長靴《ボット》」で捻挫させられたにもかかわらず、ダミアンは何一つ自白しなかった。自白すべきことが何も無かったからである。この男は、狂信的な信仰家で、単独犯であった。彼の身体は首だけを出して袋詰めにされた。それから、サント－シャペルへ連行され、木のベンチに転がされて、何時間も、専任司祭の長たらしい説教を聞かされた。

哀れな男が、処刑台上でスービーズが待つグレーヴ広場へ連れて行かれた時は、すでに午後も半ばになっていた。この頃までには、責め手はぐでんぐでんに酔っていて、立つことも覚束ない有様であった。この仕事を引き受けたのを後悔して、彼は酒で勇気を振い立てようとしていたのだ。そして、その間に、命令書に規定されたワックス、鉛、油、硫黄などを買うのを忘れてしまった。ガブリエルは彼を罵ったが、彼自身が検事に罵られるのがおちであった。かたや、群集は、スービーズの酔態を見て大笑いしていた。散々ごたごたした挙句、二人の助手が必要な材料を買いに走り、ようやくダミアンが前に出され、袋から引っ張り出された。

ガブリエルは、ガクガク震えながら、犠牲者の悲鳴に懸命に耳をふさぎ、男の右手を押さえつけて燃えさかる火鉢にかざした。数分後、助手の一人が真赤に灼けた火挾みを、ダミアンのすでに痛めつけられた身体に当てて、もう一人が煮えたぎった油や鉛を傷口に注いだ。四つ裂きはまさに悪夢であった。ダミアンの四肢は三度馬に繋がれ、処刑人の助手たちが馬に鞭をくれ、三度馬たちは駆け出したが、関節を外しただけで四肢を彼の胴体から引きちぎるには到らなかった。このすさまじい仕事を遂行するには、とうとう斧を用いる必要があった。

処刑そのものに匹敵するほど忌まわしかったのは、血を好む群集の興奮した騒ぎであった。どこへでも顔を出す野次馬のバルビエは、彼の『日記』にこの事件を次のように記している——「グレーヴ広場の近辺の屋根という屋根には、見物人がとり付いていた。いやでも気が付くことは、婦人の数の多さで、しかもそれが貴婦人たちときているのだ。彼女らは、男たちよりも処刑の恐ろしさに良く耐えていたように見受けられたが、この事実は彼女らにとって必ずしも名誉とはいえない」。

この事件を目撃し記録したもう一人の男は、こと婦人に関しては、バルビエよりいささか専門家ということになっている。彼の名はカサノヴァで、彼はその『回想録』の数節をこの忘れ難い午後の記述に割いている。この日、彼は、グレーヴ広場を見下ろす窓の一つに、一人の男友達と三人の婦人とともに陣取っていた。

われわれは、このすさまじい光景を四時間にわたって眺めていた。このイエズス会士の犠牲者の処刑中、私は目を逸らし、彼の苦悶の絶叫に耳をふさがずにはいられなかった……しかし、ラ・ランベルティニと老叔母(同席の婦人たちのうちの二人)は身じろぎもしなかった。これは彼女らの冷酷さの証拠ではあるまいか? この極悪非道の男の行為の恐ろしさを思えば、彼の苦しみに対していかなる哀れみの情も催してなどいられない、と彼女らが言ったとき、私はそれに納得したふりをしなければならなかった。

ダミアンに心を奪われながらも、カサノヴァはまた、処刑中に起こったもっと小さなドラマをもちゃんと観察していた。

実をいえば、この敬虔な叔母が、処刑の間じゅう、もっぱら心を奪われていたのは、ティレッタ(もう一人の男)のことであった。そしておそらく、そのせいで、この徳の高い婦人は身動きもせず、振り向きもしなかったのだろう。

彼は、(窓ぎわの)彼女のすぐ後ろにいたので、彼女のドレスの裾を踏むまいとして、それをたくし上げた……私（カサノヴァ）には、ほぼ二時間にわたって衣《きぬ》ずれの音が聞こえ、この状況が大変面白かったので、その間ずっと、私も身動きをこらえていた。私は、ティレッタの大胆さに舌を巻くというよりは、私自身の物好きに呆れた。だが、私が何より感心したのは、この信心深い叔母の驚嘆すべき平静《サン・フロア》さであった。

ようやくこの長い時が終ろうとした頃、マダム×××が振り向くのを見て、私も向きを変えて、ティレッタを凝視した。彼は、何事も無かったようにすまして、無頓着で落ちつき払って見えたが、親愛なる老叔母は、普段よりいくらか物思いに沈んだ重々しい様子をしていた。ラ・ランベルティニに知られて笑われたり、若い姪に、彼女が知ってはならない秘密を知らせて驚かせたりしないためには、起こりつつあることに目をつぶり、それを無視しなければならないという間《ま》の悪い立場に立たされていることを、彼女は自覚していたのであった。

ガブリエル・サンソンは、この午後の出来事から二度と立ち直ることができなかった。ランスに戻るや、彼は自分の地位を息子に譲り、名目上の肩書は二千四百リーヴルの年金と引きかえに、甥に譲った。ジャン－バチストは田舎に住み、ガブリエルは引退してしまったので、シャルル－アンリは若冠十八歳で、今や唯一人のパリの処刑人《ブロー・ド・パリ》として君臨することになった。

ダミアンの処刑は、シャルル－アンリが、恐ろしいこと不可避的なことを、はっきりそれと認めかつそれを引き受けざるを得なかったという点で、彼の職歴《キャリア》の真の始まりを告げるものであった。今や、自分の職務の責を担《にな》って立つのは、より成長した、重々しいシャルル－アンリであり、彼の性格に変化が生じたのも理の当然であった。第一に、彼を感じやすくさせていた若さそのものが、過ぎた事を忘れさせる力となった。次に、彼はその処刑に実際に手を下さず、単にそれに立ち会っただけだったので、彼の心中では罪の意識が和らいだ。第三に、そしてこれが一番重要なことだが、彼はマルト・デュビュと一つ屋根の下に住んでおり、彼女の信念と、その誇り高き主張が、たえず彼の耳元で鳴り響いていた――いわく、処刑人の地位は名誉あるもので、彼の使命は重大である。彼の仕事は困難で、時には苦痛でもあろうが、それは、兵士や警察官の仕事同様、王国の法と秩序の維持に不可欠のものである。彼は昂然と頭を上げていて当然なのだ、等々。不屈のマルトは、サンソンの家名を運まかせにしたりはしなかった。それは是が非でも続いて行かなければならなかった。

サンソン・ド・ロンヴァル同様、シャルル－アンリも、古典的な顔立ちで爽やかな立居振舞いの、背の高い頑丈な男であった。彼の住む界隈では、彼は、貧乏人に親切な慈悲深い男という評判をとっていた。根は真面目な彼は、社交より孤独を好み、人の集る場所を避け、社交的な会合を嫌った。彼の音楽の腕前は相当なもので、ヴァイオリンとセロをこなした。彼は音楽で心を慰さめたが、処刑のあとはとくにそうであった。

アベヴィルの祖先から受け継いだもう一つの資質は、その美貌ほどには彼に有利に作用しないことが分った――紳士気取り《スノバリ》は首切人の権利ではなかったのに、シャルル－アンリは気取り屋《スノブ》であった。彼は、みずからロンヴァルの騎士《シュヴァリエ》（訳注 フランスでは最下位の貴族）と名乗ったばかりでなく、青色のコートを着て剣を下げていたが、この貴族振りが間もなく彼をトラブルに巻き込むことになった。剣も色も、貴族階級のものであり、青は高貴《ノーブル》な血統《ブラッド》に属する特権的な色で（名門の出《ブルー・ブラッド》という言葉はここから出ている）下層の者はそれを着ることを禁じられていた。検事に出頭を命じられたシャルル－アンリは、処刑人サンソンであり、ゆえにきわめて低い地位の人間たる彼には、このような装いをする権利がまったく無いこと、彼は重大な過ちを犯したものであること、および事態は早急に改めねばならないことなどを厳しく注意された。これに激昂したものの、負けじ魂のシャルル－アンリは、緑を自分の色にし、コートを斬新で人目を引く形に裁断させた。彼のスタイルは、ヴェルサイユの常連の一人であるルトリエール侯爵の目にとまった。侯爵は感嘆しただけでなく、それを模倣し、やがて、「サンソン風に《ア・ラ・サンソン》」装うのが流行となった――この、自称ロンヴァルの騎士にとっては、小さからざる勝利である。

十八世紀前半に、その権力と権威の全盛を誇った貴族階級は、多種多様の特権を享受していたが、その一つに狩猟の権利があった。奇妙なことには、サンソン一族もこの特権にあずかって来たが、それはおそらく、ロンヴァルの領主であったという彼らの主張に基づくというよりは、彼らが決して貴族階級の人びとと同じ場所や同じ時に狩りをしなかったせいであろう。シャルル－アンリは根っからの狩猟好きだったが、彼のこの上流階級の特権好みがまたしても彼を窮地に陥れることになった。

ある夕刻、田舎で狩りを楽しんでの帰途、彼はとある宿屋に足を停め、食堂に入って行った。どちらかと言えば目立つ風采の彼は、一人の若い貴婦人に、食事を共にするよう申し込まれた。名を尋ねられた時、彼は、「私はロンヴァルの騎士で、高等法院の役人です」と答えた。食後、若い侯爵夫人は、部屋まで送ろう《エスコート》という彼の申し出を受け入れた。彼女が彼と一夜を共にしたがっているのを悟って、彼は扉の外で躊躇した。習朝早くパリに戻って処刑の準備をしなければならないということさえなければ、彼は彼女の魅力に引きずられてしまっていただろう。彼は唐突に別れを告げた。この肘鉄砲にカッとした女は、彼の馬の蹄の音が宿屋の庭から遠去かるまで待ち、それから階下へ行って、誰かあの若者が何者か知ってはいまいか、と尋ねた。たまたま、客の一人が彼を見識っており、直ちに、自分の食事相手が貴族であろうという彼女の誤解を正してやった。「だってあの男はパリの首切り役人ですからね、マダム」と彼は笑いながら教えた。「私は何度もグレーヴ広場で奴を見かけております」

パリに帰るや、彼女は時を移さずに弁護士に相談して、シャルル－アンリを法廷に出頭させ、彼女と食事を共にした不敬を公式に謝罪させることを要求した。さらに、彼女は、すべての処刑人には、余人がそれと見分けられ、彼らとの接触を避けられるように、衣服にはっきりとしたマークを着けさせるようにすべきであるとの要求も出した。

シャルル－アンリには、彼の弁護を引きうける者が一人としていなかった。誰も体面上このケースにタッチしたがらなかったので、この処刑人は自分自身の弁護士として行動したが、彼の弁論には、不屈の祖母が絶えず口にしていた言葉が木霊《こだま》していた。彼は、法の役人としての処刑人の重責を論じ、自分が人を殺すのは、兵士と同じやり方、同じ理由――祖国を守り、同胞を守るため――であり、彼の職業は他の誰とでも比肩し得るほど尊敬すべきものであり、彼の社会的地位は名誉あるものである、と論述した。

「どの兵士にでも、彼の仕事はどういうものかをお聞きなさい」と彼は誇らかに言った、「彼も私同様に、人を殺すことだと答えるでしょう。それを聞いて彼のそばから逃げ出したり、ともに食事するのを拒んだりする者は一人もおりません。ところで、彼は誰を殺すのか？　罪の無い人びとをです。彼同様に祖国のために尽している人びとを、です。私も私の国のために尽しておりますが、私は罪無き者は尊重します。私が殺すのは、罪人ばかりです」

この見事な申立てが法廷を動かしたものであろう、この訴訟は却下された。

このエピソードからほどなく、一人の老いた友人がサンソン家の生活に入ってきた。この男、ピクピュの司祭のアンジュ・ゴマール師は、かつてジャン－バチストの患者であったが、サンソン家の者は皆彼を知っており、今、彼を心から歓迎した。間もなく、彼はサンソン家の食卓の常客となったが、そこでの会話の中で、彼には非常にお気に入りの姪があることが分った。不幸にしてこの娘、ジャンヌ・ベキュ・ゴマール・ド・ヴォーベルニエは、厄介事の種でもあった。サクレ・クール修道院の修道女たちの手で養育されたジャンヌは、その後、総括徴税請負人《フェルミエ・ジエネラル》の寡婦の許に手伝いに入り、彼女の長男と同衾するという過ちを犯した。それのみならず、彼女は次男とも関係を持って罪を重ねた。不身持ちを理由に解雇され、次に、サントノレ通りの服装店で仕事を見つけたが、そこで彼女の美貌と魅力は、大勢の顧客の夫たちの目にとまった。現在のところ、彼女はジャン・デュ・バリーという男の情婦であるが、彼は彼女と正式に結婚すると約束しておきながら、なかなかそれを実行に移しそうにもなかった。シャルル－アンリは、この美しく魅力的な女についての司祭の話に心を惹かれ、彼女に会いに行くことを約束した。彼女の生き方を正すため、というのは名目上で、実際は彼女の気を引きたかったのである。

シャルル－アンリと、この未来のデュ・バリー夫人（ルイ十五世の愛妾）とが情事を持ったという噂があるが、この婦人は、パリの処刑人が提供できるよりははるかに有利かつ妙味のある出世の機会を持ち、はるかに野心的であったことを思うと、その噂の信憑性は稀薄である。しかし、シャルル-アンリが、彼の結婚以前の数年間に一度ならず彼女に会ったことは事実である。それから二十七年たって、コンシエルジュリから断頭台へと彼女に付き添い、そこで息子が彼女の処刑を行なうのに立ち会うことが、彼の悲痛な任務となるのである。

シャルル-アンリが彼の花嫁となる娘に出会ったのは、彼の狩猟好きが直接のきっかけであった。モンマルトルの村はずれの、獲物が豊富な森に行くには、この村の市場向けの野菜を作っていたジャック・ジュジエの敷地を通らねばならなかったので、間もなくシャルル-アンリは、彼の家に立ち寄り、家族と一杯やるのが慣わしとなった。彼の長女のマリ-アンヌと結婚できそうだという見込みは、彼女が家事が上手で信心深い女だったからばかりでなく、気取り屋の彼には同業者の娘や妹を娶《めと》ろうという気が無く、かといって職業の外での彼の選択範囲は限られていたため、彼の気をそそったことは確かである。ジュジエの一家は貧しくはあったが立派な人びとで、マリ-アンヌは彼より六歳年長であったけれど、彼に忠実な良い妻になりそうであった。

一七六六年一月二十日、シャルル-アンリ・サンソンは彼女と結婚した。花婿の付添人は、父親のシャルル-ジャン-バチスト・サンソン、叔父のニコラ-シャルル-ガブリエル・サンソンで、花嫁の方は、サン-ウスターシュ教区、モンマルトル通りに住むワイン商のジョゼフ・ロバンと、サン-シュルピス教区、ドーフィヌ通りの住人で王の宴席用の花火作りのマルタン・セガンであった。やがて夫婦には二人の息子が生まれる——長男のアンリは一七六七年に生まれ、処刑人として父の後を継ぎ、二年後に生まれたガブリエルは、革命時の断頭台から落ちて不幸な死を遂げた。

サンソン一家の暮しは、当時のパリの中産階級《ブルジョア》のそれと似たりよったりであった。シャルル－アンリの職業については一言も語らないというのが不文律になっていたので、客でさえ、自分たちが、普通の、立派な、堅実な家に招かれているような気でいたし――実際、彼の家庭はその通りであった。マリー－アンヌは模範的な妻であり、良き母であった。信心深い女だった彼女は、家族と、処刑人の助手たち――彼らは家族の一員として扱われ、食事も共にしていた――のために、朝に夕に祈りを捧げた。老祖母のマルト・デュビュが存命中は少くとも年に二回、全家族がフォーブール・ポワソニエールの家の食卓に集った。そのような時、召使たちはいつも、サンソン家の旦那衆に対し、プロヴァンの旦那様《ムシュウ・ド・プロヴァン》、ブロアの旦那様《ムシュウ・ド・ブロア》、ランスの旦那様《ムシュウ・ド・ランス》などという呼び方をし、決して彼らの名を呼ぶことはなかった。こうした会食には二十五人から三十人が顔を揃えたが、もちろん、マルトが主席に就いた。ジャン－バチストがパリへ出て来た時には、マルトの向い側には、車椅子の彼が着席した。二人の間には年下の家族や、時には招かれた客たちが座った。サンソン家の人びとは、他人と交わるより家の中にいた方が気楽だったので、外へ出ることはめったになかった。この生活様式は、革命下の数年間にさらに度合を深めていくことになる――その頃には、シャルル－アンリはその職業がら、彼の私宅の周囲に防壁を回《めぐ》らさざるを得なくなっていた。

一七六六年五月九日、ラリー・トランダル伯爵がサンソン家の生活の中に再び姿を現わした。だが、このたびは、かつてジャン－バチストの結婚披露の宴席に雨やどりを求めて来た若き大尉としてではなく、死刑を宣告されたフランスの陸軍元帥《マレシャル》としてであった。一七五六年にイギリスとの戦争が始まった時、彼はインドへのフランス軍遠征の指揮を委ねられていた。勇猛にして有能な将軍だった彼は、フランスのために勇敢に戦った。しかし、彼の高慢で傲岸な性質は、年を追って強くなっていた。彼は部下から嫌われ、彼が奴隷のごとくみなした原地の人びとから憎悪された。あらゆる事が裏目に出て、彼は負け戦さを重ねた末に降伏を余儀なくされ、それによってインドをイギリスに奪われてしまった。イギリスで捕虜生活をしている間に、彼は、祖国が彼を謀叛人として告発し、王が彼の首を要求していることを知った。周囲の誰もが止めたにもかかわらず、彼は法廷に立つためにパリへと戻ってきた。彼は理論上、自分は軍人として軍事裁判を受けることになるだろうと信じ、自尊心から、身の証しを立てられるものと思いこんでいた。が、この両方の点で、彼は誤算を冒していた。バスチーユに投獄されて裁判まで二年間も待たされたのみならず、民事法廷は彼に対し、国王の利益を裏切った咎で死刑を宣告したのだ。

この宣告を耳にするや、ジャン-バチストは、若い大尉との自分の約束を思い出して、パリへ戻った。この頃までには四肢の自由を回復していたとはいえ、シャルル-アンリの父は、貴族の断罪に用いる重い剣を振るうだけの力が、もはや自分には無いことを知った。彼に代わって、息子に約束を果して貰わねばならなかった。

サンソン父子は、バスチーユからグレーヴ広場まで、六十四歳のラリー・トランダルに付き添って行った。ジャン-バチストが誰かに気付いたこの死刑囚は、彼に、昔の約束を思い出して実行してくれるよう要請した、と言われている。すでにその筋肉が萎えて久しかったこの処刑人は、ラリー・トランダルに申し訳なげな一瞥《いちべつ》を投げて、息子が代行することを告げる以外に何も出来なかった。

犠牲者にとって不運だったことには、シャルル－アンリはそれまで一度もこの重い剣を用いたことが無かった。さらに運が悪かったのは、彼の刃がラリーの頸に落ちた瞬間、囚人の長い白髪がそれを束ねていた紐からほぐれ、刃が髪の毛ですべって、男の顎を割っただけだったことである。群集が怒り叫び、助手たちが、地面をのたうち廻るラリーを押えに飛びついている間、シャルル－アンリは恐怖で立ちすくみ、二度と血まみれの刃を振り上げられずにいた。突然、見物人を驚かせたと同じくらい彼自身をも驚かせたであろうほどの力を振り絞って、ジャン－バチストは息子の手から剣をひったくり、頭上にかざすや、ラリー伯の首めがけて打ち落ろし、一撃で胴から切り離した。そして、次の瞬間、あたかも気力と体力をともに消耗し切ったかのように、この引退した処刑人は失神した。

このような体験は、家族全体にその痕を残さずにはおかなかった――ジャン－バチストと妻マドレーヌは、二度と田舎の隠棲の地を離れまいと胆に銘じつつ、ブリ－コント－ロベールに向ってパリを発った。マリ－アンヌは夫を慰めようとしてできる限り努めたが、彼女の慰めは――たとえ実際慰めることができたにしても――長続きする運命にはなかった。一カ月もしないうちに、シャルル－アンリには再度剣を用いる命令が下ったのだ。おまけに、今度は父の介添えも期待できなかった。

十九歳のラ・バールの騎士《シュファリエ》が、教会荒らしの罪状で、断頭ののち死体を焼かれることになり、その処刑はアベヴィルで行われる予定であった。普通ならこの仕事はシャルル－アンリに廻ってくるはずではなかったが、アベヴィルの処刑人は以前から病気にかかっていた。アミアンやルーアンにも処刑人はいたが、「ムシュウ・ド・パリ」が刑の執行を任ぜられた。先祖がアベヴィルの出であることを思い出して、彼の旅は二重に辛いものとなったに違いない。だがこの度は、シャルル－アンリは、その務めを確実、迅速に、手際良く遂行した。しかし彼の息子、アンリ・サンソンは、その『回顧録《メモワール》』の中、ラ・バールの騎士に関する章で、「好きだからその仕事をする処刑人、あるいは自らの破壊の才能に酔っている処刑人などというのは、馬鹿馬鹿しい作り話である」というシャルル－アンリの言葉を引用している。

一七七八年七月三十日、自らの死が近づいたのを知ったジャン－バチストは、息子にその称号を譲るために辞任する許可を国王に願い出た。そしてその年の八月、シャルル－アンリは彼の指名を明記した叙任状《レトル・ド・プロヴィジョン》を受け取った。その代償として、彼は王庫に六千リーヴルの金を支払った。

父の死後、シャルル－アンリは、ポワソニエール通りの屋敷を売却し、その金を弟や妹たちと分けた。百年足らずの昔、この屋敷と周囲の土地を、シャルル－サンソンは六千リーヴルで購入したものであるが、彼の曾孫はこの不動産を売って十万リーヴルを手にした。その後、シャルル－アンリは、ヌーヴ・サン－ジャン通り十番地に家を借りた。前の住居よりやや小さくはあったが、この家は彼の家族と助手たちが住むに十分な室数があり、馬や馬車や道具を入れる付属建物もついていた。彼はブリ－コント－ロベールの農場はそのままにしておき、そこで彼と妻とは、花や野菜を栽培したり、庭木を刈り込んだり、田舎を散歩したりして楽しんだ。彼はもう三十九歳で、マリー－アンヌは四十五歳になっており、二人の息子たちは元気な子であった。上の子のアンリは、十一歳の時にもう処刑に立ち会っていた。

その後、八年間に行われた処刑には、貴族階級は含まれていなかった。ということは、シャルル－アンリはただ取り仕切るだけで、仕事は助手にやらせれば済んだということである。彼の行動面での関与が必要になったのは、ようやく一七八六年であった。フランスの土台を揺さぶり、来るべき革命に少なからず寄与したこの事件で、彼はジャンヌ・ド・ラ・モット・ヴァロアの刑罰を行なうことになった。この話は、ダイヤの首飾り事件として良く知られている。

　この有名な首飾りは、もともと、デュ・バリー夫人への贈り物として、ルイ十五世が注文したものであったが、その完成前に王は世を去り、宮廷の宝石商シャルル・ベーマーとポール・バサンジュの手には、彼らが売却する訳には行かない品物が託されたままになっていた。総重量二千八百カラット、合わせて六百四十七個のダイヤモンドから成るこの首飾りの値段は百八十万リーヴルで、さすがのマリー・アントワネットにさえ手が届きかねた。

　ジャンヌ・ド・ラ・モット・ヴァロアは、アンリ二世の血を、彼の妾ニコル・ド・サヴイニによって引いていると主張する若い女であった。一七八〇年、彼女はアントワーヌ・ド・ラ・モット伯と結婚したが、彼は貧乏な陸軍士官で、その昇進の見込みは彼女の期待に副《そ》いかねた。美人で魅力的だった彼女にとって、もっと彼女の好みに合う愛人を見つけるのは難しいことではなかった。ストラスブールの大司教兼宮中司祭長、ルイ－ルネ－エドゥアール・ド・ローアンは、その地位、権力、財産がフランスで他に並ぶものなき名家の出であった。しかし、ローアン枢機卿は、一つ取り返しのつかぬ失策をしていた――マリー・アントワネットが若い花嫁としてフランスへ来た時、フランス人の中には、オーストリアと、自国の国王と結婚したこの小さなオーストリア娘に対して反感を抱いている者が多かった。ローアンもその一派に属し、王妃に対する嫌悪を隠そうとはしなかった。彼はフランス国内で、さらにフランス大使として赴任したウィーン宮廷でも、この感情を表明していた。王の結婚から十年を経た今、彼は自分の言葉を後悔していた。マリー・アントワネットが彼を快く思っていなかったために、彼は望みの地位、つまり首相に就くことができなかったからである。

ローアンの権力欲と、自らの金銭欲を意識して、ジャンヌ・ド・ラ・モットは、その両方を手に入れる、至極簡単そうな方法を見つけた。彼女は枢機卿を丸め込んで、自分が王妃の親友であり、王妃に彼のことを散々ほめておいたから、あとは彼が自筆の詫び状を送りさえすれば必ずや王妃の御機嫌が直るだろう、ということを信じ込ませた。野望に目がくらみ、目先が利かなくなっているところをさらに、彼の上に大きな影響力を持っている（その助力をジャンヌが計算に入れていた）香具師《やし》カリオストロ伯にそそのかされて、ローアンはマリー・アントワネットに手紙を書き、それをジャンヌに託し、彼女は彼に代わってそれを届けることを約束した。

ジャンヌは、マリー・アントワネットの筆蹟を真似るのに、マルク＝アントワーヌ・レトー・ド・ヴィレットという男を傭った。そして、ローアンの謝罪の手紙を届けたふりをした数日後に、彼女は彼に返信をもたらした。ジャンヌが文案を練り、ヴィレットが偽造したこの手紙は、金で縁取りした便箋にペン書きで、枢機卿あてに、王妃はもはや彼の過ちを根に持ってはいないこと、また、即座に謁見はできないが、段取りがつき次第すぐに彼に知らせる、ということが書かれていた。

かくして手紙のやり取りが始まり、王妃の（ジャンヌが下書きした）手紙は、徐々に、恩寵を取り戻せそうだという枢機卿の自信を深めさせるような内容になっていった。しかし数カ月が過ぎ、ローアンは、不満と、やがて不審の念を表明するようになった——マリー・アントワネットの言葉は温く愛想が良いのに、行動はそれとうらはらだったからである。なぜ彼女は宮廷で彼に声をかけてくれようとしないのか？

そこで、ジャンヌ・ド・ラ・モットは、ヴィーナスの森の替え玉事件として知られるようになる一幕をでっち上げた。彼女は、枢機卿に、マリー・アントワネットは未だ彼を公けの席で認めるわけには行かないが、ヴェルサイユの公園内で真夜中に、私的な会見を賜わるであろうと告げた。ローアンは、他の宮廷人同様に、王妃が暖い夏の夜々、その公園を散策するのが好きであり、庭園の小径や人目につかない四阿《あずまや》で恋人たちと逢曳きしているとの噂を聞き知っていた。「王妃の茂み」*le*《ル》 *bosquet*《ボスケ》 *de*《ド》 *la*《ラ》 *Reine*《レーヌ》 として知られる彼女のお気に入りの場所の一つは、そこにヴィーナスの大理石像があることから、「ヴィーナスの茂み」とも呼ばれていた。マリー・アントワネットが、芝居を演じたり仮装会《マスカラード》が好きだったことも周知の事実だったので、この深夜の密会《ランデブー》は彼女の性格にぴったりのように思われた。ローアンは、この待ちに待った王妃の謁見が、笑劇《ファルス》以外の何ものでもないとは、とんと思いつかなかった。

ジャンヌにはたった一つ、誰か、王妃にその面影が似た者を探して、マリー・アントワネットの替え玉にしなければならないという問題があった。彼女はオリヴァ嬢に白羽の矢を立てた。そして、この美しい娘に、自分が王妃のお役に立つことをするのだということを納得させた上で、彼女に一通の手紙を手渡し、それを、彼女が深夜、ヴィーナスの茂みの、ちょうど城の大テラスの真下のところで逢うことになっている、さる高位の貴族に手渡すように命じた。オリヴァ嬢はその貴族が茂みに入って来た時、手紙と一本のバラを差し出し、「これがどういうことかお分りですね」と告げることになっていた。

この逢曳きは実行され、枢機卿は狂喜した。彼は、自分が王妃に会ったと思い込んだばかりか、彼女の言葉がさきゆきの恩寵――政治的にも情事関係においても――を暗示するものだと信じ込んだ。彼は、求められればどんなことでも喜んでやる気になっていた――こうして、ダイヤの首飾り事件の舞台が整えられたのであった。手紙のやり取りが再開され、やがて彼は、王妃が例の首飾りを欲しがっていること、だが、王に内密で購入するため、王妃の懐《ふところ》から捻出しなければならないこと、などを知らされた。ローアンに対する信頼の印として、王妃はその処置を彼の手配に委《ゆだ》ねるとのことであった。ヴィレットの偽造文書の一つが、まことしやかに彼にこの首飾りを購入する権限を付与した。

このような重大任務が自分に託されたことで大いにおだてられ、気を良くしたローアンは、その書面を、宝石商ベーマーとバサンジュに示した。詐欺の被害者になろうとは露知らぬ両人は、代金は分割払いで支払うとの彼の約束と引き換えに、枢機卿に首飾りを渡した。ローアンの秘書兼司教総代理のアベ・ジョルジェルは、彼の『回想録』の中で、次のようにこの話の続きを語っているが、これは、フランシス・モシカーが『王妃の首飾り』中に引用している。

> ド・ラ・モット夫人は、自らの現実離れした企みの現実離れした成功に有頂天になって、その大団円《グラン・フィナーレ》の舞台を、ヴェルサイユの彼女のアパルトマンにしつらえ、そこで、王妃の使者と称する男の手へと首飾りの移管を行なうことにした。その舞台装置と演出は、真実、次のようなものであった。
>
> 枢機卿は、指定された日、二月一日の夕刻、指定の時間に、宝石箱をたずさえた小姓を

伴って、ド・ラ・モット夫人の許へと向かい、小姓は扉の所で帰した。そして、その大きな革製のケースを自らの手に持ち、彼はただ一人中へ入った。かくして、この犠牲的被害者が自分自身の誠実さの祭壇へと捧げられるべく、用意万端が整った。

舞台となったのは、小さな小部屋《アルコーヴ》つきの部屋で、ガラス扉が間を仕切っていた。この喜劇の台本を書いた才人（訳注 ド・ラ・モット夫人）は、観客（訳注 枢機卿）を小部屋の椅子へ案内した。

幕が上がると、舞台は薄暗がりで、小さなランプが唯一の光源となっている。ドアが開いて、声が響く――

「王妃様の御名代！」

ド・ラ・モット夫人がうやうやしく進み出て、宝石箱を取り上げ、それを王妃の使者と名乗る男に手渡す。

このようにして、ダイヤの首飾りの受け渡しが行われた。

黙した陰の観客たる枢機卿は、その使者の顔に見覚えがあると確信した。ド・ラ・モット夫人の言葉では、それはトリアノンから遣わされて来た、王妃の腹心の従者とのことで――さる月夜の晩にド・ラ・モット夫人に付添って宮廷の門から出て来た男と同一人物であった。背恰好が同じで、双方とも王妃のお仕着せを着ていた。

枢機卿は、首飾りが確かに正当な所有者の手に引き渡されたものと思い込んだ。

首飾りの石の幾つかは、ド・ラ・モット夫人とヴィレットが自分用に取ったが、ほとんどの石はド・ラ・モット氏がロンドンへ持って行って売却し、その金はド・ラ・モット夫人をヴァロア家の子孫にふさわしく飾り立てる費用として使われた、とアベ・ジョルジェルは主張している。

ローアンが、約束した分割金総額のごく一部しか支払っていないうちに、宝石商たちは王妃に請求書を差し出した。彼女はきわめて正直に、口頭であれ書状であれ、そんな首飾りを注文した覚えなどないとはねつけた。問題が国王ルイ十六世の許に達するや、王は直ちにそれが偽造書類であることを認めた。枢機卿の王妃に対する感情を知っていた王は、この事件は王妃の顔に泥を塗るために仕組まれたものと断定した。ローアンはバスチーユ送りとなり、ジャンヌの名を出した。ジャンヌはまた、事件に関与したその他の名前をすっかり明らかにした。全員が投獄され、やがて、公判廷で裁かれた。

マリー・アントワネットは、たとえローアンがこの詐欺計画に関しては無実であれ、彼の行為は彼女の名誉と地位に対する侮辱であり、彼は不敬罪（*Lèse-majesté*《レーズ・マジエステ》）を犯したのだ、ということを役人たちに納得させようと努めた。にもかかわらず、彼はすべての点で無罪を言い渡された。このように枢機卿の無罪を完全に立証したことは、専制君主制に対する直接の攻撃であり、来たるべき革命を早やばやと告げる前兆の一つでもあった。カリオストロとレトー・ド・ヴィレットも放免された。が、ジャンヌ・ド・ラ・モットは、鞭で打たれ、両肩に盗人（*voleuse*《ヴォルーズ》）を意味するVの字の焼き鏝を当てられるべし、との宣告を受けた。

鞭打ちとか烙印押しとかの軽い刑罰は、ふつうは助手にまかされていたが、ド・ラ・モット夫人は貴族だったので、彼女の処刑は処刑人自身が取り行わねばならなかった。

このスキャンダラスな事件を出来るだけ穏やかに押さえておくため、シャルルーアンリは、朝も早いうちに、レ・アルの晒し台——鞭打ちや烙印押しは通常ここで行われた——ではなく、パリ裁判所《パレ・ド・ジュスティス》の中庭で刑を執行せよとの命令を受けた。一七八六年六月二十一日の午前五時に、彼は、高等法院による刑の宣告を聞かせるために被告を連行して行った(フランスでは、死刑の場合を除き、囚人は自分がどのように処罰されるかを知らされていなかった)。最初、傲岸不遜な態度をとっていた女は、判決が言い渡される時の慣例通りにひざまずくことを拒否したが、自分を待ち受けている運命を知るや、彼女の落ち付きは消し飛んだ。彼女は悲鳴を上げて激しく暴れ始めたので、シャルル－アンリと助手たちはやむなく彼女を縛り上げ、処刑台が立てられていた中庭へ引っ立てて行った。時間も早く、場所も内密でしかも思いがけない所であったのに、中庭の柵の外側には何百人もの見物が集ってきていた。縛《いまし》めを解かれるや、ジャンヌは処刑台の端まで逃げて行ったので、やむなくシャルル－アンリの助手が追いかけた。彼女は彼らの顔に唾を吐き、罵倒し、王妃や枢機卿や彼女を裁いた者全員を呪った。散々手こずらせた挙句、彼女はついに衣服を剝がれ、無理やりうつ伏せにされ、シャルル－アンリは鞭打ちを行なった。

『王妃の首飾り』の中で、フランシス・モシカーは、ニコラ・ルオーなる男の日記を引用している——

彼女の全身が剝き出しにされた——その、類《たぐ》い稀《まれ》な、素晴しく均整のとれた身体が。その白い腿と胸がさっと現れた瞬間、固唾《かたず》をのんで見守っていた野次馬連中は、ヒュッと口笛を鳴らしたり、下品な野次を飛ばしたり、卑猥な言葉を叫んだりした。

四人が彼の手から逃げだしたので、処刑人は——焼き鏝を手にしたまま——彼女が中庭の敷石の上を転《こ》けつ転《まろ》びつするあとを、大階段の下までも追いかけねばならなかった……灼熱の鉄の下で、その繊細な膚《はだ》がじゅうじゅう音を立てた。彼女のほどけた髪のまわりに、青白い蒸気が漂った。その瞬間、彼女の全身は物凄い痙攣《けいれん》を起こしたので、二番目のVの字は肩にではなく、彼女の胸に、その美しい胸の上に、押し当てられた。ド・ラ・モット夫人の痛めつけられた身体は、もう一度だけ、痙攣的動作でのたうった。彼女は何とか力を振り絞って処刑者に飛びかかり、彼の肩先に咬みついた。彼女の歯は皮のベストを通して肉に達し、血が流れた。そして彼女は失神した。

シャルル－アンリは非常に苦悩した。これが、彼自らが行なった最初の鞭打ちであったためばかりではなく、鞭打ちや焼き鏝は通常売春婦とか常習犯に課せられる刑であって、貴婦人向きのものではなかった。おまけに、彼自身がこの女を描写した文章でも明らかなように、シャルル－アンリもまた他のパリの人びと同様、ジャンヌ・ド・ラ・モットの美しさと魅力とに参っていた。彼の言葉によると、「彼女は中背の、心持ち肥りぎみの、非常に姿容《すがたかたち》の良い女であった。その顔は、表情豊かで魅力に富み、愛らしかった。ただ、目鼻立ちをもう少し詳しく分析すれば、彼女の鼻は尖がり気味で、肉感的な口は大きすぎ、目は小さすぎた。しかし、彼女の髪の毛は素晴しく、肌はまぶしいばかりの白さで、腕や脚は華奢《きゃしゃ》な骨組みだった。（処刑の当日）、彼女はバラの小束を散らした茶と白の絹の室内着を着ていた。髪の毛が余りに豊かだったので、レースのボンネットは顔からずれて後の方に引っ張られていた」という。このような折にしては、この処刑人は何とまあこと細かに観祭していたものだ！

（ジャンヌ・ド・ラ・モットは、ラ・サルペトリエールに投獄され、そこで終身刑となる筈であったが、六カ月後に脱獄し、一七九一年にロンドンで没した）。

ジャンヌ・ド・ラ・モットに焼き鏝を当てたことで、シャルル－アンリは、彼自身もまた自分のベストに縫い取りされた絞首台によってのみならず、彼の称号そのものによっても烙印を押されていることを、以前にまして深く意識せざるを得なくなった。

bourreau《ブロー》という言葉は蔑《さげす》みの言葉であった。文字通りに言えば、それは刑の執行者とか首吊り人という意味だが、この言葉には、野蛮な人非人、恥知らず、非情な奴、といった含みがこめられていた。シャルル－アンリは自分自身をそのような人間と思いもしなかったし、世間からそのように思われたくもなかった。そこで彼は何とかこの言葉を取り下げて貰おうと考えて、弁護士に相談した。弁護士の言うには、この語は、古代ローマでリクトル（訳注 上長官の先駆となり囚人の捕縛にあたった官史）が姦婦の処罰に用いた柳の鞭を指すラテン語の *bourrea* から来ており、女――この場合、ジャンヌ・ド・ラ・モット――を打つ者は誰であれ *bourreau*《ブロー》なのだ、とのことであった。そこで、シャルル－アンリは今度はルイ十六世の許へ、国王の命令でこの語の使用を禁止し、代わりに“Exécuteur《エグゼキュトウール》 des《デ》 Jugements《ジュジュマン》 Criminels《クリミネル》”（有罪判決の執行者）を採用されるよう願い出た。

この願いは容れられて、一七八七年一月十二日、国王会議《コンセイユ・デュ・ロア》の審議により、「有罪判決の執行人を *bourreaux*《ブロー》と呼ぶことを禁止する」旨の布告が出された。

シャルル－アンリはのちに、この見栄っ張りな請願と受け取られた行為のゆえに嘲笑され、自分の仕事を嫌悪し恐れた王党派《ロイヤリスト》として戯画化された。さらに彼は、王をギロチンにかけることを命ぜられたことで、悲しみのあまり死んだ者として描かれさえしたが――それは皆、まさにその通りであった。

近づく大革命とシャルル－アンリ

一七八八年にもなると、近づきつつあった革命の足音が聞えるようになっていた。階級の区分と、少数者が特権・権力を握る組織である旧制度《アンシャン・レジーム》は、すでにその末路にさしかかっていた。この封建制の名残りである社会階層は、フランス人民を三つの集団もしくは階級――僧侶、貴族、および市民《ブルジョアジー》あるいは第三階級――に分割していた。人びとは、階級間の不平等のみならず、同一階級内の区分から来る負担の不平等にうんざりしていた。

この社会層のはしごのてっぺんに、一万八千人もの廷臣を擁するヴェルサイユがでんと居すわっていた。ルイ十六世は神授の権限によって人びとを治めており、したがって何の制約も受けず絶対的な存在であった。国家の利益が国政を決定し、ルイがすなわち国家であった。彼は法律を作り、好みのままに国費を使い、裁判なしに臣下を投獄し、報道を弾圧し、税を課した。人民は不満を洩らしはしたが、マリー・アントワネットが五百人もの召使を抱え、王の厩舎が一千九百頭もの馬と数百台もの馬車を収容し（その経費は年に約八百万リーヴル）、王の飲食費だけでも百五十万リーヴルを越す、といった事実に対しては何一つ出来なかった。職権利用の不正利得は常態となっており、例外でも何でもなかった。たとえば、お付きの婦人たちは、ロウソクを売って一人あたり約五千リーヴルもの余分な収入を得ていたが、これらのロウソクは、ヴェルサイユでは一回しか使用されることはなく、従ってほとんど減ってはいなかったのである。大革命直前の時点におけるヴェルサイユの維持費は、総額にして、年間三千三百万リーヴル以上であったと推計されている。

地位と権力の点で王のすぐ下にあったのは僧侶階級で、国土の五分の一を所有し、王国のありとあらゆる農作物に十分の一税を課していた。おまけに、教会は封建領主であり、封建領主として徴税の権利を持っていた。その収入の大部分は司教および大司教のもとへ行ったが、彼らはおおむね貴族の子弟たちで、廷臣として宮廷に住み、自分たちの宗教的義務に対してはほとんど、もしくはまったく考慮を払ってはいなかった。神父や教区司祭から成る下級の僧侶たちは、わずかな手当を支払われ、かつかつの暮しをしていた。

貴族階級も、それ自体の中に複雑な階級制《ヒエラルキー》があった。頂上には *noblesse d'épée*《ノブレス デペ》、帯剣貴族つまり、その称号の由来がはるか古え《いにしえ》に遡《さかのぼ》る昔からの軍事的貴族階級があった。その下に *noblesse do robe*《ノブレス ド ローブ》すなわち法服貴族があり、彼らの血統は前者ほど古くも高名でもなく高等法院《パルルマン》に所属する裁判官《ジュジュ》および司法官《マジストラ》から成っていた。帯剣貴族自体が、宮廷に居住したより権力のある集団と、自分たちの領地に留まっていた勢力の弱い、従ってより貧しい家柄とに細分されていた。

何百万もの、特権を持たない臣民から成る第三階級にも、それ独自の区分があった。市民階級《ブルジョアジー》は、弁護士、医師、文筆家、実業家および銀行家などのアッパー・ミドルクラスと、職人、小商店主、召使などを含むロウアー・ミドルクラスとに分かれていた。

この第三階級の下、はしごの最下段に、約二千万もの農民たちがいた。

政府の組織が複雑で、収賄が横行し、国務の処理は不手際であったため、（それと、宮廷が浮薄で奢侈に流れていたため）支出は常に収入を上回わり、その結果さらに余分な税を課すことになり、それは主に第三階級によって支払われた。税には不動産税と人頭税 *taille*《タイユ》（個人の財産および収入にかけられた税）とがあり、貴族と僧侶はそのいずれも免ぜられていた。さらにひどいことは、総括徴税請負人 *fermiers-généraux*《フェルミエ・ジェネロー》として知られる個人が国に一括して税を払い、その上でブルジョア、職人、百姓たちから好きなだけの額を集めることができた。しかしもっとも苛酷なものは *gabelle*《ガベル》すなわち塩税と呼ばれるものであった。だれでも、七歳以上の者は一年に少くとも七ポンドの塩を、望むと望まないにかかわらず、買うことを義務づけられていた。この七ポンドの塩は、調理と食卓での使用にその用途が限られており、魚や肉を塩漬けにして保存したい時には余分に買わねばならなかった。塩売買の法律を犯した咎で、毎年三万人もの人びとが投獄され、五百人以上が死刑やガレー船送りとなっていた。ブドウ酒は、工場の敷地で課税され、さらに売る時も、というように、生産地から地方の町々を経てパリへ来るまでに何と三十回も四十回も課税されるという有様であった。

自由は存在しなかった。一六八五年のナントの勅令廃止以来、プロテスタンティズムは違法とされ、ユダヤ人は外国人とみなされ、一段と劣った市民として取扱われた。カトリック教徒は法律によって、聖餐式《コミユニオン》、断食、四旬節《レント》などを遵守するべく規定されていた。また、団体の結成や大衆的な集会の開催なども、法によって禁じられていた。当局は誰であれ逮捕し、好きなだけ拘留しておくことができた。非常にしばしば、有名な封印状 *lettres de cachet*《レトル・ド・カシエ》(訳注 王印を捺した逮捕状)が私怨を晴らすために用いられた。

そして、あたかもこうしたありとあらゆる規制や悪法ではまだ苦しめ方が足りないとでもいうように、自然までが余分な打撃を加えた。一七八八年の夏はひどい旱ばつに見舞われた。七月十三日には雹《ひょう》が降って、それでなくとも乏しい作物の大部分を台無しにしてしまったので、その年は近年にない不作となった。それに続く冬がまた、セーヌ川も凍結するほどの寒さになって、人民の九割までが燃料や食料に不自由を来たしたため、盗賊が跳梁したのも驚くべきことではない。緊張が高まり、不平不満の声は大きくなり、内輪の憤慨は次第に公然たる暴力行為に変り始めた。

当然のことながら、シャルル－アンリ・サンソンはお上《かみ》の暴逆と不正の生きた象徴となってきた。彼が処刑台上であれパリの他のどこであれ姿を見せただけで、怨嗟《えんさ》と怒りの空気を誘発した。万人に平等と正義を、というのが飢えた民衆の叫びであった――そして正義の平等とは、万人のための一つの正義ということであった。必要とあれば人を殺すのも良いが、素早く、慈悲深く殺せ。首を吊るし、首を切るのは勝手だが、四つ裂きや車裂きはもうたくさんだ。ついにフランスの民衆は、彼らの憤激の幾分かを行動に移す決意を固め、――奇蹟でも起らぬかぎりは――シャルル－アンリ・サンソンが最初に狙われる一人になる可能性は大であった。

一七八八年八月、彼はルシャールという名の男を車裂きに処す命令を受けた。ルシャールは若い革命家で、やがて一年足らずの後のバスチーユ襲撃につながる思想と観念に染まった男であった。男やもめの彼の父は、これまた同じ位熱狂的な王党派で、王政のすべてを支持していた。二人とも直情径行の激昂型であった。息子がいとこの娘と恋におち、彼女と結婚する意向を表明したところ、彼の父親は、息子の危険思想を罰するために自分がその娘を娶る決心をした。そして喧嘩となり、怒った父親はハンマーを振り上げて息子を威嚇した。だが、息子ルシャールの方が若くて力も強かったので、難なく組み伏せて武器をその手から取り上げた。そして、もう争いを続けたくなかったので、戸口に向って歩きながら、肩越しにハンマーを放り投げた。ところが運悪く、故意に狙ったよりも正確に、ハンマーが父の額にぶつかり、即死させてしまったのだ。殺人？　然り、だが意図せぬ偶発事であり、車裂きの死刑は残酷で不当な判決であった。

事の次第を嗅ぎつけた民衆は、処刑場に押し寄せて、怒りの叫びを上げ、シャルル－アンリを脅迫した――処刑は一切行なうな、非人道的かつ不当な車裂きなどもっての外だ、と。何世紀もの期間を通じて初めて、民衆の感情が爆発した。大勢の男たちが処刑台を打ち壊し、囚人を解放して意気揚々と連れ去り、処刑人に襲いかかった。屈強な鍛冶屋が襲撃者を押し止め、辛うじてシャルル－アンリが脱出する時間稼ぎをしてくれなかったなら、彼は踏みにじられて死んでいたことだろう。処刑台も車も粉砕され、怒った群集の手で焼き払われた。

この事件の顚末が王の耳に届くや、王はルシャールを許したばかりか、以後フランスにおける車裂きの刑を廃止する旨の命令を発した――賢明な決断であり、それは法廷の裁判官にも影響を及ぼした。裁判官たちは急に、判決と、罪人に課す刑罰の型とを従来より寛容にした方が賢明であることに気づいた。しかしこの新発見の人道主義も、過去の不当さ残忍さの記憶を拭い去るには、すでに手遅れとなっていた。積り積ってついに頂点に達していた不満痛恨の波をせき止めるには遅すぎた。革命はすでに始まっていたのである。

フランス革命の勃発とシャルル－アンリの生活

不穏な情勢を十分意識してはいたが、シャルル－アンリはそれを、自分の経済的逼迫《ひっぱく》という観点から把えていた。彼にとっては、民衆の行動とその結果生じた王と法廷の動きは、ただ、彼の活動の機会の減少と、それに伴う収入の減少につながっただけであった。そして、王庫が彼に給料はおろか、彼が受け取る権利のある旅費などの少額の給付金さえも払ってくれなかったので、彼の経済は著しく逼迫してきた。彼は約束手形で食費、被服費、馬車の修理代、酒代、馬の飼料代等をまかなってきたが、今や債権者たちは支払ってくれなければ投獄すると言って彼を脅し始めた。彼は、ルイ十六世に請願に出る以外に打つ手がなくなった。

一七八九年四月、彼はヴェルサイユに召された。国王は処刑人を私室に迎えた。その時の様子は、次のようにサンソン家の『回顧録』に述べられている――

国王は公園に面した窓際に立っておられた。王の威信に恐れ入ったシャルル＝アンリは、敷居を越して前に出ようとはしなかったので、かなりの距離を保ったまま数語が取り交された。国王は金糸の縁取りのあるライラック色のコートと短い半ズボンにパンプス（訳注 男子礼装用のかかとの低いスリッパ式の靴）を召され、青と赤のリボンのサン＝ルイ勲章が白絹のチョッキに懸っていた。レースのカラーとフリルは、ゆるいネクタイに半ば覆われ、そこからたっぷりした首が覗いていた。国王はがっちりした、だが、並みの体軀の方であった。髪の毛は髪粉をつけてカールされ、首の後でリボン結びされていた。

王庫は処刑人に対して総額十三万六千リーヴルの未払金があった。だが、ルイ十六世が即座に指摘した通り、王庫には彼に支払う資金が十分ではなかった。必死になったシャルルは、国王に向って、処刑人が借金で投獄されれば、王の正義を遂行することが出来なくなると言い、国王もそれをもっともだと思わざるを得なかった。しかし金はどうにもならなかった。その代案として、シャルル＝アンリは、一枚の通行証 *laissez-passer*《レッセパッセ》 を与えられた。

国王の命により

国王陛下は、シャルル＝アンリ・サンソン氏にその任務に当る方途を得させんがため、彼に三ヵ月間の通行証を与える。この期間中、国王陛下は、氏の債権者が彼に対していかなる手続きを取ることも禁止する。すべての請求者、警察官、その他の者は、いかなる方法であれ、彼を逮捕あるいは妨害してはならない。またすべての看守は彼を引き取ってはならない。さらに、もし上記の禁止にもかかわらず、彼が投獄された場合には、国王陛下はただちに彼の釈放を命ずる。この通行証は、債務拘留執行吏《ガルド・デュ・コメルス》の役所に登記された後はじめて有効となる。

一七八九年四月十九日、ヴェルサイユにて交付。

ルイ

不幸にして、この文書はシャルル－アンリの債権者たちに過去の貸金の支払請求を禁じはしたが、彼らに対して、新たな信用貸の拡張を命じてはいなかったので、目下の支出に関してはほとんど彼の役に立たなかった。

一七八九年七月十四日のバスチーユの陥落は、革命の事実上の開始を告げるものであり、狂喜した民衆は街路に群れ集《つど》った。七月十七日、王は市役所《オテル・ド・ヴィル》に出向いて、パリ市長ジャン－シルヴァン・バイイから三色の徽章《コカルド》を受け取り、明るく豊かな未来を夢見るパリ市民の歓声を浴びた。しかし、のちにルイ十六世とバイイの両人ともギロチンにかけることになるシャルル－アンリにとっては、そんな夢どころではなかった。絶対君主制の終焉《しゅうえん》は、彼の生活手段の終焉を意味する以外の何ものでもなかった。これは、いかに腕が確かで有能であれ、元処刑人には他の勤め口が期待できないことを知っている男にとっては、恐ろしい前途の見込みであった。

死刑の廃止が重大な話題となってきていた。パレ・ロワイヤルの中庭で弁士たちはそれを叫んでいたし、新聞は毎日のようにそれを訴える記事を載せていた。そして人びとは急に、一七四八年にその『法の精神《レスプリ・デ・ロワ》』の中でモンテスキューが述べた、「純粋で確実な統治の方が、残酷な刑罰より、不正な行為をより確実に阻止できるということが、経験上分っている」という言葉を思い出した。もう一人、これと同じくらいしばしばその言葉と行動が引用された人物がある。それはヴォルテールで、彼はジャン・カラスとラリー・トランダルを勇気を持って弁護したこと、およびラ・バールの騎士が処刑された一七六六年に発行されたチェザーレ・ベカリーアのエッセイ『犯罪と刑罰について』に対する論評などによって有名であり、人びとの記憶に残っていた。死刑論に関するヴォルテールの言葉は簡潔で要点をついている。

フェルネーの賢者（ヴォルテールのこと）はこう言う。首を吊られた男は何の役にも立たないし、社会のために作られた刑罰はその社会に有益であるべきだ、ということは昔から言われていることである。二十人の屈強な盗人に終身刑を課して公共のための重労働につかせれば、その刑は国益に奉仕するが、死刑にすれば、明らかにそれは公衆の面前で人を殺して給料を得る処刑人の利益になるだけである。イギリスでは、盗人に死刑を課すことはごく稀で、彼らは海外の植民地送りとなる。これは広大なロシア帝国でも同様である。独裁的なエリザヴェータ女王の治世中、囚人は一人として死刑にされなかった。次のエカテリーナ二世も非常に英邁《えいまい》な君主で、同じ政策を踏襲した。この人道的な政策の結果、犯罪が増加したかというと、その逆で、必ずと言って良いほど、シベリヤに送られた罪人たちは更生している。同じことがイギリスの植民地でも認められる。この嬉しい変身ぶりはわれわれを驚かせるが、考えて見ればこれほど当然のことはない。これら囚人は、生きるために規則的に労働せざるを得ない。悪事を働く機会には欠けている。彼らは結婚し、子供を作る。人は労働することで真人間になる。……もし、法律が、大罪を犯していない者に死刑の執行を許すようなことが実際に一例でもあるとすれば、法律より強い人間愛《ヒユーマニテイ》によって、法が死刑を宣告した人の命が救われる例は千回あっても良い……処罰の刃はわれわれの手中にある。だが、われわれは、それを研ぎすますよりはもっとしばしば鈍らせるべきである。それは鞘に入れ、それはめったに抜くべきものではないことをわれわれに警告するために、王の前に携帯される。

一七八九年のパリでは、処罰の刃はあまりにも素早く、あまりにもあっけなく、その鞘から引き抜かれた。このことは、のちにフランスの大使となり、当時は所用でパリにいたアメリカのガヴァヌア・モリスの、十月二十一日付日記の記述にも見られるとおりである。

今朝、民衆の手で一人のパン屋が絞り首にあい、パリ全市が武装下にある。その哀れなパン屋は、慣例に従って首をはねられ、その首は意気揚々と街頭を持ち歩かれた。彼は、今朝出来るだけ多量のパンを供給しようとして、昨夜は徹夜で働いていた。彼の妻は、棒先に夫の首をつけたものを眼前に突き出された瞬間、恐怖のあまり死んだそうである。このような忌まわしい行為が処罰なしで済まされるとすれば、明らかに通常の神の御旨《みむね》にそむくことである。現在のパリは、おそらくこの世でもっとも邪悪な土地であろう。

この文に付記された覚書によると、ドニ・フランソワなるこのパン屋は、販売用のパンの中から彼の家族のために何個か取っておいたこと以外、何ら悪いことをしていなかった。しかし、誰かが、彼がパンを貯めこんでいると騒ぎ始めたのだ。

シャルル－アンリは、司法組織に何らかの改善が必要なことは十分認識していたし、人民が自由《リベルテ》、平等《エガリテ》、友愛《フラテルニテ》を要求することの正当性をも知っていた。だが、彼は自分の仕事と収入を確保する方途を探すのに必死になっていた。自身の地位を保証する唯一の道は、ルイ十六世と専制政治を永続させることであると断定した彼は、自宅に王党派の新聞印刷機を設置することを許した（シャルル－アンリが、そう言われて来た通り、王制の心からの信奉者であるかどうかは、のちに彼が庶民としての王一家に深い献身の証拠を示しはするものの、疑問の余地がある）。パリには突如として王制を称揚し、新しく誕生した国民議会を非難するパンフレットやビラが溢れ——看過すべからざる事態となった。当局は敏速確実に行動した。悪口雑言の発生地が突き止められ、印刷機は押収され、処刑人は監獄にぶちこまれた。予期された通り、新聞は大喜びでこの話に飛びついた。

Les《レ》 *Révolutions*《レヴォリュシオン》 *de*《ド》 *Paris*《パリ》〈パリの革命〉と称した二十七日付の一紙において、その編集者プリュドムによる論説で、論争の火蓋が切られた。

貴族階級が今や私的な印刷所を持っている事が発見された。それが一体どこにあったとお思いか……何と、パリの首切人《ブロー》、サンソンの家の中にあったのだ！ 当局は情報をつかみ、それらが貴族階級のために活動している現場を押えた。市民諸君、これまでの、かの正直者サンソン氏と貴族階級のつながりから考えれば、もし彼らが権力の座にあれば、かの男の奉仕と技能から彼らが何を得たかが想像でき、察することができるというものだ。

続いて、ジャーナリストのゴルサが、彼の新聞 *Le*《ル》 *Courrier*《クーリエ》 *de*《ド》 *Paris*《パリ》 *et*《エ》 *des*《デ》 *départements*《デパルトマン》〈パリおよび地方通信〉で論争に参加した。

例の「有罪判決執行者」に関しては、最近の会議（一七八九年十二月二十四日の国民会議）で大いに議論の花が咲いた。議員たちが彼の適格性（市民としての）の有無を論じ合っていた間に、彼は適格者となるべく画策しつつあったのだ。すなわち、彼はその家の中に印刷機を置き、そこからかの低劣な中傷文がすべて発しており、それが諸州にばらまかれ、暴動と殺人を誘発しようと企らまれた。それは、かの曲りくねったサン-ジャン街の、首切人《ブロー》の忌まわしき家の中で行われた……印刷機は押収され、首切人閣下は逮捕されてラ・フォルス牢獄に投ぜられた……しかしながら、彼は何とか脱出を計るだろう……何しろ、彼には有力な味方がついているのだから……

L'Espion《レスピオン》 *de*《ド》 *Paris*《パリ》 *et*《エ》 *des*《デ》 *Provinces*《プロヴァンス》〈パリおよび諸州情報〉が読者にもたらした情報によると、国民議会で尋問されたサンソンは、貧者たちに与える金を稼ぐために自分の屋敷を賃貸ししたのであって、借り手については何も知らなかった、と弁明した。*Journal*《ジュルナル》 *de*《ド》 *L'Assemblée*《ラサンブレ》 *Nationale*《ナショナル》〈国民議会新聞〉も彼の尋問の様子を報道したが、ここでは、シャルル－アンリは、彼がたまたま空き部屋を持っていたので、場所を探していた何人かの職人に貸したと申し立てたことになっている。この報道によれば、彼はシャトレ監獄に連行された。しかしそのぴりっと鋭い論評が的を射ていたのは、*Révolutions*《レヴォリュシオン》 *de*《ド》 *France*《フランス》 *et*《エ》 *de*《ド》 *Brabant*《ブラバン》〈フランスおよびブラバンの革命〉誌のカミーユ・デムーランであった。彼は、この処刑人を散々嘲笑したのち、“*J'appelle*《ジャペル》 *un*《アン》 *chat*《シャ》 *un*《アン》 *chat*《シャ》, *et*《エ》 *Sanson*《サンソン》 *le*《ル》 *bourreau*《ブロー》”「私は（歯に衣を着せず）猫を猫と呼び、サンソンを首切り人と呼ぶ」と結んだ。

　首切り人《ブロー》という語を頻繁に、嘲笑的に用いることは、一七八七年一月、ルイ十六世の布告によって禁止されていたため、法律違反であったばかりでなく、極度に侮辱的で危険なものとなっていた。それは今や、新しい国家における市民としてふさわしくない人物という意味を表わしていたからである。国民議会で質問されたシャルル－アンリの答は、力強く誇り高いものであった。自分はフランスにおいて、誰にも劣らず昂然と頭を上げる権利を有する者である。運命が私に処刑人の仕事を振り当てたのだ。たとえ生活における私の機能が残忍なものであれ、それは法と秩序のために必要なものなのだ。処刑の責任は、それを行なう者というよりは、そのような判決を通過させた者こそ負うべきである。新聞がかくも好んで良く使う *bourreau*《ブロー》 という綽名は、不法であると同時に不当な偏見を強めさせたし、今後も引き続き強めるのであろう。こうして再度、シャルル－アンリの威厳と自尊心は聴く者の心を動かし、彼らは、自分の家でどのような印刷物が作られ配布されていたかについて何も知らなかったという彼の申し立てをも信じる方を採った。

会議は彼を獄から仮釈放した。だがシャルル－アンリは、これでは不十分だと覚《さと》った。彼は弁護士マトン・ド・ラ・ヴァレンヌに相談した。弁護士は、果敢な攻撃こそ最高の守りであるとして、ゴルサを攻撃するよう彼に奨めた。かのジャーナリストは、法廷に出頭を命ぜられながら、それに応じなかったため、欠席裁判でシャルル－アンリが勝訴する結果になった。ゴルサは彼の新聞に印刷された声明をすべて撤回すること、法廷の評決のコピー二百部の印刷と配布の費用を負担すること、サン－ローラン教区の貧民に与えることになる二十リーヴルの損害賠償金を支払うこと、などを命ぜられた（これよりも後に、デムーランもまた賠償金の支払いを命ぜられることになるのだが、彼の場合は百リーヴルであった）。

そうこうしている間も、革命は進みつつあった。パリでは千四百の通りの名称が変わり、民衆の観点から見て王室に関連する名称がすべて除かれた。国王広場（プラス・ロワイヤル）は連邦広場（プラス・デ・フェデレ）に、ルイ十五世広場は今や革命広場に、ブルボン通りはリール通りに、といったぐあいに変わった。同様にして、宗教や教会を思い出させるよすがとなるものも、人民の心から消し去る必要があった。そこで、サン－ドニ通り、サン－ロシュ通り、サンタントワーヌ通りなどは縮めて、ドニ通り、ロシュ通り、アントワーヌ通りとなり、ノートル・ダムは理性の寺院《タンプル・ド・ラ・レゾン》となり、サン・ジェルヴェは若さの寺院《タンプル・ド・ラ・ジュネス》となった。子供たちに聖者の名を付けることはもうなくなり、その代りに、ブルュテュース、コンスティテュシオン（憲法）、フルュクチドール（訳注 実月――フランス革命歴の第十二月）など、といった革命的な名前がつけられた。代名詞も、形式張った *vous*《ヴー》（「あなた」に当る）の代わりに *tu*《テュ》（「きみ」に当る）を用いることが義務づけられた。呼びかけの語 *monsieur*《ムッシュウ》や *madame*《マダム》は、もっと平等の精神を表わした、*citoyen*《シトワイヤン》（市民－男性）や *citoyenne*《シトワイエンヌ》（市民－女性）によって駆逐された。女たちは皆、革命のシンボルである三色のバラ飾りの徽章をつけることを法律で義務づけられた。この徽章をつけていないのが見つかると、初犯で一週間の拘留、再犯の場合は革命期間中投獄されることもあり得た。もし、苦しまぎれに他の女の徽章をひったくったりすれば、十年間の独房監禁となった。

今ではジャン通り《ルュー・ジャン》と改称されたサン・ジャン通りの家庭にも、革命による変化が押し寄せた。新しい立憲君主制も、これまでの絶対君主制と同様、その支払いが速《すみ》やかではないことが、間もなくシャルル－アンリには分った。ただでさえ金が足りないところへもってきて、余分な扶養家族が転がりこんで来た——ランスの元処刑人のガブリエル叔父と病気の妹の後から、弟が二人パリに出て彼と同居することになった。扶養すべき口は十七人もあった。彼と妻と二人の息子、二人の弟、叔父夫婦、妹、それに使用人が八人（料理人一名、助手四名、馬車の御者や馬の世話係三名）こうした事情から、彼はやむなく検事レドレルに訴え出て、彼の経費をリストアップし、その支払いを懇請した。『パリ《メモワール・》市有罪判決執行人の重要覚書《アンストリュクティフ・ブル・レグゼキュトゥール・デ・ジュジュマン・クリミネル・ド・ラ・ヴィル・ド・パリ》』と銘打ったこの文書の日付は、一七九〇年二月八日となっている。前口上で過去の自分の収入を再吟味し、ピンはね権《ドロア・ド・アヴァージュ》の差し止めと、その代わりに認められた一万六千リーヴルという不十分な給料で自分がいかに苦しんできたかを述べたあと、シャルル－アンリは次のようなリストを提出した。

処刑人の諸経費

処刑人が他の地方へ出張の際、司法官の命令に従って所定の処刑を取り行なう手助けとなるべき、二人の弟に各六百リーヴル ……… 一、二〇〇

召使四人に、おのおの年俸三百リーヴル ……… 一、二〇〇

車夫三人に、おのおの年俸三百リーヴル ……… 九〇〇

料理人一人、年俸二百リーヴル ……… 二〇〇

パリおよび地方で使用するための馬四頭の経費 ……… 二、〇〇〇

三台の馬車、一台の四人護送車の建造費 ……… 三〇〇

馬具とその維持費 ……… 一五〇

鍛冶屋の経費、馬一頭につき年額五〇リーヴル ……… 二〇〇

宮廷により命ぜられた処刑人の母の年金 ……… 一、二〇〇

十六人の家族——妻、息子二人、弟二人、義務遂行を長年助けて来た七十五歳の叔父、病気の妹、および八人の使用人——の食費各六百リーヴル ……… 九、六〇〇

妻と二人の子の養育のための、被服費、洗濯代、家具その他の臨時経費 ……… 四、〇〇〇

家族、使用人、馬、馬車、道具類等を収容する、仕事に便利な場所に位置した

住居の家賃 ………………………………… 四、八〇〇
人頭税、昔は二三一リーヴル、今日は ………………… 二、〇四八

合計 二七、七九八

臨時経費

人手不足につけこんで賃金を吊り上げる悪い人足を傭わないために、しばしば私が助力を頼む仲間たちへの礼金。

用事を頼む者たちをつなぎ留めておくために必要な、たえざる心づけ《チップ》。

死んだ馬の買い替え、病気の馬の治療費。

代わりが見つけ難いため、病気になっても解雇できない使用人の治療費。

欠くことのできない幾多の贈答品代。

処刑日の経費。

たえず交換が必要な処刑用具。

この他、その時その時のものゆえ、いちいち品目を列挙できない多数の臨時の経費があり、それらの総計 ………………………… 五、〇〇〇

追加報告

もし処刑人が拷問を分担したり、何らかの大工仕事を要請された場合には、さらに次の費用がかかる。

拷問を行なう場合、臨時の助手一人。

いかなる大工仕事についても、馬車三台、馬三頭、馬具、鍛冶屋の手間、木材に釘を打ち処刑台を組み立てる者の手間、彼らの宿泊費、彼らの馬、馬車、用具の収容費、木材の補充、維持費、私が仕事でパリを離れる時の余分な経費、馬の取り替え費等……一八、〇〇〇

シャルル-アンリは余り控え目な見積りをしているとは言えないが、ここ暫くの間、給料も諸経費も払って貰えずにいたため、どうしようもないほど経済的に追いつめられた状態にあった。いかに苦しかったかは、彼がついには次のような脅し文句に訴えたことからも明らかである。すなわち、万一早急に支払って貰えないなら、シャルル-アンリはパリ処刑人の職を辞すつもりである、と。

支払いがどうなったかは記録に残っていない。だが、シャルル-アンリがその職に留まったばかりでなく、さらに「革命のくさび石」になって行ったことから見ても、早急に支払われたにちがいある

まい。

ギロチン（ギヨティーヌ）の出現

一七八九年八月二十六日に発布された人権宣言は、人は生まれながらに自由であり、法の前で自由かつ平等であるべきことを謳った。法律によって規定された場合以外は、何人《なんぴと》も訴追されたり逮捕されることはなく、すべての人間は、有罪が証明されるまでは無実とみなされることになった。同年十月九日、立憲議会の一議員であるジョゼフ・イニャース・ギヨタンは、社会的地位の如何にかかわらず、処刑の方法は万人に共通であって然るべきだとの提言を行なった。

初審裁判所の検察官の息子で十二人兄弟の九番目の子として、ギヨタンはサントで生まれ、そこでイエズス会の修道士とともに初等教育を受けた。彼は聖職に就くつもりでボルドーの修道院に入ったが、間もなく、神学を棄てて文学修士の予備学位を取り、続いて医学博士号を取った。一七八九年には、彼はパリの医師会の理事であったばかりでなく、首都におけるもっとも繁盛しもっとも治療費の高い医者の一人となっていた。彼に診察を頼むと、三十六リーヴルもかかった。

刑の平等に関する提案に加え、ギヨタンは今後、処刑された男の汚名をその家族にまで及ぼすべきではないこと、罪人の資産を国がすべて没収することは許さるべきではないこと、等をも唱えた。刑死者の遺体は、遺族の要請があれば引き渡すべきであり、それがない場合にも、その死に方を公示した記録なしに埋葬すべきである。最後に、これが最も重要なことだが、迅速かつ無痛の死刑の方法を見つけ出さねばならない、とも主張した。

ギヨタンは、この方法を探求する仕事を委託され、その問題に関する研究に没入した。彼は、ホリンシェッドの『アイルランド年代記』(一五七七)の中に、ある機械装置の記述を見つけた。この方法での処刑は、一三〇七年に行われたとのことであった。また、ジャック・シャトネ・ド・ピュイゼギュルの覚え書によれば、一六三二年にトゥールーズで行われたモンモランシーのアンリ二世元帥の処刑は、斧でも剣でもなく、機械によるものであったという。サー・ウォルター・スコットも「メイドゥン」(訳注 昔スコットランドで用いられた断頭台)と呼ばれる装置に言及しているが、これが後にギロチンとして知られるようになったものの前身である。さらに、アルブレヒト・デューラーやルカス・クラナッハの版画その他に、機械による断首法が見られる。

この問題についての資料を総ざらいしたのち、ギヨタンは理論を捨てて、その経験と実務知識がどんな古い文献や版画よりはるかに大きく、従ってはるかに有用である一人の男――シャルル－アンリ・サンソンの意見を聞くことにした。二人は一緒に研究、実験を重ね、頭と身体を素早く苦痛なしに切り離す機械の考案に努めた。古い方法では死刑囚は地面にひざまずいて首を差しのべたが、その位置では刃が斜めの角度で落ちることになり、その結果、落下力が減じられていた。ギヨタンとシャルルーアンリの第一案では、犠牲者を地面にぴったりと横たえることにした。だが、これはひざまずく姿勢よりは有効だったが、首を切断したあと、必然的に刃が地面に当たり、割れるか、二度と使えないほど刃がこぼれてしまうので、結局、実用には向かないことが分った。

二度目の相談の際、シャルルーアンリは彼の友人で音楽仲間のトビアス・シュミットを仲間に加えた。ドイツ人のクラブサン（ピアノの前身）作りのシュミットは、勝れた機械工であり製図工でもあった。彼の設計図には、処刑台上に、溝のついた二枚の直立材つきの機械が描かれてあった。この二枚の板の間に庖丁《トランショワール》すなわち刃がついており、鉛の錘《おもり》で釣り合いを取る仕組みだった。この錘が取り除かれると、刃は側板の溝をさっと滑り落ちた。移動可能の厚板つまり跳板《バスキュール》の上に犠牲者を長々と横たえて身動き出来ないようにその身体を緊縛し、二枚の半円形の板から成る首穴《リュネット》が彼の首を所定の位置に固定した。シュミットは、自分はこの機械を約九六〇リーヴルで作ることができると見積った。だが、検事のレドレルは、処刑台や絞首台作りに経験を積んでいたギドンという大工の棟梁にその仕事を委せたがった。ギドンは設計図を調べて、次のような見積りを出した。

機械、処刑台、およびそこへ上る階段用の材木	一、七〇〇リーヴル
鉄材	六〇〇
刃三枚（二枚は予備）	三〇〇
滑車および鋳銅の溝の内張り	三〇〇
鋳鉄の錘	三〇〇

ロープ……………………………………六〇
試験、建造に要する時間、および機械の工合の検討を含む、実際の建造費……………………………………一、二〇〇
展示公開用実物大模型の建造費……………………………………一、二〇〇
計　五、六六〇

何故このような大きな数字になるかについて、ほとんどの職人がこの仕事に加担するのを拒んだため、仕事を頼む人間を見つけ難いからだとギドンは釈明した。彼が辛うじて確保できた職人たち（彼のお抱え職人ではない）は、もっと安い賃金で働いても良いとは言ったものの、通常の労働契約書に署名《サイン》もしないし、彼らの名が決して公表されないとの条件付きであった。

この言い訳の理非はさておいて、レドレル検事はその額の多さに仰天した。シュミットは、おそらくその低い見積りが最も賢明な商売のコツであったと思われるのだが、契約を取りつけた。この抜け目のないクラブサン作りは、この後、三十四人の地方の処刑人のためにさらに三十四台の注文を受けることになった——無論、これまで本職のクラブサンで稼いだよりも大きな仕事だったに違いない。

ギヨタンの研究とそれに続く設計には、完成までさらに時間を要した。そしてその数カ月間に、シャルル－アンリ・サンソンは、突如として政府の役人たち、議会の代議員たち、医師たちなどと近づきになり、注目の的となっていた。彼は助言を求められ、彼の考えが尊重された——そしてもし、処刑問題に関する長たらしい、どちらかと言えば勿体ぶった覚え書きを一つの規準として考えると、ム

シュウ・サンソンの自尊心と虚栄心とは途方もなく増大していた。

一七九一年六月、議会は、以後、あらゆる死刑囚は斬首刑となること、および拷問は一切廃止するとの布告を出した。一七九二年三月、ギヨタン、シュミット、シャルル－アンリ・サンソンの三名は、彼らの最終的設計図を、ルイ十六世殿下の侍医でフランス外科学士院長官のアントワーヌ・ルイに提出した。アントワーヌ・ルイはチュイルリー宮殿にその事務室を持っており、そこで彼らを迎えた。四人が図面を検討していた時、部屋の奥の扉が開いて国王ルイが姿を現わし、シャルル－アンリ・サンソンは二度目の会見を持つことになった。

事実かどうかは不明であるが、その時の模様は何度も語られてきており、そのもっともドラマティックなものはおそらく、アレクサンドル・デュマによる『九十三年のドラマ《ル・ドラム・ド・カトル・ヴァン・トレーズ》』であろう。デュマによれば、「王は注意深く図面を調べ、その目が刃に行った時……『欠陥はここだ』と彼は言った、『刃は三日月形ではなく、三角形で、草刈り鎌のように斜めになっていなければならない』そして、自分の言わんとするところを説明するため、ルイ十六世（鍵作りが彼の趣味）は手にペンを取り、こうあらねばならないと彼が考えた通りの器具の図をかいた。これより九カ月ののち、不幸なルイ十六世の頭は、彼が設計したまさにその道具によって切り落されることになったのである」。

一七九二年三月七日、アントワーヌ・ルイは彼の最終案を議会に提出した。彼の詳細な報告は、この機械を用いれば首切りは瞬間的なものであり、それを人間に対して使用する前には試験を何度か行なうことを保証していた。四月十五日に、シャルル－アンリは生きた羊を使ってこの新兵器の最初の実験を行なった。続いて四月十七日、自分の息子と二人の弟、ルイ－シルー－シャルルマーニュおよびルイーシャルルーマルタンに手伝わせて、シャルルーアンリはビセートル病院の中庭で、二人の男と一人の女の死体でもう一度実験を繰り返した。立会人の中には、ギヨタン、アントワーヌ・ルイ、ビセートルの外科部長のミシェル・キュルリエ、著名な解剖学者のフィリップ・ピネル、それにジョルジュ・カバニスなどの医師たちの他、立憲議会の議員たちやパリ病院協会の代表者たちがいた。

　この処刑法がもっとも人道的であることを議会に納得させようと熱心になったあまり、ギヨタンはこの装置の設計と建設におけるアントワーヌ・ルイの役割を、彼の名と評判が議員たちに強く働きかけるのを計算に入れて強調した。この演説は非常に効果があり、議員たち（およびパリの全市民）は、最初のうち、ルイがその創始者であると思いこんでいた。そこでそれには早速「ラ・ルイゾン」または「ラ・ルイゼット」という綽名がつき、世間一般が、ギヨタンがその発明者であることを知ったのは数週間のちのことであった。

　この装置による初めての処刑は、四月二十五日の午後三時に、グレーヴ広場で行われた。犠牲となったのは、窃盗罪のジャック・ペルティエという男であった。その報告が〈フランス新聞《ジュルナル・ド・フランス》〉に載った。「昨日、小さなルイゾンが初めて首切りに用いられた。……ペルティエという名の男が哀れな犠牲者であった」。デュプランなる新聞記者が、彼の感想を次のように続けている――

　私はこれまでも、絞首刑に処せられた男の近くに寄ることはとてもできなかったが、この処刑法には一層怖じ気を振るったことを告白せざるを得ない。その準備は見る者を震え上がらせ、精神的苦痛を強める。肉体的苦痛に関しては、それがほんの目ばたきの間ほどの素早さであると私は聞いていた。だが、私には、民衆はサンソン氏に向って、旧制度時代《アンシャン・レジーム》のやり方に戻ってくれと頼んでいるように思われた。こんな歌を歌いながら……

私の絞首台を返しておくれ、木でできた
私の絞首台を返しておくれ

この医師（ギヨタン）についてこののち多くの唄が作られたが、これはその中でも最初の流行歌《はやりうた》を暗示するものであった。こうした小唄の中でもっとも有名で、もっとも人口に膾炙《かいしゃ》したものは、この機械とその考案者を、恥ずべきものとして指弾している。

ギヨタン、お医者で政治家が、
ある晴れた朝考えた、
首を吊るのは無慈悲だと。
愛国的とも言えないと。
今すぐ是非とも入用だ、
ロープも杭も使わずに、
首吊り人の仕事場を

なくす処刑の方法が。

そしてたちまち彼の手が
作り出したるこの機械、
いともやすやす首を切り、
ついた名前がギヨティーヌ。

この医者は気の毒なことに、練達の医師としてではなく、耳慣れた処刑の用語として歴史にその名を残すことになった。彼の名は名詞と動詞の両方として言語に組みこまれた。自分は一度も処刑を見たこともないし、今後見ようとも思わないという彼の主張に耳を貸す者は皆無だった。そして、彼がパリの街頭を歩くと必ず、通りすがりの者は自分たちのうなじを手の平で打って、たがいに目くばせを交わした。

パリはギロチンマニアとなった。女たちは銀や金のギロチンを耳にぶら下げ、子供たちは玩具のギロチンで遊んだ。ジロンド党のサロンの一つでは、デザートが出される時、食卓の上に小さなマホガニー製のギロチンが置かれた。ロベスピエールやダントンやその他の有名人に似た顔をした小さな人形の首が切られ、そこから赤い液体が流れ出すと、婦人たちはめいめいのハンカチをそれに浸した――というのは、人形は実は甘いリキュールの小びんだったからである。この流行はイギリスにまで及び、にわとりの首を切り落すのに小さなギロチンを使うのがはやった。そして、ジョゼフ・イニャース・ギヨタンは、サンソン一族と同じくらい恐れられ、嫌われるようになった。カーライルの言葉を借りれば、「不幸な医師よ！　二十と二年もの間、ギロチンにかけられていない彼が、耳にするのはギロチンばかり、目にすることもギロチンばかり。やがて死んでからは、何世紀もの間、いわば成仏せぬ幽霊として、三途の川と忘却の川のこちら側をさまようことになるだろう。彼の名はシーザーの名より長く残ることだろう」。

名誉なのか不名誉なのかはさておき、彼の思い出は、シャルル－アンリ・サンソンとその子孫の名をも不滅にし強調することになるのである。

浮沈するシャルル－アンリの身の上

一七八九年七月十四日のバスチーユ襲撃から、一七九二年八月十日のチュイルリー宮殿襲撃までの三年間に、革命のテンポは急速に早まり、とどまるところを知らなかった。政策と政見が不決断と変革のシーソーを上ったり下ったりした。不安が恐怖心を生み、恐怖心が猜疑心を生んだ。

主な問題は、フランス国家の憲法を起草することであったが、選挙法の問題が解決しないことには、憲法は生まれようがなかった。それを身分ごとの投票で行なうか、それとも人数による投票にするか。もし各階級がこれまでと同様に別々に会議を持つとすれば、第三身分は、人口の九十五パーセント以上の代表であったにもかかわらず、他の二階級に表決で負けることになろう。第三身分の代表者たちは身分別議会に明らさまに反対し、貴族や僧侶たちに自分たちと合流するよう呼びかけた。僧侶のうち何人かはその提案に同意し、一握りの貴族も彼らと合流した。そこでこの集会はみずからを国民議会と称することを宣言した。のちにその名称は、当初の目標を示すべく、立憲議会と改称された。各代表は、たがいに苦々しい意見の食い違いを擁しながらも、何とか、立憲的もしくは制限的君主制、定期的に召集されフランスの財政問題を統制するための代表制議会、階級によらない均等課税、および基本的市民権の承認、といった点で合意を見た。以後、専横的な逮捕からの自由、言論出版の自由、陪審による裁判、などが人民の権利となるはずであった。しかし、貴族階級は分裂していた。ヴェルサイユ居住の貴族たちの利益は、地方の領地に住む貴族たちの欲求および要請と大きなずれがあった。僧侶階級は、はじめ人民のある部分についていたかと思うと次には別の方につくという工合に、どちらの意見が自分たちの利益になるかによって、ぐらぐら動揺した。そして民衆は次第に苛立ちを深め、結局何も生まれはしないのではないかという疑いを抱くようになった。パリの巷《ちまた》には、仕事にあぶれ、落ち付かず、先行きを案じ、腹を空かした宿無しや犯罪人、浮浪者や盗人強盗などが溢れた。地方には恐怖心がはびこり、百姓たちは自分たちの収穫を略奪されるのではないかと疑って、貴族をも平民をも同じように嫌った。ルイ十六世は、党派間の壊れやすい小径を縫って歩こうと努めつつ、いたるところでへまをしでかした。そして、わが悩める国家に平和をもたらそうと躍起となったあまり、パりの治安を維持するために軍隊を導入するという失策を重ねた。

議会において、議長席の右手に座を占めた保守派は、貴族と僧侶から成っていた。中央にはさまざまの集団《グループ》や党派《クラブ》——はじめのうちは憲法に基づく改革を主張していたジャコバン党や、ジャコバン党の高い会費を支払いきれなかった人びとの属するコルドリエ派（フランシスコ原始会則派修道士）、それに会員すべてが報道関係者からなる人民クラブ《ポピュラー・ソサエティ》など——がいた。これら穏健派は皆、イギリスの議会制度に倣《なら》った政府の形態を要求していた。左側には、アベ・シエース、タレーラン公、ベルトラン・バレールなどの有力者が座り、それらにまじって最左端に小グループがあり、その中心人物となっていたのは弁護士で革命の苛烈な推進者、マクシミリアン・ロベスピエールであった。このようにさまざまな考え方を持つ人びとが一堂に会していたということこそ、大いなる災いの前触れに他ならなかった。

有名な人権宣言は、人間の平等性に関するあらゆる要素を含んでいた筈であるのに、一七九一年に完成した憲法には、一定の財産を有する市民のみが選挙人を選ぶ投票権を持ち、それよりもっと資産のある市民のみが議員を選ぶ人となりうると規定されていた。こうして、貧しき者は再びその声を反映させる権利を否定された。立憲議会と、それに続く立法議会の双方とも、そのやり方の点では君主政体同様に独裁的であった。二つの制度間の唯一の相違は、権力の交代であった。貴族階級が市民階級《ブルジョアジー》に道を譲ったのである。

一七九一年十月、立憲議会が立法議会にとって代わられた時、ロベスピエールを党首としたジャコバン党は左傾した。ジャック－ピエール・ブリッソという名のジャーナリストが率いる新しい急進派が多くの支持者を得ることに成功した。このグループは、のちにブリソタン（ブリッソ派）もしくはジロンダン（ジロンド派）として知られるようになったものだが、ヨーロッパ諸国の革命干渉という脅威に対する唯一の解決は、国王を処分することであると信じていた。ブリッソは君主制に対してすさまじい反対運動に乗り出した。そして、彼は外交委員会の委員長になったことから、諸外国と交渉する権利（これは憲法により国王の権利として認められていた）を首尾よく手に入れてしまった。

一七九二年四月、フランスはオーストリアに宣戦布告した。国王ルイは、この戦争が国内の過激論者の歯止めとして作用するものと信じ、軍はそれが国王を救うことになろうと思い、一方ジロンド派は、それによって反革命派としてのルイ十六世の仮面が剝がされるものと確信していた。前線における敗北が財政の涸渇と、民衆の新たな暴動や騒動という結果に出た時、ジロンド派はこうしたすべての不幸をルイ十六世に押しかぶせる機会を把えて攻撃の手を強めた（王の側にも、一七九一年六月のヴァレンヌ逃亡という、悪い時期にまずい失策を犯したことによって、彼らの疑惑と憎悪をかき立てた責任はあった）。君主制は覆《くつが》えされ、王は投獄された。立法議会は無力となり、新たに選挙を行わざるを得なくなった。パリは暴徒の手中におちた。過激派はチュイルリーを攻撃し、かの有名な九月の大虐殺が始まった。

立法議会のあとの国民公会は、フランスは共和国であり、「一つにして不可分」であることを宣言した――しごく高邁《こうまい》な思想ではあるが、残念ながら、代表者たちは依然として内部分裂を続けていた。これまで議会において左側にいたジロンド派は右側に移動し、その隣りに、中央党《サントル》あるいは平原党《プラン》（訳注 第一次革命当時の穏健派。議院で低い座席を占めていたのでこう言う）が座り、それまでは穏健派であったジャコバン党は極左派――ジャン－ポール・マラー、ジョルジュ－ジャック・ダントン、カミーユ・デムーラン、ロベスピエール等——となった。

このように揺れ動く状勢下にあっては、誰も隣人をあえて信じようとせず、皆が皆、心からそう思っていようといまいと愛国主義をよそおい、その時その時の仲間が信奉する理論なら何であれ同意したが、それも驚くにはあたらない。昨日までは無害であると思われていた説が、一夜明ければ国家に対する反逆と解釈されるかもしれなかった。そして、そうした反逆罪に対する刑罰は絞首刑であり、一七九二年以降はギロチンとなった。いたるところスパイだらけで、牢獄は満員となり、当然なことながらシャルル－アンリの務めはその重要性を増し、月を追うごとにますます過重になって行った。

三つの処刑が、以後五年にわたって続くことになる雪崩状態の開始の合図となった。一七九〇年二月八日、シャルル－アンリは、オーギュスト－ジャンとアンヌ・ジャン－バチスト・アガス兄弟を紙幣偽造の咎で絞首刑に処すことを命ぜられ、ついで十九日、彼の手がけた最初の政治犯ファヴラス侯爵を引き渡された。

国家に対する反逆罪を宣告されたトマ・ド・ファヴラスは、バイイ、前財政総監ジャック・ネッケル、国民衛兵司令官ラ・ファイエット侯爵の暗殺と、国王および王家一族の誘拐を企てたとされている。しかし、彼は証拠もなしに起訴され、法廷は弁護側の証人の証言を却下した。これは、議会が万民に対し平等と正義を宣言したことから見ると納得できない状況である。犠牲者は、夜、大群集の眼前で松明《たいまつ》の下で首を吊られた。群集の半数は貴族の絞首刑に歓呼し、残りの半数は、殺人犯以外の犯人に対する寛大さを自慢しておきながら、一方では有罪が証明されてもいない人間を処刑する政府のやり方に怒りを表明していた。

こうした群集の感情を意識していたシャルル-アンリは、事態の風向きを察知し始め、おそらくは彼自身の未来がどのようなものとなるかを推察したことであろう。おまけに、彼は疲労を感じていたし、健康状態もずっと芳《かんば》しくなかった。九月十三日、彼は公証人のもとにおもむいて辞職願いの書類をととのえ、息子を後継者に指名するための必要書類の要請を添えて政府当局に提出した。不運にして、彼の予想は正しかったが、そのタイミングが悪かった。当局自体がもはや時の勢いを制御できなくなっていたのである。彼の辞職願いは無視されたか、あるいは政府事務局に山をなしていた書類の中に埋もれてしまったかのいずれかであった。

もう一つ、シャルル-アンリの辞職の決意を促した理由が考えられる。革命の初期の段階で、ギヨタン博士と協同で仕事をしたにもかかわらず、彼個人は依然として忠君と旧制度のシンボルであり、貴族と同程度に疑わしい人物と思われていた。彼は王の敵を数多く断罪に処し、打ち、首を吊ったばかりか、王党派の新聞に自宅を隠れ家として提供したりもしてきた。こうした行動を、革命勢力は決して忘れていたわけではなかった。シャルル-アンリ・サンソンは王への忠誠のシンボルであったかもしれない、だが、彼はそうした非難が自分の息子には向けられまいと思っていた。彼のこの推測は正しかったものと思われる。というのは、革命指導者たちは、時機をうかがい、王制反対の気運がそのピークに達するのを待ってはいたが、若いアンリを痛めつけようとはしなかったからである。しかし、一七九二年八月十日のチュイルリー宮殿襲撃のあとで、シャルル-アンリと二人の弟、トゥールの処刑人ルイ-シャルル-マルタンと、当時ヴェルサイユの処刑人だったルイ-シル-シャルルマーニュ（両人とも兄の助手をしていた）は逮捕され、コンシエルジュリ送りとなった。

運命はこれらの処刑人たちに、皮肉な微笑《ほほえ》みを浴びせた。彼らは当然ギロチンに掛けられるところであった。彼らが釈放された理由はただ一つ、他の人間を処刑するために彼らの手が必要だったからに他ならない。八月十日の暴動の際、民衆に向って発砲した咎により、国民衛兵行政官のルイ・コルノ・ダングルモンの処刑が八月二十一日に予定されていたのである。

建造直後の数週間は、ギロチンはグレーヴ広場に設置されていた。ジャック・ペルティエの処刑後、パレ・ロワイヤルのレモネード売り殺害の廉で三人の兵士がギロチンにかけられ、次に偽造犯の三人組が処刑された。ダングルモンの処刑のため、それはチュイルリー宮殿正門近くのレユニオン広場（今日のカルーゼル広場）に運ばれた。カーライルが次のように書いたのは、この時の処刑に触発されてであった。「見よ、驚くべき景観の、偉大なるギロチンが、今、そこに立っている。かの医師の想念が、樫材と鉄に姿を変えた。キュクロプスの（巨大な）斧が『その溝を、杭打ち機の落し槌のように滑り落ち』、人の命の灯をさっと吹き消す！」と。それはレユニオン広場でさらに三回滑り落ち、それからシャルル－アンリは彼の器具をグレーヴ広場へと戻したが、そこで行なった処刑が、シャルル－アンリの職歴の中でも最も悲惨なものの一つとなったのである。

三人の男、アベ・ソヴァード、ヴィマルおよびギヨが、革命政府発行の約束手形、アシニア紙幣を偽造した罪で首をはねられた。ジョン・ムーアは、一七九四年にロンドンで発行された彼の『フランス滞在日誌』の中で、この出来事を次のように報告している。「八月二十七日、三人の男がアシニア紙幣偽造の咎で首を切られた。処刑がすむと、首を高く掲げて見物人に見せるのが慣わしとなっている。この儀式を行なっている最中、処刑人の息子が断頭台の端に寄りすぎ、転落して、父の目の前で即死した」。

シャルル―アンリの二人の息子の下の方のガブリエルは、頭蓋骨折で即死した(その後、処刑台にはすべて、ぐるりを囲む手すりがつけられることになった)。人の死に対しては、それまでにその最もすさまじい形で慣れっこになっていたとはいうものの、シャルル―アンリも、妻のマリ―アンヌ・ジュジエも、この悲劇から二度と立ちなおることができなかった。八月のこの日以来、処刑人は革命と、革命が表象するすべてのものを、憎悪するようになった。彼の熱意と誇りは嫌悪、憎悪、恐怖に変った。彼は、月日が経つにつれて、ルイ十六世やマリー・アントワネットの首よりも、革命家連中の首が転げ落ちるのを見ることの方に、大きな快感を感じるようになったと言ったと伝えられている。

ジョン・ムーアの八月付の日記には、この点について述べた個所がある。「私にはさもありなんと思われるのだが」とこのパリ訪問のイギリス人は書いている。「革命勃発当初は熱烈なる愛国者であった市民の多くが、今やこの混沌とした事態に嫌気がさしており、王制を支持することが安寧秩序を取り戻すもっとも確かな方法ではないかと思い始めている。それほど彼らは平和を欲しているのだ……」。

この処刑人が、もっと平穏な生活を、一七八九年以前に彼のものであったあの生活を、恋い求めていたことが、われわれには分っている。しかし、彼の仕事はまだまだ始まったばかりだったのだ。次の三年間こそ、彼の職歴におけるばかりでなく、歴史上如何なる処刑人の職歴においても、最も多忙なものとなったのである。ただ一つ、ナチ・ドイツの処刑人を除けば、であるが。

ルイ十六世とシャルロット・コルデーの処刑

一七九二年八月十日のチュイルリー宮襲撃に端を発し、一七九四年七月二十八日のロベスピエールの処刑でその幕を閉じた恐怖劇の盛上《クレッシエンド》がりは、歴史書の中でも、長々しい、波瀾万丈の事件である。権力は、この手からあの手へと目まぐるしく移動し、法律は発布され、改定され、そして廃棄された。次の日には自分が公衆の偶像《アイドル》となるか、はたまた囚人となるかが、誰にも予測がつかなかった。しかし、高等裁判所の処刑人である彼にとっては、昨日も今日もそして明日も、まったく変わりはなかった。彼がみずから言ったように「舞台装置は同じである、ただ役者が変わるだけのことだ」。

法廷は午前九時から十時の間に聴聞《ちょうもん》を開始し、正午に休憩に入って午後二時に再開された。時には午後早く閉廷となることもあったが、そんな場合には、シャルル－アンリはその日のうちに死刑囚を引き渡された。しかし、もし討議が夜遅くまで続けば、処刑は次の日まで延期された。そんな事もしょっちゅうあった。シャルル－アンリは午前十時頃パリ裁判所《パレ・ド・ジュスティス》（当時は裁　判　所《メゾン・ド・ジュスティス》と言われていた）

に到着し、検事のアントワーヌ・フーキエ－タンヴィルの事務室に出頭した。事務室は河岸《ケー》を見下ろす塔の一つの一階にあった。フーキエ－タンヴィルは、その日裁判を予定されている者のリストを彼に見せ、そのリストから、誰と誰が死刑を宣告されるかを予想してやった――そして、その予想はめったに外れることがなかった。このように状況説明をしてやったわけは、シャルル－アンリには手持ちの死刑囚護送車が二台しかなかったので、必要とあれば追加の車を借りなければならなかったし（一台につき十五フランと御者一人につきチップ五フラン）、常傭いの四人に加えて臨時の助手をも傭わねばならなかったからである。恐怖政治の間は、彼の常傭いは七人にもなった。

時には、弟のルイ－シャルル－マルタンとルイ－シル－シャルルマーニュ、叔父のニコラ－シャルル－ガブリエルも処刑台上で彼の手助けをしたが、彼らはこの常傭いの中には数えられていない。

彼の助手のうちで名前が分っている者は、そのほとんどが処刑人の家系に属していた。たとえば、デモレ兄弟はグルノーブルの処刑人の息子たちで、兄のピエールは以前はブザンソンの処刑人の助手をしていた。フランソワ・ル・グロは、本職は大工で、処刑台の修理をあれこれ受け持っていた。のちに、シャルロット・コルデーの頰をひっぱたいて有名になったのはこの男である。ヴェルメイユの一族は、アミアン、ラン、カンブレー、ヴァランシエンヌ等の処刑人たちで、彼の息子たちはのちにリヨンとモンペリエの処刑人となった。ラ・リヴィエールは、初代シャルル・サンソンがその後釜にすわった例のラ・リヴィエールの後裔であった。ロビノーはのちに一時ペルピニャンの地の処刑人となるが、その職を辞してパリに戻り、シャルル－アンリの息子の手助けをすることになる。

これらの男たちは皆シャルル－アンリに給料を支払われていた。そのうえ彼らは、刑死者の衣服はもちろんのこと、時計、指輪、ロケットなどの貴重品を奪って売り払っていたそうである。よく耳にするこんな逸話がある。死刑囚の一人が、彼の前に処刑された人びとの衣服や宝石類が処刑台の上に投げ出されているのを見て、処刑人の助手の方を向いてこう言ったという。「おめでとう。あなたはきっとフランス一の衣裳持ちですよ」。

その日の命令を受けた後は、シャルル－アンリは家に帰るか、もしくは（一七九二年十月以後は）窃盗、偽造、放火、その他国事犯以外の犯罪人を公衆の面前に晒す仕事に従事した。それ以前は、パリの尋問官がこの任に当っていたのだが、拷問が廃止されてからはシャルル－アンリの肩にかかってきた。彼はグレーヴ広場に特別な処刑台を建てさせ、罪人たちの配置を監督しなければならなかった。罪人たちは紐やロープで縛られ、首の廻りに名前、年齢、職業、犯した犯罪の種類等を記した札をぶら下げられていた。三時頃、彼は裁判所へ引き返し、三角帽子に濃いグリーンの前あきのコートと縞のズボンといった制服を着けて処刑の前の儀式に備えた。

助手を二、三人連れてシャルル－アンリはまっすぐ記録所に行き、そこで囚人を受け取るのに必要なサインをする。そこから彼の足は「死者の広間《サル・デ・モール》」へと向う。それは細長い暗い部屋で、死刑を宣告された男や女や子供たちがそこで彼を待っていた。囚人たちの髪はここで切られ、遺族に渡されるか、または柳で作った籠の中へ落される――牢番の女房、リシャールのおかみは、この籠から切り取られた巻き毛を取り出しては、近くのかつら屋に売って莫大な利益を上げていたと言われる。ここにはまた、いわゆる僧侶基本法に忠誠を誓った宣誓僧がいて、囚人の告解を聴いた。とはいうものの、ほとんどの男女は、このような背教者たちから赦罪宣言をして貰うことなしに死に赴くことの方を選んだ。
それから、彼らは首のところでシャツやボディス（訳注 胴にぴったり合わせバストからウエストにかけて紐で締めた上着）を切られ、後ろ手に縛られて、牢獄の中庭へ引き出される。ここで、シャルル－アンリが彼らの名を呼びあげると、憎い貴族や裏切り者の辱かしめを見届けようと待ち構えていたサン・キュロット（訳注 過激な下層民）やトリコトゥーズ（訳注 編物（トリコット）をしながら革命に参加した庶民の女たち）の野次や嘲笑がそれに和した。囚人護送車にはおのおの五人か六人の犠牲者が乗せられ、騎馬警官の護衛つきで、いよいよ嘆きの行列が処刑台目指して出発する。

ギロチンは、次の数年間に何度もその所在を変えた。グレーヴ広場からレュニオン広場へ、一度は五日の間、バスチーユの廃墟の前にあるサンタントワーヌ広場へ、一ヵ月間、バリエール・デュ・トローヌ・ランベルセ（訳注 王座転覆地帯の意）へ、という工合に。バイイの処刑に当っては、シャン・ド・ラ・フエデラシオン（今日のシャン・ド・マルス）でそれは作動した。だが、もっとも長く置かれたのは、かつてのルイ十五世広場を改めた革命広場で、今日ではここはコンコルド広場となっている。

断頭台がその革命広場に設置されていた間は、囚人護送車のルートはいつもきまっていた。裁判所を出るとすぐに左折して、ポントシャンジュを渡り、メジスリー河岸沿いにガタゴト揺れながら、モネ通り、ルール通り、コンヴァンション通り（今日のサントノレ通り）を抜けて、革命通り（今日のロワイヤル通り）へと入って行った。時として、ロルロージュ河岸からポン・ヌフを渡ってモネ通りに入ることもあったが、常に一定の角度からギロチンに近づいて行った。

行列に先駆けて、触れ役の男が、刷り上ったばかりの死刑囚のリストを配って廻った。通りの両側には群集が押し並んで、犠牲者に卑猥な野次を浴びせたり、革命歌を歌ったりしていた。窓という窓には物見高い人びとが鈴なりになって、赤い護送車目がけて腐った果物や野菜を投げつけた。囚人のうちのある者は見事な傲慢さを見せて、大衆を無視するか、見物人に軽蔑の眼差しを向けるかした。またある者はすすり泣き、多くは目を閉じて声に出さない祈りで唇を動かしていた。断頭台のそばには、黒の制服の上に職務を示す銀の鎖を着けた革命裁判所の役人が待ち構えていた。そして彼らの近くに、犠牲者の遺体を運ぶための赤い荷車が佇んでいた。

処刑台の回りに群がって来た物好きな見物人の数は、犠牲者の著名度によってまちまちで、有名な人物の時はふくれ上り、そうでもない時には減少したが、大変な数になることが普通であった。当時の警察の報告によると、革命広場の模様は、「あわてふためいたニワトリの群のように走り廻る群集で一杯だった。見逃しては一大事とばかりに、彼らはたえず右往左往して、一番良く見える場所を確保しようと躍起となっていた。中には、はしごによじ上る者、馬車や荷車に乗る者もあった」とある。

シャルル－アンリと助手たちは、囚人を、断頭台に背を向けて一列に並ばせた。彼らは名前を呼ばれ、シャルル－アンリが片側に、助手たちがもう一方の側に立っているギロチンに向って、一時に一人ずつ、階段を上って行った。囚人は木製の跳ね板《バスキュール》にうつ伏せに横たえられ、リュネットとして知られる二枚の半円形の首枷にその首をはさまれる。彼の耳に最後に届くのは、ギロチンの刃が落ちる時の群衆のどよめきであった。

犠牲者の埋葬もまた、シャルル－アンリの管轄下に入ってきていた。これは助手がその任に当ったが、遺体の数がふくれ上ってきたため、ますます厄介な仕事になってきた。教会を国家の管理下におくことによって、革命政府は、墓地を含めてその所領のすべてを手に入れていた。一七九二年には、残っていたのはわずか二つ——ルウェストまたはヴォージラール墓地と、クラマール囲い地《ランクロ・ド・クラマール》だけであった。一七九三年一月、ルイ十六世の処刑前日に、コミューン・ド・パリ（訳注 パリの革命的自治体）は、古いマドレーヌ教区に属し、ベネディクト派の尼僧の菜園となっていた一画の土地を没収した。当局はその土地に深さ十フィートの溝を掘らせ、遺体をそこへ投げこんで生石灰をかぶせた。

シャルル－アンリは手はずを整え、監督し、指図した。ローラン夫人はそんな彼を評して、「彼は《イル・フ》彼の仕事をして金を稼いでいる《エ・ソン・メティエ・エ・ガーニュ・ソナルジャン》」と言った。しかし、彼が実際にギロチンを操作したのは、設置直後の数週間だけであった。彼の息子のアンリは、「ギロチンが発明されて以来、父と私はただ指図をするだけで、仕事はすべて助手がやっている。あの恐ろしい時期には、われわれはあまりにも呆然となってしまい、まるでロボットのように、すっかり無感覚になって事務的にわれわれの勤めを果していた」と言っていた。

アンリ・サンソンは一つだけ重大な例外を言いそびれていた——それは、ルイ十六世の処刑である。この厳粛なる任務は、処刑人自身で行わないわけにはいかなかった。

八月十日の暴動以来、ルイ十六世は、王妃、王妹エリザベート公女および王の二人の子供たち——十五歳の皇女と八歳の王太子——とともに、タンプルに幽閉されていた。彼はもう国王とは呼ばれず、市民カペーと呼ばれていた。

八月十日から九月二十二日の共和国宣言までの間、フランスは君主制でもなく共和制でもなかった。立法議会により、法務大臣に選ばれていたダントンが、政府を支配していた。しかし実際には、三つの党派——立法議会、暫定行政委員会、およびロベスピエールをその主要なメンバーとするコミューン・ド・パリ――が権力をめぐって互にしのぎをけずっていた。革命側がチュイルリー宮を占領した際、命からがらそこから逃げ出していたスイス警備隊員（国王の護衛兵）たちは、この期間中に大衆の手で虐殺された。アンリ四世、ルイ十三世、ルイ十四世の銅像は台座から引き下ろされ、パリや地方の民衆は彼らの圧政者たちに対する復讐を叫んでいた。九月二日、プロシア軍とオーストリア軍がヴェルダンを包囲したという知らせが入るや、巷は恐慌に襲われた。ダントンが議会に向って、「大胆に《ド・ロダス》、さらに大胆に《アンコール・ド・ロダス》、そして常に大胆に《エ・トゥージュール・ド・ロダス》」侵略者に対処しよう、と呼びかけた有名な演説をしたのは、この時であった。議会は直ちに、パリ防衛への参加を拒否する者はすべて反逆者であるとの宣言を行なった。しかし、国民の間では外からの国民の敵に対する怒りの念も、国内の敵に対する恐怖と同様、大して強くないことが分った。そこで陰謀家や裏切り者――すなわち貴族や宣誓忌避僧侶たち――が何百人となく投獄された。九月二日から六日にかけて、千百人を越す人びとが処刑され、九月の大虐殺として後世に知られる期間中は、シャルル－アンリのギロチンは夜明けから真夜中まで動き続けた。

その間、国民公会が立法議会に取って代わっていたが、幽閉中のルイ十六世の処置に関しては何ら決定を下すことをせず、先へ先へと引き伸ばしていた。ジロンド党はルイを死刑にすべきか否かで意見が分裂していたが、ジャコバン党または山岳《ラ・モンターニュ》党は彼の処刑を要求したばかりでなく、すでに彼は八月十日に裁かれて有罪が証明されていると主張して、裁判を行なうことにさえ反対していた。ルイ・ド・サン－ジュストは、国王であることがそれ自体犯罪であると怒号し、ロベスピエールもそれに同調して、ルイがフランス国家に対する反逆人であると宣言することを議会《コンヴァンシヨン》に迫った。二人の演説にもかかわらず、議会は投票によって、市民カペーに裁判を与えることを決めた。彼は議場に引き出され、三十三項目の質問に答えることを要求されたが、そのほとんどが不合理至極なものばかりであった。ジロンド党とジャコバン党は議論に議論を重ね、演説の応酬が十一月から十二月へと続いた。最終的・決定的な投票が行われたのは、やっと一月十九日のことであった。表決は、死刑と出た。

一七九二年十二月十四日、国民公会議長は、おそらくシャルル－アンリが書いたものと思われる次のような一通の手紙を受け取った。

セーヌ県の有罪判決執行人であるサンソン（サンソンの綴りは Sanson ではなく Samson となっている）兄弟は、失礼をも顧みず、国民公会に一言書状にして申上げます。この問題はいささか重要なものと思われますゆえ、何卒公会席上にて朗読を願い上げます。

議員諸兄、あなた方は今、われわれの元国王の運命を決定しようとしておられます。彼の首が、私が打ち落ろすべき刃の下に落ちる宿命にあることは、確実と思われます。偏見はあろうとも、私の務めは名誉あるものであります。私は私自身を法律の堡塁《とりで》であり、犯罪者に対する脅威であり、かつ有用な市民と考えております。裁判所の判決の執行人である私は、それが私の義務であるゆえにそれに従います。しかし、現在の情勢下においては、打倒された暴君のあとに、一層耐え難い、一層恥知らずな暴君が入れ替わることになるだけだ、という恐れが多分にあります……私は今、すべての個人に与えられている神聖なる権利に基づいて、私の考えを表明し、私および私の配下の者全員の辞表を提出いたします。われわれは、暗殺行為に加担することを恐れ、諸兄もろとも、われわれの名前が、善良なる人びとによって永遠に非難されるであろうことを懸念《けねん》します。さらに、われわれが恐れるのは、われわれが、この無益な犯罪を間もなく悔むであろう人民の、確実にして速《すみや》かな報復の目標となるであろうことであります。諸兄は、われわれの任務を遂行する力量のある人物を容易に見出すことができるものと、われわれは確信しております。議員諸兄の中にさえ、それを引き受けることをひたすら切望している人びとがおられる筈です。現に今も、偉大なるマラー、ダントン、ロベスピエールその他多くの方々が、明らかにわれわれの仕事を欲しておられます。われわれはそれを彼らに委ねましょう。

法の下であなた方と平等なる
パリ地区有罪判決の執行人

この奇妙な文書の署名は判読できない。これは、ロジェ・グーラール博士が、国立資料館の中で、国民公会宛の請願や手紙を一まとめにした部厚い書類の束の中から発見したものである。グーラール博士の意見としては、幾つかの理由から、これはサンソン兄弟によって書かれたものとは考え難いそうである。まず第一に、シャルル－アンリただ一人が「セーヌ県の有罪判決執行人」と呼ばれる権利があったということ（彼の弟たちはトゥールおよびヴェルサイユでその称号を持っていた）。第二に、名前が“Samson”と綴られているためである。しかし、この手紙を書いた人間の自尊心の強さと、その尊大な表明の仕方は、シャルル－アンリの性格にぴったりであると論じるほうが妥当なようである。署名の直前にある「法の下であなた方と平等なる」という文句は、パリの処刑人の手で書かれたものと考えて然るべきであろう、彼はまさにこの権利を獲得せんがためにあれほど闘ってきたのだから。名前の綴りも決して耳慣れないものではない。この綴りはソワソン市の古文書にも見られるし、カーライルもシュテファン・ツヴァイクもこの処刑人に言及するのに “Samson” と書いている。さらに興味深いのは、この手紙が最初の節では「サンソン兄弟」と複数形を用いていながら、やがて単数形の「私」になり、最後には再び初めの複数形に戻って「われわれ」となっている点である。シャルル－アンリは、まあまあではあるが決して良いとは言えないフランス語を書いたことが知られている。

ルイ十六世の処刑が近づいた一月の数日間に、シャルル－アンリの許には、脅迫状やら嘆願状やらが、あるものは匿名で、あるものは署名入りで、届き始めた。彼は、国王の命を助けるための画策がなされるのであろうこと、彼がそれを妨害しようとすれば彼の命に関わるであろうことを警告された。国王の代わりに自分が死ぬと書いて寄こした者も数名いたし、シャルル－アンリに、王の処刑を拒否してくれと嘆願して来た手紙も多かった。

一七九三年一月二十日の日曜日、処刑人に命令が下った。処刑は次の日、革命広場で取り行なうことになった。革命広場にギロチンを設置するのは、これが初めてのことであった。命令書には通常書かれている細かい指示が何もなかったので、シャルル－アンリは検察官の補佐あてに次のような手紙を送った。

同志よ。

私はただ今あなたの命令を受け取りました。早速実行に移すべく手配します。大工は、機械を設置すべき場所について指示を仰ぐべく待機させてあります。機械はそこへ速やかに運ばせる予定であります。

ルイがどのようにしてタンプルを出るのかを知ることが、私にとって非常に重大なことです。特別な馬車が用意されているのでしょうか、それとも私は普通の護送車を用いることになるのでしょうか。処刑後、遺体はどうすれば良いのでしょうか。

私がタンプルへ出向くのか、それとも助手の一人を迎えに出すことになるのでしょうか。私が彼をタンプルから護送するのでなければ、私はどこで彼を待ち受けたらよいでしょうか。

こうした点が命令書の中に何も説明されておりませんが、迅速に用意万端を整えるため、私の質問に出来るかぎり速やかにお答え願いたい次第です。

シャルル－アンリは彼の質問に対する答を受け取った。処刑は、ルイ十五世の像の台座（像は数カ月前に引き下ろされていた）とシャンゼリゼの間の革命広場で行われること、処刑人はタンプルへ出向かず、処刑台のところで犠牲者を待ち受けるべきこと、護送は有蓋馬車で行なうこと、処刑人とその助手の代りに、二人の憲兵《ジャンダルム》が王に附き添う予定であること、等々。こうした用心深い方法が取られたのは、おそらく二つの理由からであろう――つまり、シャルル－アンリが王党派ではないかという疑惑と、パリの民衆の怒りに対する懸念と。

断頭台は一月二十一日の朝五時に建てられた。八時に、シャルル－アンリは山高帽子《トップハット》、深緑《ふかみどり》の前あき上着、幅広の白いネクタイを着けて、息子アンリを伴って家を出た。ルイ十六世のみならず、彼ら自身に降りかかる可能性のある危険に備えて、父と子はともに短剣とピストルを上着の下に隠し持っていた。助手たちはすでに処刑台のところで彼らを待ち受けていた。そして、霧のたちこめる冷たい一月の朝の大気の中で、彼らはギロチンの包丁《トランショワール》の点検をした。処刑台の周囲は国民軍の軍隊が取り巻き、砲兵隊が橋という橋、辻という辻を固めていた。何千何万もの群集が革命広場につめかけ、広場に通ずる大通りや裏通りを埋めつくした。商店や仕事場や小店などは皆よろい戸を下ろしていた。この巨大な広場で商品を呼び売りしていた行商人の他は、すべての取り引きが止んでいた。

牢獄から処刑台までの国王の旅、その到着、彼の最後の言葉と処刑の模様などは、さまざまな形で語り伝えられている――サンソンの『回顧録』の中で、モンガイヤール神父や、ジョン・ムーアや、市民《シトワイヤン》アントワーヌ・ヴェリテ・ウィンゾールや、その他多数の当時の人びとの目撃談などによって。その中でも最も興味をひくものの一つは、王の聴罪神父エッジワース・ド・フィルモンの話で、彼は牢獄から国王に付き添って、その最後まで王と共にあった。

エッジワースは一七四五年に、カトリックへの改宗者の息子としてアイルランドで生まれた。一七四九年、一家はトゥルーズへ移住し、彼はそこで初等教育を受けた後、パリの神学校へ進んだ。やがて、王妹エリザベート女公の友人かつ聴罪神父となり、そのつてでルイ十六世とも知己を深めた。王は彼に心服するようになっていた。王が、いわゆる宣誓僧の一人ではなく、真の信仰に生きる聴罪神父の付き添いを許されたのは、おそらく、エッジワース神父がフランス人ではなく、アイルランド人であったからだろう。
彼の『回想記』は語っている。

死出の旅路はおよそ二時間続いた。通りという通りには、シャベルや銃で武装した市民が列をなしていた。さらに、護送車そのものが夥《おびただ》しい数の軍隊で守られていたが、彼らは明らかに、パリのならず者の中でも最も性根の腐った者どもであった。こうした用心の仕上げとして、騎馬隊の先頭にはすさまじい数の太鼓が轟き渡って、たとえ国王に味方する叫び声が上っても聞こえないようにしてあった。しかしそのようなことは到底あり得なかったろう。なぜなら、戸口や窓や通りにいたのはすべて武装した市民、すなわち、弱さゆえとはいえ、おそらくその心の中では嫌いつつもこの犯罪に加担した者ばかりであったから。

馬車は水を打ったような静けさの中を、ルイ十五世広場へと進み、処刑台の近くに前もって空けておかれた場所の真中に止った。まわりをぐるりと砲兵隊が取り囲み、その向うには、眼の届く限り、武装した男たちで一杯だった……処刑人の一人が馬車の戸を開けるために近づいて来、憲兵が降りようとしかけたが、王は彼らを押し止めた……

……王が馬車を降りるやいなや、三人の処刑人たちが彼を取り囲み、その服を脱がせようとした。しかし王は彼らを威厳をもってはねつけ、みずから上着を脱いだ。彼は襟のボタンを外し、シャツを開けて、みずからの手でそれを整えた。この時、処刑人が再び傍へ寄って来て、彼の手を縛ろうとした。「何をするのか？」王は手を引っこめながら尋ねた。「あなたを縛るのです」一人が答えた。「私を縛るだと？」王は憤然としておうむ返しに言った。「そのようなことは許さない」。

断頭台への階段は非常に急であった。王はやむなく私の腕にすがって登ったが、それが些《いささ》か大儀そうに見えたため、それで彼の勇気が挫けはしまいかと私は一瞬心配した。ところが、最後の段を上り切ったところで、彼が私の腕を離し、しっかりした足取りで処刑台上を歩いて行ったのを見た時の、私の驚きを想像して頂きたい。王の表情だけでも、十五から二十の太鼓の轟きを鎮めてしまう迫力があった……そして、ポン－トゥールナン（旋回橋）までも届くほどの力強い声で、次のような、永遠に忘れ得ぬ言葉を語った――「私は、私が告発されたすべての罪について無実のまま死ぬのだ。私は、私を死に就かせる者たちを許す。そして、私の血がフランスの上に流されることのないよう、神に祈る」。

……処刑人の中の最年少者（彼は十八歳以下に見えた）が切断された首を把み、それを掲げて見せながら処刑台を一廻りした。このすさまじい儀式に、大きな叫び声と下卑《げび》た動作が呼応した。それから、空ろな静けさが流れ、やがて間もなく、「共和国万才」という弱々しい叫びがまばらに起こった。しかし、じょじょにその声は数を増し、十分《ぶん》もたたぬうちに、幾度となく繰り返されたその叫び声は、大群集の異口同音の絶叫となっていった……

一七九六年九月、ロンドンで、彼の兄アシャー・エッジワース氏宛に書かれた手紙の中で、神父は次のようにこの話を締めくくっている——

> 私に言えるのはただ、運命の刃が落ちた瞬間、私はひざまずき、そのまま倒れ伏していたということだ。やがて、この惨劇の主役を演じたかの卑しむべき悪党（サンソン）が喜びの声を上げ、血のしたたる首を群集に向けてかざし、私に溢れ出る血汐をはねかけながら近づいて来た。実にこの時、私は処刑台を離れるべき時が来たと思った。しかし、まわりを見廻すと、私自身が二千人ないし三千人の武装した男たちに取り囲まれているのが分った……お察しのように、すべての目が私に注がれていたのだ。この日、私は僧侶であることを示すどんな外見上の印も着けることを許されていなかった……

この事件について、ある者は、サン－ドニ門の近くで国王救出の試みがなされたと言い、またある者は、行列は何事もなく目的地に到着したと言っている。モンガイヤール神父の話によれば、ルイの最後の言葉は、国民軍総司令官サンテールの、「あなたがここへ連れて来られたのは、人民に演説をするためにではなく、死ぬためにだ！」という叫びで遮られたそうだ。「聖ルイの子《フィス・ド・サン・ルイ》、昇天せよ《モンテ・オー・シエル》」という別れの言葉は、エッジワース神父が口にしたものとされ、カーライルやティエールその他が引用しているが、不幸な王が死に就いた時に果して言われたものであるかどうか、さだかではない。その点を質《ただ》されて、シャルル－アンリは明らかに肩をすくめて、「そんな事を言ったかも知れない。私自身は耳にしていないが」と答えた。

モンガイヤールによれば、王の首が落ちた瞬間、「猛り狂った群集が処刑台に押し寄せ、王の血海に手を突っこんだ。さながら、それに触れた者は、この世のすべての王を支配するようになれるという呪《まじな》いでもあるかのように」。サンソンの『回顧録』によれば、市民の一人が処刑台によじ上って、剝き出しの腕を血に浸し、処刑人の助手たちに雫《しずく》をはねかけて熱弁をふるった。「兄弟たちよ、われわれは、ルイ・カペーの血がわれわれの頭に降りかかるであろうと脅かされた。よし、降らば降れ。カペーこそ嫌というほどわれわれの血でその手を洗ってきたのだ！　共和国人民諸君、王の血はわれわれに幸運をもたらすだろう」

もう一人、今度は護衛兵の一人の報告を見てみよう。

われわれの隊は兵営を午前七時に出てルイ十五世広場の警備についた。処刑が終るやいなや、およそ百名ばかりの男女が輪を作って、ラ・マルセイエーズを声を限りに歌い、かつ「暴君の首が落ちた」と叫びつつ踊り狂った。また、処刑台の下では、数多くの人びとが王の血で手を洗っていたのが見られた。これは言うまでもなく、彼の妻〔マリー・アントワネット〕が、革命に関して、フランス人の血で手を洗いたいと言ったことと関係があった。然り、まさに正反対のことが起ったのだ。彼女の夫の血で手を濡らしたのは、フランス人民の方だったのである。

有蓋馬車で処刑場にやってきたルイ十六世の遺体は、処刑人の荷車でそこを去って行った——王の棺《ひつぎ》は柳で編んだ籠であった。それはラ・マドレーヌの墓地へ運ばれ、幅六フィート深さ十二フィートの墓穴に投げこまれ、生石灰で覆われた。シャルル―アンリはそれに付き添いはしなかった。その行列を見ていた者の話では、処刑人の荷車が墓地から出た時、柳製の籠が地面に落ちた。するとたちまち、群集がわっとばかりにそれに飛びかかり、籠の内側を、ハンカチやシャツや白い紙切れなどでこすった——一組の賭け用サイコロをなすりつけた者さえいた——誰もがこの日の記念を欲しがっていたのである。

誰が実際に処刑に当ったかについては、大いに論議がたたかわされてきた。シャルル―アンリがやったのだと主張する者もあれば、彼の息子だと固執する者もある。そもそも、このような重要人物の首を刎《は》ねることを許されていたのは、処刑人自身をおいては考えられないことである。次に、シャルル―アンリがみずから、一八〇六年にナポレオンに告げた「閣下、私がルイ十六世を処刑しました」という言葉がある。第三に、アンリ・サンソンの言葉、——「私は、父が哀れなルイ十六世を、私の家族が皆、深く敬愛していた王を、やむなく処刑した時、父の傍《かたわら》にいた。当時私は処刑人ではなかった。父がまだその地位におり、私は彼の助手の役を務めた」——が引用されている。そして最後に、もし王の遺体の損傷工合に関する細かい点を証拠と考えてよいものなら、シャルル―アンリが断頭を行なったにちがいない。こんなに不手際な仕事をしたのは、経験の乏しい者(シャルル―アンリは、それ以前の首切りをすべて助手に委せていたのであるから、経験が乏しかったのは確かだ)か、あるいは、生来の嫌悪感から怖じ気づき、その結果不手際になった者しか考えられない。王の肥満した首は、首穴《リュネット》にうまくはまらなかったため、ルイみずからの手で考案したギロチンの刃は、その任務を遂行し損じたのである。刃が落ちたあとで、シャルル－アンリの助手たちはその上から彼らの体重をかけなければならなかった。そのため、傷口は大きくなり、出血の量も増え――恐怖も倍加した。

処刑後の数日間、シャルル－アンリ・サンソンの姿はパリ近辺にはなかった。ルイ十六世の霊のために彼がミサを所望したと推定されるのは、この期間のことである。オノレ・ド・バルザックおよびレリティエ・ド・ランによって編集された、アンリ・サンソンの『フランス革命史のため《メモワール・プル・セルヴィール・ア・リストワール・ド・ラ・レ》の回想録《ヴォリュシヨン・フランセーズ》』（一八二九年、パリで発行）の序文が、シャルル－アンリ・サンソンの願いで執り行なわれた秘密のミサの物語を詳しく伝えている。そしてまた、『政治生活の場景』（訳注「人間喜劇」の「風俗研究」中の第四編がこれである。）の第四巻で、バルザックは『恐怖政治下の一エピソード』という題で、再びこのことを述べている。話のあらましは、次の通りである。革命期間中に他の多くの仲間達と同様、僧院を追い出されていた一人の尼僧が、一月二十二日の夜、もう一人の尼と、さらにもう一人の宣誓忌避僧と共に借りていた屋根裏部屋へ帰ろうと、フォブール・サン・マルタンのあたりを歩いていた。突然、彼女は、誰かが自分をつけているのに気づいた。彼女が家に辿り着くやいなや、戸口をノックする音が聞こえた。それは例の見知らぬ男で、ルイ十六世の霊を慰めるためのミサを行なってくれと司祭に所望したのであった。司祭がこの望みに応じてやると、この男は血の汚《し》みがついたハンカチを彼に手渡して、立ち去った。

このののち、熱月《テルミドール》九日に、この司祭がサン－ロック通りとフロンドゥール通りの間の、とある店の前にいた時、サントノレ通りから溢れ出て来た一団の群集が彼の行く手をふさいだ。「何事ですか？」

彼は店の主人に尋ねた。「何でもありませんよ」というのが落ち付き払った答であった。「あれはルイ十五世広場に向う処刑人とその荷車です。ロベスピエールとその共犯者たちの処刑に行くところですよ」

司祭は、その馬車の一行をじっと眺め、かの謎めいた訪問客がほかならぬパリの処刑人、シャルル‐アンリ・サンソンその人であったことを知って、少なからず衝撃を受けた。

この話の真偽のほどは、確かめられてはいないし、さらに、毎年一月二十一日に、シャルル‐アンリがサン‐ローラン教会で、ルイ十六世のために罪滅ぼしのミサをして貰ったという話も同様である。しかし、かの忌まわしき一七九三年一月二十一日以後、彼は一生涯、毎夕ルイ十六世の首を刎ねたギロチンの刃――それはその後二度と用いられなかった――の前にひざまずき、亡き王の霊のために祈りを捧げたということは知られている。

シャルル‐アンリが王党派《ロイヤリスト》であったのか、あるいは単に旧制度《アンシャン・レジーム》の名残りにすぎなかったのかは、さして問題ではない。彼は自ら認めていたとおり紳士気取り《スノッブ》であり、一度ならず、ロンヴァルの騎士と名乗っていた。彼は誇らし気に国王に仕え、ルイ十六世との二度の会見を自慢していた。さらに、自宅に王党派の印刷機の据え付けを許したりもした。しかしながら、一方において彼は、革命が生み出した新しい思想や法律の多くを歓迎もしたし、改革の必要性を認識してもいた。ただ、その改革を強制したあの暴力的なやり方には、余人の多くと同様に次第に嫌悪を催すようになりはしたが（これより後になって、彼はしばしば、革命指導者の首が転がり落ちるのを見る方が、ルイ十六世のそれよりも、もっと正当なことのように思えると述懐している）。しかし、彼の政治に対する感情よりも重要なのは、処刑人という職務につきながらも、却って優しい、感受性の強い、家族と周囲の者に対して献身的であった彼の、人間としての性格である。国王や王妃や、その他すべての王族に対する彼の忠誠心と愛情とは、自分の職務に対する、募りゆく嫌悪と同じくらい否定し難いものである。誇り高き男として、彼は自らの公的地位を甘受する術を覚えはしたものの、個人的な品位や自尊心に対して加えられた攻撃は何としても我慢がならなかった。ルイ十六世の処刑は、まさにそのような攻撃を生んだのである。

一七九三年一月二十九日、次のような所見の小記事が、『テルモメートル・デュ・ジュール』（日々の温度計）に載った。

> ルイ・カペーのシャツ、引きちぎられたコートの断片やボタン、彼の毛髪などがかき集められ、蒐集家に法外な値で売られた。この新手の商売に加担したとの告発を受けた処刑人サンソンは、その告発を否定して新聞記者あてに次のような書状を寄こした。「私は、私がルイ・カペーの遺髪を売ったとか、あるいは売ることを容認したとかで私を非難する忌まわしい噂があることをたった今知りました。万一それが事実売られたとしたら、それはごろつきの仕業としか考えられません。私も、私の配下の者も、誰一人として遺髪の一房だに手にしたことはない、というのが実情です」

もう一つ、二月十三日付の、「ルイ・カペーの処刑の真相《アネクドート・トレ・ゼグザクト・シュル・レグゼキュシオン・ド・ルイ・カペー》」と題する記事によれば、処刑台に上った当初の王の勇気は、処刑前夜と、処刑当日の朝、彼が摂った大量の食事のおかげである。しかし、とこの記事は続けて、太鼓が一打ちされた瞬間、王の勇気は消え失せて、三度、「どうしたら良かろう」と叫んだ。この豆記事を書いた者は、彼がその情報をサンソンその人から受け取ったと主張した。

二月十八日、『テルモメートル・デュ・ジュール』の主筆デュロールは、この記事は自分が書いたものではないと述べ、シャルルーアンリに、実際はどうであったかの説明を送ってくれるよう要請した。シャルルーアンリは速やかに返答し、彼がルイ十六世を弁護したその記事は、処刑一ヵ月後の二月二十一日付の新聞に掲載された。

約束に従い、ここに、ルイ・カペーの処刑に際して起こった事の真相を申し述べます。彼は、馬車を降りた時、上衣を脱ぐように言われました。彼はこれに対して、処刑はこの儘でも何ら支障なく行なえる筈だと言って異議を唱えました。しかし、それが不可能であることを告げられると、自ら手を貸して上衣を脱ぎました。これと同じことが、彼の手を縛る段にも起こりましたが、彼は説明を聞かされるや、協力しました。それから、彼は、太鼓はああやって鳴り続けるのか、と尋ね、私たちは、知らない、と答えました。事実、知らなかったのです。彼は処刑台に上り、何か演説をしようとするかのように、前へと進みましたが、われわれが、それが禁止されている旨を伝えますと、従容として所定の位置まで導かれて来ました。そして、はっきりとした口調で、「わが人民よ、私は無実で死ぬのだ」と言い、それから私たちの方を振り向いて、「皆さん、私は告発されたすべての罪に関して無実です。私はただ、私の血が、フランス国民の幸福の固めとなることを祈るだけです」と言いました。

市民諸君、これが彼の真実にして最後の言葉です。

さらに事実のために付言しますが、彼はこうした事すべてに、われわれにも意外であった程の平静さと力強さを示しました。彼はそのような力を彼の宗教から引き出していたものと私は確信しております。なぜなら、彼ほどに偉大な信仰家はなかったからです。

〔署名〕サンソン

有罪判決執行人

一月二十三日、ルイ十六世の処刑のニュースは、雷光のような衝撃をもってイギリスに達した。宮廷と議会はともに喪に服し、劇場は閉され、首相ウィリアム・ピットは、この事件を「大それた、忌まわしい」犯罪として非難した。国王ジョージ三世が民衆の前に姿を現わすや、人民は彼らの国王に向って、「フランスと開戦しよう！」と大声で叫んだ。

パリ政府はすでに、オーストリア軍とプロシア軍をライン川まで押し戻し、ベルギーを併合したことによって、ヨーロッパ諸国に対し、革命の原則を拡散させるぞという脅しを実際行動に移していた。イギリスは、オランダが次の餌食となるであろうことを覚っていた。ベルギーとオランダがともにフランスの手に落ちれば、フランスが北海沿岸の低地帯《ロー・カントリーズ》（訳注　現在のベルギー・オランダ・ルクセンブルクに当たる）における主要な商業港をすべて握ることになり、そうなれば、イギリスの商船隊にとっては深刻な危機であった。外務大臣グレンヴィル卿は、パリに対し、人民政府の侵略的政策を非難し、他国の政府の権限を侵すごときことは即刻中止するよう警告した、厳しい覚え書きを送付した。

イギリス側のこの高圧的な態度に対して、国民公会内部では怒りと敵意が燃え上った。そして二月一日、フランスはイギリスおよびオランダに宣戦布告した。数カ月もたたぬうちに、イギリス、スペイン、オーストリア、ポルトガル、ナポリ、トスカナ、サルディニア、および教皇領、（そして究極的には、ロシアとプロシア）が同盟軍を組織し、かくしてヨーロッパは、以後二十年余りも続くことになる戦火の中に巻きこまれて行った。

フランス国内においては、国民公会それ自体のみならず、貴族、僧侶、市民、農民の各階級間で、パリや地方を問わず、いたる処で抗争が起こっていた。誰もが、革命の歩みの遅さと、革命指導者の実現されない公約とに幻滅を感じていた。社会不安と不満とは、早急に軍隊を組織しなければならなくなった事で倍加した。そして、反乱が一地方に止まらず勃発した（フランス西部のヴァンデ県は反乱軍を組織し、そこから内乱の火の手が上った）。

三月十日、あらゆる反逆者を処罰するための革命裁判所が開設され、人民に対する犯罪は死刑に処すとの布告が出された。「人民の敵」とは、あえて国民公会や革命政府に楯つくような言葉を囁《ささや》いた者なら誰でも――事実、どんな種類であれ、不平不満を洩らした者なら誰でも――を意味した。ほんのちょっとした言葉が当局に報告され、ある人物に有罪を宣告するためには、告発的内容を持った文書一枚でこと足りた。一度《ひとたび》そのような書類が提出されれば、証人の言は取り上げられなかった。一枚の告発状に五十人、七十人もの人の名が列挙されていることもしばしばで、彼らは、ともに告発されたという事実以外に何らの相互関係をも持たない人びとであった。人びとは告発され、裁判にかけられ、そしてギロチンにかけられた——素早く、大量に。この裁判所の主審尋問官は、検事フーキエ－タンヴィルであった。

四月六日、九人の委員から成る執行委員会——有名な、もしくは悪名高い公安委員会——が発足し、当初はダントンが（そしてずっと後ではロベスピエールが）それを牛耳り、国の内外の安全と防衛に関する諸問題の処理に当った。一七九三年四月から一七九五年十月まで存続したこの委員会は、夥しい血を流させたため、革命広場の地面はそれを吸収しきれず、広場のそここで、土は沼地のように軟《やわら》かくなった。

シャルル－アンリ・サンソンについて言えば、国王の処刑直後のほんの短期間は、比較的平穏に過ぎた。彼自身の言葉を借りれば、「ギロチンは休息していた。あたかも、来たるべき大仕事に備えて、その力を蓄える必要があったかのように」。一月二十五日から四月六日までの間、ギロチンが処刑したのは、わずかに、ビュカルという名の脱走兵ただ一人であった。しかし、四月に入るとシャルル－アンリの活動は急テンポとなり、それ以後、にわかに加速度をつけて行くことになった。

革命裁判所が、時を追うに従ってますます「死」という用語に取り憑かれて来た一方、シャルル－アンリは、他のパリの一般民衆と同様に、生計の立て難《にく》さという問題に直面していた。封建的諸権利の廃止によって彼が「ピンはね権」を否定されて以来、彼の収入は相当に減少していた。一七九二年六月と、もう一度八月に、彼はレドレルに手紙を送り、彼の経費を列挙して援助を請うた。彼の医術は何がしかの金を彼の財布にもたらし、外科医に死体を売ってさらにわずかな足し前としていたが、衣食住の面倒を見なければならない家族の人数が多かったので、彼は経済的ににっちもさっちも行かない状態になっていた。一七九二年三月、司法大臣がサンソン一族および他の処刑人たちの哀れな状態を知って非常に驚いた。彼らは皆、「ピンはね権」廃止による窮乏に苦しんでいたのであった。彼は国民議会に対し、一県につき一名に処刑人の数を減らし、やむなく辞職させられる者には年金を与えるように要求したが、これに対して何の処置も取られはしなかった。

国民公会が、処刑人達の困窮状態を改善すべきことに気付いたのは、ようやく一七九三年六月十三日になってからのことである。この日付の布告により、今後、共和国の各県に一名の処刑人を置くこと、および、処刑人の給与は国家が支払うことなどが規定された。処刑人の給与は人口五万以下の町では、二千四百リーヴルで、五万から十万の町では四千リーヴル、十万以上三十万の地域では六千リーヴルとなった。パリの処刑人には一万リーヴル（摂政が認めていた給与よりさらに六千リーヴルの減少）プラス、助手一名につき千リーヴルを支払われることになった。また、彼がパリの外で刑の執行を命ぜられた場合には、一リユウ（訳注　約四キロメートル）につき二十スーの経費を請求することが出来たが、これはギロチンの輸送費をまかなうものであった。

七月に法律化されたこの布告の結果生じたものは、混沌と混乱と苦痛であった。フランスからすべての貴族を追放することに熱心なあまり、公安委員会は行き当りばったり的に処刑人を任命し、彼らを派遣するにあたっては、その個人的問題にも、ある特定な地域の状況にも、考慮を払おうとしなかった。ピレネー高地のタルブという土地では、処刑人の職に任ぜられたのはスピルケルという男で、彼の一族の者は全員、ロレーヌのモンテナックの処刑人であった。彼には七人の子供があり、フランス北東部のドイツ語の方言しか喋れなかった。彼にとってはタルブ行きは追放であるばかりか身の破滅であったため、その地位を拒否した。彼のように、故郷の地から引き抜かれて何百マイルも旅をして任地に着いてみたら、仕事はその土地の市民が占めていて、譲ろうとしなかった、というケースが数多くあった。長年処刑人の称号は持ちながら、実際には一度も処刑など行なったことのないただの百姓で、一県全体の処刑人の地位を受諾する度胸などとても持ち合せない者も何人かいた。

シャルル－アンリが草稿を書き、地方の処刑人全員の署名を付せられた請願書が、国民公会に提出された。彼らは、六月十三日の布告で、彼らの義務をこの先遂行し続けることが不可能になったと宣言した。自分たちはこれまで、革命政府のためにすべてを犠牲にして奉仕してきたのであり、この布告に定められた給与ではとても生計を賄い切れないため、それを撤回して貰いたい、と彼らは主張した。シャルル－アンリのこの請願は、首尾よく一有力市民の耳に達したものと見える。というのは、十一月に出された新法令で、有罪判決執行人に付加給与が認められたからである（この法令の日付は、革命暦第二年霜《フリメール》月三日、西暦一七九三年十一月二十三日）。

六月に認められた給与額に加算して、おのおのの処刑人は、二人の助手について千六百リーヴル、すなわち助手一人につき八百リーヴルを受け取ることになった。パリの処刑人は一人当り千リーヴルで四人分支給され、革命政府が存続する限り、年額三千リーヴルの補助金が加算されることになった。この文書の第二条は、ギロチンの輸送費は公費で賄われることを規定し、第三条は、公務のために自分の町あるいは市以外の地へ出張する処刑人に対し、三十六リーヴルを支給することを規定した。この内訳は、目的地へ行くために一日、そこでの仕事に一日、帰途に一日――つまり、出張手当は一日当り十二リーヴルということになっていた。最後に、人員整理のため、(一県につき一人になった)生計の途を失った元処刑人に対しては、千リーヴルの年金が支給されることになった。

こうした改善にもかかわらず、シャルル－アンリの財政事情は依然として苦しかった。恐怖政治下の一七九四年四月、彼は再度司法大臣に請願して、今や自分には七人の助手の経費がかかっているが、この人数は、課せられた仕事の量から考えて決して多過ぎはしないこと、さらに、彼らに食事と住居を保証してやらなければ、誰も自分のために働いてくれないこと等の事情を説明した。余分な助手のためには年額三千リーヴルでもう一軒、家を借りなければならないが、それを支払えば自分と家族の生活にも事欠いてしまうため、もしこのような状態が続くものならば、自分は職を辞さざるを得ない、と。処刑人の主張がもっともであることに気付いたフーキエ－タンヴィルは、この請願を公安委員会に提出して、彼に年額二万リーヴルのボーナスを確保してやった。一七九五年六月には、シャルル－アンリはまたしても嘆願書を書いているが、今回は、常時手許に置くべき護送車二台の費用の請求で、その理由として、今やこのような荷車の御者は、一日百リーヴルという法外な値をふっかけて来るからだ、と述べている。

こうした金の請求は、もっとも至極なことであった。シャルル－アンリの仕事は今や企業といっても良いものになっており、処刑は大量殺人となっていたのだから。この変化は、最初の公安委員会の解散と、一七九三年七月十日に行われた新委員会の選挙とともに始まった。旧委員の中で再選された者もいるが、もっとも重要な人物であったはずのダントンは、落選した。比較的穏やかで融和的な彼の姿勢は、ジャコバン党およびその偶像的存在のマクシミリアン・ロベスピエールの、高圧的、戦闘的で血走った狂信的な態度にとって代わられた。国内に瀰漫《びまん》している対立・裏切りからフランスを救う唯一の道は、弾圧政策であるというのが、ロベスピエールの信念であった。新委員会が発足して三日ののちに発生した一つの事件が、委員たちに彼らの理論の正しさを確信させ、さらにその弾圧政策を強化させる結果となった——その事件とは、ジャン－ポール・マラーの暗殺である。

マラーは、もともとは医師であったが、一七八九年以後、医術を捨てて政治に打ちこみ、〈人民の友《ラミ・デュ・プープル》〉という新聞を発刊し、その中で旧制度《アンシャン・レジーム》、王、その他あらゆる権力者を攻撃した。彼の論説は、革命の進行に伴ってますます過激なものとなり、そのジャコバン的思想が議会に滲透して行った。議会での彼は、激烈な口調でジロンド派とその穏健な政策を弾劾した。ノルマンディ地方の出の若い娘マリー－アンヌ・シャルロット・コルデー・ダルモンは、革命の主義と理想の熱心な信奉者で、若さの持つ熱情とロマンティシズムのありたけをこめて、ジロンド党の主義主張を支持していた。マラーこそフランスのあらゆる災厄の根源であり、彼さえ死ねば祖国には平和と調和が取り戻せる、と彼女は思いこんだ。彼女はカーンの我が家をあとにして、七月十一日にパリに着き、その足でパレ－ロワイヤルのとある店に行って黒檀の柄のナイフを求めた。そして、周知の通り、被害者が浴槽に浸っているのを見て、その無防備な身体にナイフを突き立てた。彼女はコンシエルジュリに投げこまれ、革命裁判所で死刑を宣告されて、七月十七日にシャルル－アンリ・サンソンに引き渡された。

シャルロット・コルデーの処刑に当って、シャルル－アンリが示した優しさ親切さは観る者の心を強くうち、その結果彼は「人道的な首切り人《ル・ナブロー・ユマニテール》」という奇妙な綽名をかち得たものであるが、彼の温情が表れたのは何もこの処刑が最初で最後というわけではない。コンシエルジュリに着いた早々、彼はリシャール（有名なこの監獄の「牢　番《コンシエルジュ》」）のおかみの出迎えを受けたが、彼女の顔色があまりに青ざめていたので、思わず工合でも悪いのかと尋ねた。「まあ、待っていて御覧なさい」と彼女は答えた、「あなたの頭痛の方が私のよりずっと大きくなるでしょうよ」。彼女の言葉の意味は、彼が娘の独房に足を踏み入れた瞬間にはっきり分った。というのは、彼女は彼の娘といっても良いほどの若さだったから。娘の髪を切ったあとで、彼は彼女に、手を縛らねばならないことを告げた。すると娘はただ頷《うなず》き、非常に平静な口調で、紐が手首を痛めないように手袋をはめても良いだろうか、と尋ねた。彼女の美しさと、信じられないほどの健気《けなげ》なその態度に心をうたれたシャルル－アンリは、紐を片附けて彼女の腕は自由の儘にしておいた。さらに囚人護送車に乗せられた時、娘は立っていたい、と言った。すると処刑人はまたしても命令を無視する方を選んで、「それは良い考えですね。立っていれば、車の動揺がそれほど苦にならないでしょう」と言った。

ギロチンへ向う道すがら、彼は彼女の神経が鋭くなっているのに否が応でも気が付く。そこでいたわるような微笑を向けて言った。「長い道のりですね？」

悲しい微笑みとともに彼女が答えた言葉は、彼の胸に滲み通った。「ええ、でも私たちはともかく、目的地に着くことは間違いありません」。この道中のことは、何よりも彼自身の言葉が良く語っている。

サントノレ通りのとある窓に、私は、国民公会代議員の市　民《シトワイヤン》ロベスピエール、カミーユ・デムーラン、ダントン等の顔を認めた。市民ロベスピエールは非常に興奮した面もちで、終いには彼の仲間たちに何か話しかけていたが、彼ら、とくに市民ダントンは、余り耳を傾けていないようだった。彼らの目は、死刑囚の上に釘づけになっていた。私自身もたえず彼女の方に頭を巡らせていた。そして、彼女を見詰めれば見詰めるほど、いっそう強く魅きつけられた。それは、確かに彼女は美しかったが、その美しさのせいではなく、最後の最後まで、何であのように愛らしくしかも毅然としていられるのか信じられなかったからであった……

彼女は口をきかず、護送車の周囲にひしめいて卑猥な野次を飛ばしている者どもを無視していたが、家という家の前に十重二十重《とえはたえ》をなす群集には目をやっていた。通りはすさまじい人出だったため、われわれの歩みは遅々としていた……

革命広場に着いた時、私は降り立って彼女の前に立ちはだかり、彼女にギロチンを見せまいとした。しかし、彼女は前に身を乗り出して私の隙間から覗き、「私だって物見高くなっても良いでしょう、まだ一度も見たことがないんですもの」と言った。

……これ以上、一秒たりとも、こんなに健気な娘の苦痛を長引かせるのは野蛮なことだと私は考えた。

彼女の処刑のあとで起こったエピソードは何度も繰り返し語られ、当時の文献のほとんどに出てくる。いかつい大男のフランソワ・ル・グロは、本職は大工だが、シャルル－アンリの助手の一人としてしばしば彼の手伝いをしていた。その午後も、断頭台の修繕をしていたことから、シャルロット・

サンソン家の紋章。破れた鐘は、「音の出ない(サンソン)」の語呂合わせの銘を示している。

法律の規定によって、処刑人は他の住民から隔たった場所に住むことになっていた。それで、プロヴァンの処刑人、ルイ－シルーシャルルマーニュ・サンソンの家は、町の城壁の外、「首切り人小路《アレ・デュ・ブロー》」と呼ばれる狭い路地に沿って建てられた（写真・バーバラ・レヴィ）

グレーヴ広場で車裂きの刑に処せられるデリュ。数回撲ったあと、処刑人は普通、犠牲者を絞殺した（ニューヨーク公立図書館絵画コレクション）

レ・アル広場の晒し台。罪人――この場合は詐欺師のグリュエ――は、この中に入れられ、どちら側からでも見えるように、回転された（ニューヨーク公立図書館絵画コレクション）

拷問（または特別尋問）の一つ、吊り落し。囚人を急に非常に高い所から落とし、関節を外させるもの（ニューヨーク公立図書館絵画コレクション）

貴族たちは、剣で首を刎ねられる「特権」を持っていた。この図の囚人は、オルン伯爵である。彼は、実際には、殺人の廉で車裂きの刑に処せられた。この匿名の画家は、明らかに、実際の処刑報告によるより、伯爵の地位の方に影響されて、この絵を描いたものと思われる（ニューヨーク公立図書館絵画コレクション）

「ダミアンの受難」 彼は、ルイ15世の暗殺を企てた。当時のこの木版画によれば、まず、大釘の突き出た椅子に座らされ（右上）、足を火鉢であぶられて（左下）拷問された。処刑に際しては、彼の右手は硫黄の中で灼かれ（右下）、傷口に沸騰した液体を注がれ（左上）、そののち、馬で引かれて四つ裂きにされた上、ばらばらになった遺体は焼かれた(中央)（国立図書館）

シテ島にあるパリ裁判所とコンシェルジュリ
監獄（写真提供　ビュロ）

カルナヴァレ博物館所蔵のユベール・ロベールによる、サント・ペラジ牢獄のスケッチ。ここでは、金に余裕のある者は、十分居心地の良い「独房」をあてがわれ、良い食事と召使いのサーヴィスさえ受けられた（写真提供　ビュロ）

デュプレシス描くところのルイ16世。現在はヴェルサイユ美術館蔵
(写真提供　ビュロ)

マリー・アントワネット。ヴェルサイユ美術館所蔵の、マダム・ヴィジェ・ルブラン作の肖像画の部分（写真提供　ビュロ）

ジョセフ・イニャース・ギヨタン。彼は、死刑の「平等化」の方法について、シャルル－アンリ・サンソンと合議した（国立図書館）

コルデーの処刑に居合わせていた。ギロチンが落ちるや、彼はかがんで、切断された首をつかんだ。そしてそれを高く掲げながら、処刑台上を一巡りし、観衆の眼前で振り廻し、何度かその頰を激しくひっぱたいた。この胸を悪くさせるような行為には、群集の中のもっとも血に飢えた輩《やから》さえ憤慨し、彼らは皆怒りの叫びを上げた。部下の振舞に吐き気を催したシャルル－アンリは、彼に素早い一撃を喰わせ、即座にくびにしてしまった（ル・グロは、警察署長に叱責されたのみならず、のちに革命裁判所に逮捕されて厳重に罰せられた）。

しかし、この話のもっとも興味深い点は、観衆の多くが、ル・グロの平手打ちを受けたあと、首の頰が紅潮したのを見た、と断言したことである。ミシュレーはこの現象を、シャンゼリゼの並木越しにきらめいていた夕日の赤い光による、眼の錯覚であるとしており、ヴィリエは、群集の見たものは、血に染まった処刑人の手であると主張している。しかし、後から説明をつけることは常に容易であり、ミシュレーにしてもヴィリエにしても、当時の人間ではなかったのだ。

クレキー伯爵夫人（正確には、クレキー、エイモン、カナープル伯夫人、ルネ・シャルロット－ヴィクトワール・ド・フルレイ・ド・テッセ）は、当時屈指の才女であり、（彼女の夫はルイ十四世の名付け子《ゴッドサン》の一人で、彼女の息子はセヴィニェ伯爵夫人の孫娘と結婚していた）革命期を生き抜いた女性であるが、彼女の『回想録《メモワール》』はこの事件に触れ、死んだ娘の頰にみなぎった紅色《くれない》についての意見を述べている。

……処刑人の助手の一人が彼女〔コルデー〕の首を把んで群集に見せながら、平手打ちなどというひどい侮辱を加えた時、それはまるで生き返ったかのように、そして、その男に激しい怒りの眼差しを投げかけたかのように見えたという。非常に有能かつ良心的人物である元解剖学教授のセギュレ博士は、……私たちに、そのような事もあり得ると保証した。彼は、以前に、ギロチンの効果に関して実験を行なうよう依頼され、刑死直後の死体を何体か取り寄せて、次のような結果を報告したことがあるそうである。

「我々は二つの首を日光に向け、その瞼《まぶた》を開けてみた。すると、瞼は、はっとさせるような唐突な活力をもって、ひとりでに閉じた。そして、顔全体が極度の苦しみの表情を見せた。首の一つは口を開けており、そこから舌が飛び出していた。医学生の一人が、刺胳針《ランセット》の先端で突つこうとしたら、舌は口の中に引っこみ、顔面は苦痛を感じたかのようにゆがんだ。別のギロチンの犠牲者で、トリエという名の殺人犯も、これと似た実験に供せられたが、断頭後十五分以上経ってもなお、彼の眼は、喋っている男の方へ向けられた」。

ギルー神父の話では、彼はサンソンの父の方に直接話しかけ……彼から聞いたことだが、ガルディヤンという名の、国民公会の一員で宣誓僧の首は、ラカーズという名のジロンド党員の首と一つ袋に入れられるや、相手の首に物凄い強さで咬みついて、どうしても離れなかったことがあったそうである。……

「……ギロチンは、これまでの諸発明中でも、最も恐ろしい、最も非人道的な処刑方法の一つである」と、セギュレ博士は、(気の弱い人を恐ろしがらせないよう、私の耳に口を寄せて) 言った。断頭後の苦痛は、すさまじいものであり、その苦しみは、遺体が冷え切るまで続くものと私は固く信じている。この人道的新兵器は、操作が簡単かつ迅速で、フランス共和国にとって便利であるし、何よりも、処刑人にとって好都合であるが、それが処刑される側にとっても有利とか便利とかは誰も言えない。確信をもって言えるのは、絞首刑はこれほど苦痛である筈がない、ということだ。

死後の遺体の反応について書いた人は、クレキー伯爵夫人の他にもいる。中には、処刑後十分たってから、首無し死体が起き上り、処刑台のまわりを歩き廻ったのち、がっくり崩《くず》おれ、その体が断末魔の苦しみにのたうつのを見たことがある、と主張する者も何人かいる。こうした話を、シャルル－アンリが目撃したり、信じたりしていたかどうかは分らないが、そうした話は彼も承知していたことであり、彼は夢に現実《うつつ》に、それらに憑《つ》きまとわれたにちがいあるまい。

しかし、真の悪夢はまだこれからはじまろうとしていたのだ。

マリー・アントワネットの処刑

二万人以上もの犠牲者を出したいわゆる恐怖政治《テルール》は、一七九三年十月に始まり、一七九四年七月のロベスピエールの死でようやく終熄《しゅうそく》した。それは、実際には、専横的な少数者即ち公安委員会によって支配された独裁政治の期間で、諸大臣、国民公会および人民はすべてその支配下にあった。国家の統一は、革命に反対するすべての要素を力づくで排除して、はじめて達成されるものとみなされ、そうした裏切り者たちの定義は、一七九三年九月十七日に成立した恐ろしい「(反革命)容疑者に関する法令」の中に逐一《ちくいち》記されていた。

容疑者とは誰か？　いかなる方法であれ、共和国の脅威となるものがすべてそれだ——貴族、僧侶、中道主義者(ジロンド派)等、たとえ国家に向かって何ら特定の犯罪を犯してはいなくとも、国家のために何もしていない者はすべてそれだった。この法令は、旧制度下の「封印逮捕状《レトル・ド・カシエ》」と同じく、個人的怨恨や私的嫉妬などを晴らす手段として用いられることもあり得たし、事実そうした事もしばしば起こった。この法令を実施するために、諸県ではコミューン(市町村)もしくは地域ごとに、パリでは四十八の各地区《セクトール》ごとに、一つずつ小革命委員会が組織された。こうした委員会は、管轄地区内の「容疑者」のリストを作り出し、彼らを逮捕し、書類を押収し、彼らの名前を中央委員会へと送る。すると、今度は中央委員会が彼らを投獄して、処刑を命じた。街角といわず店といわず、あらゆる所にスパイがひそんでいた。というのは、ジャコバン党独裁制の敵には、王党派、立憲君主派、僧侶、中道主義の共和派などが含まれ、とどのつまりはジャコバン党自体の中からも敵が出たからである。『内務大臣秘密機関の報告書』《ラポール・デ・ザジャン・スクレ・デュ・ミニストル・ド・ランテリユール》と題する報告書の束を見れば、恐怖政治の期間中にほとんど連日のごとく当局のもとに届けられた情報がどのようなものであったかその一斑が分る。たとえば、一七九三年九月十一日付の、グリヴェルの報告には、「今日は、ほとんどすべてのパン屋に、パンが残っていた。あれほど逮捕者が出たにもかかわらず、民衆は平静のようだ。今日、チュイルリーでかなり多数の集会があったが、小集団で、話も静かだった。少数のうさん臭い顔つきの者が、騒動を掻き立てようとして、本日のパンの配給予定量について演説をした……」とある。

ラトゥール・ラモンターニュの報告からは、内務省はあらゆる賭博場に見張りを置いていたことがうかがえる。賭博場の数はこのところ倍増しており、明らかに、災いの原因の一つとなっている、と彼は言っている。彼はまた、劇場が貴族の一味によって「毒されて」いる、とも言っている。情報員の一人スーレによれば、一団の女たちがパン屋の店頭で喧嘩を始めた。ほとんどすべての報告がパンのことに言及しており、本当に不足していると言っているのもあれば、それを否定しているものもある。グリヴェルは、ふたたび九月十三日に、このように言っている。「パリの多くの地区《セクトゥール》において、人びとはまたしてもパン屋の前で集まり始めている。ある地区では、パンが手に入らぬままに立ち去らねばならない人も多かった。オテル・ド・ボーヴォ近くのフォブール・サントノレにあるパン屋の店先に集まった一グループは、おおむね、金切り声で喚《わめ》き立てる手強《こわ》い女どもから成っていたが、恐らく彼らは煽動者だろうと思われる。われわれが彼らに水をぶっかけると、彼らは退散した」。食料不足について不満を洩らすことさえ、共和国に対する反逆とみなされた。切羽つまった人びとのこうした集会は、ただ単に冬の厳しい気候と、それに伴う飢えの結果に過ぎなかったというのに。

シャルル－アンリの囚人護送車は、夜明けから深夜まで、十月の寒風がシャンゼリゼの木々の葉を吹き飛ばす中を、玉石を敷いた通りから通りへ、ゴトゴトと通《かよ》っていた。アメリカ独立戦争で戦ったキュスティヌ将軍が反逆罪に問われ、ギロチンにかけられた。君主制が崩壊した際、自らフィリップ・エガリテ（平等）と改名していたオルレアン公フィリップは逮捕され、公式文書にはさらに、「国民公会は、下劣なるアントワネットもまた、今週中に裁かれるであろうとの布告を出した。山岳党〔公会におけるジャコバン党のこと〕万才！」とある。

八月二日にタンプルより移されて以来、コンシエルジュリに幽閉されていた王妃は、革命裁判所に出頭して、国家に対する長たらしくも馬鹿馬鹿しい数々の罪状を押しかぶせられるという屈辱を受けるべき運命にあった。検事フーキエ－タンヴィルの言葉を借りれば、「フランスへ嫁してこのかた、ルイ・カペーの寡婦マリー・アントワネットは、フランス国民の災いの源、血を吸う蛭《ひる》であった」。決定的な侮辱となったのは、彼女が当時わずか八歳の息子、王太子《ドーファン》と、性的交渉を持ったという罪状であった。公会の表決は全員一致で——死刑であった。陪審員は一人残らず、王妃の助命投票はみずからの死に通ずることを自覚していたのである。

この表決がサンソンの家に与えた影響は、アンリ・サンソンの家の年代記の中に記録されている。「有罪ですって！　王妃も国王と同じように有罪ですって！」とシャルル－アンリの妻マリ－アンヌは叫んだ。「もうたくさん、私たちの手の上に、そして子供たちの手の上に、無実の血が流れるのは、もうたくさん」。

「血にまみれるのは、われわれの手ではなく、それを流させるように命令した責任者の手だ。彼らは人類に対して、また神に対して、その償いをしなければならないだろう」というのが処刑人の答であった。

「お見事な区別立てね、シャルル。王様の処刑の日に私がどんなに苦しんだかをあなたが御存知なら、今度の二度目の殺人には加担しないでしょうに」

しかし、シャルル－アンリには裁判所から命令が下った。そして、こうした命令は、彼の個人的な感情がどうあれ、妻や家族の感情がどうあれ、従わないわけにはいかなかった。十月十六日の朝、革命広場でギロチンの点検を済ましたあとで、シャルル－アンリは息子を伴ってコンシエルジュリへ出向いた。午前七時に、彼は王妃の独房へ案内された。アンリの話では、彼女はシャルル－アンリに向って、「お早いこと、ムシュウ。もう少しお待ち頂けません？」と言った。

処刑人の答は簡略であった。「いいえ、マダム。私は命令に従わねばなりません」

長い幽閉生活の間にすっかり白くなっていた王妃の髪は、すでに短く切られていた。アンリ・サンソンは彼女の手を後ろで縛り、死の行進が始った。シャルル－アンリは、彼女の手首を縛めた綱《いまし》の端を持って、この王家の囚人の背後を歩いて行った。目撃者の談によれば、処刑人の感情は傍目《はため》にも明らかであった――コンシエルジュリの中庭を横切る時、彼は綱をだらりと下げた儘にしていたし、細い梯子づたいに彼女を護送車に助け乗せる時も、裁　判　所《パレ・ド・ジュスティス》というよりはヴェルサイユ宮殿《パレ・ド・ヴェルサイユ》においてこそふさわしい恭々《うやうや》しさと丁重さを示した。それ以前に、彼は、フーキエ－タンヴィルに、王妃は国王の時と同じように有蓋馬車で処刑台まで護送するのかどうかを問い合わせていた。これに対し、検事は、彼に普通の囚人護送車を使うよう指示を与え、「オーストリア女」にはそれでたくさんだ、と言い添えた。

　マリー・アントワネットは、馬の方を向いて腰を下ろしたが、憐憫の情に引き裂かれたシャルル－アンリは、彼女がその行く手にあるものを見ずに済むように、彼女の向きを変えさせた。平服に身を包んだ宣誓僧のジラール師が、彼女の隣りの木の席に座って、裁判所の中庭をガタゴト出て行きながらしきりに彼女に話しかけていた。彼女は無言だった。長い道中、シャルル－アンリは幾度か司祭に向かって、王妃をそっとして黙想にふけらせておくようにとの合図を送ったが、効果はなかった。

「しかし、マダム」と司祭は挙句の果てに言った、「あなたが今際《いまわ》のきわに、あなたの宗教の慰めを拒否されたことを人びとが知ったら、何と言うでしょうか？」

「もし誰かがあなたに尋ねたら」と、マリー・アントワネットは言った、「神の無限の慈悲が保証されています、とお答えになれば良いでしょう」。

　ギロチンは、自由の女神像と、チュイルリー宮殿の庭園入口との中間に建てられていた。従って、王妃のこの世での見納めは、王宮の眺めということになった。

「お気を確かに、マダム」シャルル－アンリは、彼女が護送車を降りる時、こう声をかけた。

「ありがとう、ムシュウ」彼女はおだやかに答えた。

プリュドムは、彼の『パリ革命』の中で、寡婦カペーの処刑についてこう報告している。「処刑台へ上る時、アントワネットは偶然に市民サンソンの足をしたたか踏んだので、彼は『痛い』と叫んだ。彼女は彼の方を向いて、『御免遊ばせ、ムシュウ。わざとしたわけではありません』と言った」。この出来事は当時の記録の中に一度ならず出てくるが、この新聞記者（プリュドム）は、他の人びととは違って、これを、王族の持って生れた礼儀正しさや自然なたしなみとは見なしていない。彼は、「彼女〔マリー・アントワネット〕は、自分の名が記憶されるであろうことを確信したかったために、このちょっとしたシーンを演出したというところであろう。ある種の人びとはいつ何時でもその『自己愛《アムール・プロプル》』を失わない。このことは、宮廷人にはすべて当てはまると言えよう」とつけ加えている。

アンリ・サンソンによれば、王妃はチュイルリー宮殿を見やって、一度か二度吐息を洩らした。「われわれは彼女の邪魔をしなかった。彼女に望むだけの時間を与えた」と彼は述べている。彼が見たところでは、マリー・アントワネットは、最後の瞬間にいたるまで、その威厳と気高さを失わなかった。

クレキー伯爵夫人の回想録はもう少し感情的であるが、女であり貴族であったことを考えればそれも当然のことであろう。

> フランスおよびナヴァール国王未亡人、ロレーヌとオーストリアの皇女マリー・アントワネットは、一七五五年十一月二日に生まれ、一七九三年十月十六日に断頭台の露と消えた。

彼女の寡婦の喪服は荒布《あらめ》のように傷《いた》んでいたため、牢番の女房は白木綿のブラウスとスカートを恵んでやった。彼女は、血《し》の汚みのついたロープで後ろ手に縛られて、荷馬車で処刑場へと連行されて行った。彼女の傍《かたわら》には宣誓僧がいたが、彼女は彼の助力を拒否し、何を言われても知らぬ振りをしていた。彼女はその悲しみの重さに押しひしがれているように見受けられた。その眼は遠い彼方を見凝《つ》め、その頬は熱を持ったかのように紅潮していた。処刑人（年とったサンソンではない）が彼女の肩と胸を覆っていたスカーフを引き裂いた時、彼女は王侯らしい不興さを示して彼から身を引いたので、処刑人は恐懼《きょうく》したかに見えた。しかしその直後、このやんごとなき犠牲者は何も言わずに目を伏せた。彼女の唇が無言の祈りで動いているのが見えた……

……こうした事を細々《こまごま》と綴る力が私のどこにひそんでいたものであろうか。これは皆ピュジエ神父が私に話してくれたことである。彼は、王妃の通り道に沿って、ロワイヤル通りとルイ十五世広場の交差する地点に待機して、王妃に今際《いまわ》のきわの赦禱式《アブソリュション》を授けようとしていた。このことを王妃に知らせる手だては何とか講じられてはいたが、この故王の司祭長《オーモニエ》が左側に立っていることは告げ忘れられていた……王妃は真すぐ前を向いてオテル・ド・コワスランを見凝めていたが、誰の姿も認められなかったので、ふと振り返った。そして、ピュジエ神父の神々しい姿を目にした瞬間、彼女の表情はたちまち限りない喜悦を浮かべた。神父は積み石の上に上って彼女に見えるよう、そして彼の祝福を受けられるよう、十字架を高く掲げていた。

マダム・クレキーが処刑人について「年上のサンソンではなかった」と言っているのは、おそらく、シャルル－アンリがギロチンを嫌悪していたことと、この高位の犠牲者に深い哀悼の念を抱いていたことから、実際の処刑は息子に命じたことを意味するものであろう。エッジワース神父も、カリション神父もまたモンガイヤールも、王妃をギロチンにかけたのは若いサンソンであったと断言している(シャルル－アンリはこの時五十四歳になっていた)。

処刑を目撃した市民の一人、ラピエールはまた別の見解を残している。

下司女マリー・アントワネットは、わが隣人の肉屋ゴディーユの店の豚どもとそっくりな死に様を晒した。彼女はサントノレ通りの終いまで、天晴《あっぱ》れな度胸を示して断頭台に向かい、軽蔑の眼差しで群集を見やりつつパリを横切った。彼女の通り道のいたる所で、サン・キュロット連中が「共和国万才」「暴君をやっつけろ！」と絶叫していた。このあばずれ女はひるみもせずに処刑台へ赴くだけの図太さを持ってはいたものの、自分の運命の器具をひと目見るや、がっくりと膝をついた。

群集は熱狂のあまり狂暴となり、当時の才子は残酷な攻撃をした。王妃の処刑が近づいた頃、この事件を記念して作られたあまたの流行歌《はやりうた》がパリの町にあふれた。

寡婦マリー・アントワネットに向って、
フランスは異口同音の叫びを上げた。
亡夫の国王と同じ審判が
彼女の上にも下された。
鉄はどうにもこの元女王を
打ち砕くことができなかった。
女王殿下におかれては、
それしきの事は眼中になかった。

もう一つ、馴染み深い「ポール・ア・ラ・モード」の節《ふし》に合わせて歌われた歌の一つは、シャルル＝アンリの護送車の往き帰りにつきまとった。

明日、サンソンは悪びれず、
私に向かって言うだろう、
首を刈《か》らねばならないと、
その気になれば国王を、
あの世でテロにかけられる。

私に資力さえあれば、
首を幾つか買うのだが
それを両手に一つずつ、
浮かれて持って行くのだが。

ギヨティーヌに栄えあれ、
かくも美々《ひび》しい顔を持ち、
かくも見事に切り落す、
すべての犬畜生の首。

サンソンの袋におさまった
わが麗しの貴人がた、
唾を吐け、唾を吐け。

落ちつづけるギロチン

「ギロチンは」とトマス・カーライルは言った。「他の諸《もろ》々の事柄が速度を早めつつある中で、常に一段と早い動きを示している。ギロチンの落下速度は、フランス共和制の全般的速度の良き指針である。その大斧の金属性の響き、さながら心臓が収縮《シストール》・弛緩《ディアストール》するように上下するその動きは、サンキュロット体制の巨大な生命活動と脈搏全体の一部である！」

王妃の裁判のあとに控えていたのは、敵軍と謀議したとの告発を受けていたアルマンチエール（訳注 フランス最北端、ベルギーとの国境に近い都市）の住民の裁判であった。六人は嫌疑が晴れて放免されたが、四人が死刑を宣告されて処刑された。霧《ブリュメール》月一日（十月二十二日）には、国立陶器製造所の支配人ルイ・アルマン・ペルノンがリヨンの反乱軍と通じていた咎で処刑され、その翌日には、司祭のピエール・イポリット・パストゥレルが処刑された。さらに次の日霧《ブリュメール》月三日には、ジロンド党員数名が法廷に引き出され、フランス共和国の統一と不可分性に対して謀叛を企てた咎で有罪を宣告され、霧《ブリュメール》月十日、彼らのうち二十一名が断頭台の露と消えた。

霧《ブリュメール》月十六日、ギロチンは、最も高名かつ悪名高き犠牲者の一人をその牙にかけた。オルレアン公ルイ－フィリップ・ジョゼフは王族であり、フランス一の財産家とされておりながら、初期の革命支持者の一人でもあった。彼は人民の御機嫌をとり、革命指導者をおだてあげ、みずからフィリップ・エガリテ（平等）と改名したほどであった。彼のとった態度は、王室の一員としては真に恥知らずな卑劣なものであった。彼は王党派からは憎悪され、革命派からも次第に厄介者、革命を脅かす者とみられるようになった。彼が自分の従弟ルイ十六世の死刑に賛成投票をしたという忌まわしい事実にもかかわらず、革命派は決して彼の誠意を信頼してはいなかったのである。誰もが驚いたことには、彼は唇に微笑を浮かべつつ、勇敢に、傲慢ともいえる態度で、死についた。

ラマルティーヌはこう書いている。

三時に、彼は断頭台へ赴くべく、連れ出された。そのほとんど全員が、革命に際しての彼の役割のみならず、オルレアン公という名前そのものを軽蔑していたコンシエルジュリの囚人たちは、通路や中庭にどっと押しかけて彼が通過するのを眺めた。彼の傍には、剣を鞘から抜き放った六人の警官が付き添っていた。彼の挙動、態度、その表情、敷石を歩むその足どりの軽やかさ、等は、処刑台へ導かれる囚人のそれというよりは、これから戦闘につくために行進する兵士のそれであった。神父ロトリンゲルが彼と共に護送車に乗った……騎馬警官の一隊が護衛について、護送車はゆっくりと動いて行った。すべての目が彼にそそがれていた。ある者は復讐に燃えた目つきで、またある者はこれで贖罪が成ったとでも言うように。

青いテールコート、白いピケのベスト、皮のキュロットを着け、長靴《ブーツ》をピカピカに光らせた彼は、まるでこれから宮殿の舞踏会へ行くかのようにきちんと髪を整え髪粉をつけていた。処刑台上においても、彼は見る者の目を疑わしめるほどの平静さを示した。助手の一人が、彼の脚にぴったりはまった細身の長靴を脱がせようとすると、彼は微笑んで、「あとからやった方が脱がせ易かろう」と言った。

しかし、勇気ある態度は、フィリップ・エガリテ一人のものではなかった。ジロンド党員の知的な溜り場としてそのサロンを提供していた、ジャンヌ・マノン・フィリポン・ローラン・ド・ラ・プラティエールは、「共和国の統一と不可分性およびフランス人民の自由と安全に対する恐ろしい謀叛」に加担した廉《かど》で告発され、有罪となった。この勇敢な女性の夫は、かつてルーアンおよびアミアンの商業総監であり、一七九二年には内務大臣を務めていた。彼女は友人たちのあとを追って、霧月十八日（十一月八日）にギロチンにかけられた。彼女とともに投獄されていたリウフは、彼女の最後の数時間について、次のような悲痛な記録を残している。

処刑当日、彼女は白衣をまとい、長い黒髪を腰あたりまで下げていた。その姿を見れば、いかに冷酷な心も溶《と》けるであろうに、あの人非人ども〔裁判官〕は溶かすべき心を持ち合わせていたであろうか？　死刑の判決が下りたあと、彼女はほとんど嬉しそうな軽い足ど

しかしながら、ギロチンはまったく新しい発明という訳ではなかった。この昔の木版画では、作者アルデグラヴェルは、ローマのテイトゥス・マンリウスが、初期のギロチンの一種を用いて、自分の息子の首を刎ねている所を描き出している（メトロポリタン美術館蔵 1957年　ハリー・G・フリードマン寄贈）

ギロチンの原型の模型図。現在、
カルナヴァレ博物館所蔵（写真提供　ビュロ）

恐怖政治時代の検事、フーキエ・タンヴィル。彼は、どの囚人を処刑すべきかの命令を、シャルルーアンリ・サンソンに毎朝与えていた（国立図書館蔵）

晩年のルイ16世の、より派手な銅版画（国立図書館）

1972年８月13日、「国家の敵や謀叛人を処刑するために」カルーゼル広場に建てられた、ギロチン第１号（メトロポリタン美術館、ホイットルジー基金、1962年）

タンプル監獄の庭で遊ぶ王の一家（写真提供　ビュロ）

この、それぞれ異なった背景を描いた2枚のルイ16世処刑図から、当時のフランスの画家が、人民の想像をたくましくさせたこの事件の絵を早く提供しようとして、かなり急いで描き上げたことが推察される。上図には、国王が死に臨んで言ったとされている言葉が説明として付けられており、下図には、「ルイ16世の死を悼む」バラードがついている。この中で、国王は、完璧な詩節で、自分の罪、獄中生活、およびその死を物語っている（写真提供　ビュロ。メトロポリタン美術館、ホッイトルジー基金、1962年）

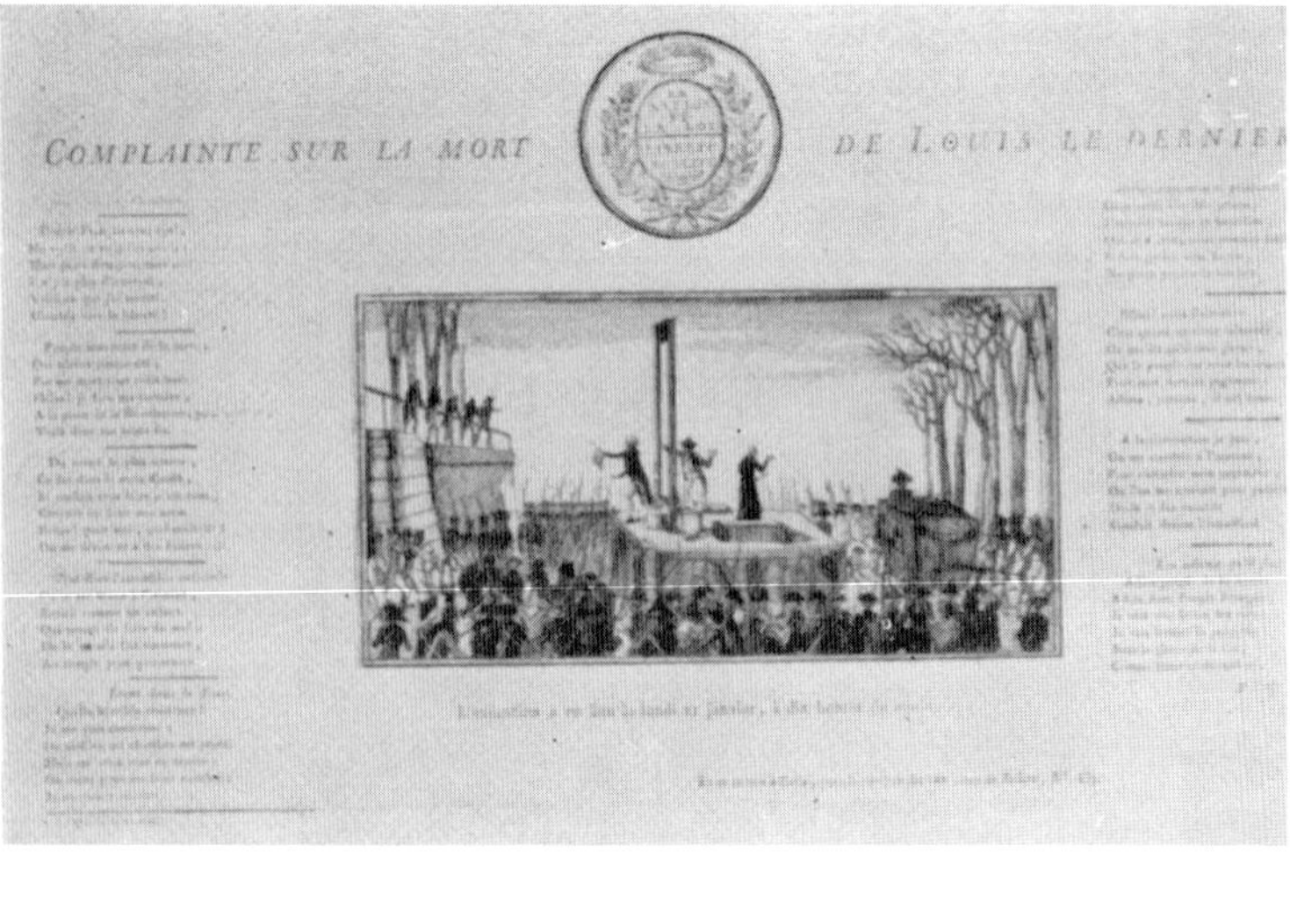
COMPLAINTE SUR LA MORT DE LOUIS LE DERNIER

マリー・アンヌ・シャルロット・コルデー・ダルモン。1793年、ジャン－ポール・マラー暗殺によりギロチンにかけられた（国立図書館）

断頭台上から民衆に呼びかけようとするルイ16世。ロンドンで出版された当時の印刷物より（メトロポリタン美術館、ホイットルジー基金、1962年）

国民防衛軍の護衛つきでギロチンに向かうマリー・アントワネット。ジャック・ルイ・ダヴィッドによる別のスケッチでは、この前王妃は被り物をつけず、後ろ手に縛られた姿で描かれており、それから推察すると、この銅版画は想像に基づいて描かれたものと思われる
（写真提供　ビュロ）

断頭台上のマリー・アントワネット。J・S・エルマンによる、C・モネの模写（メトロポリタン美術館、ホイットルジー基金、1949年）

恐怖政治下で逮捕されたダントン。処刑台へ向かうところを当時の画家がスケッチしたもの（写真提供　ビュロ）

ローラン夫人。ギロチンに向かう途上の敢然としたその態度と、最後の雄弁で、民衆は静まり返り尊敬の念を抱いた（写真提供　ビュロ）

「清廉の士」マクシミリアン・ロベスピエール（国立図書館）

ロベスピエールの処刑の場面を想像して描いたこのイギリスの絵は、「清廉の士」が逮捕に抵抗した際に受けた傷を描いてはいない
（写真提供　ビュロ）

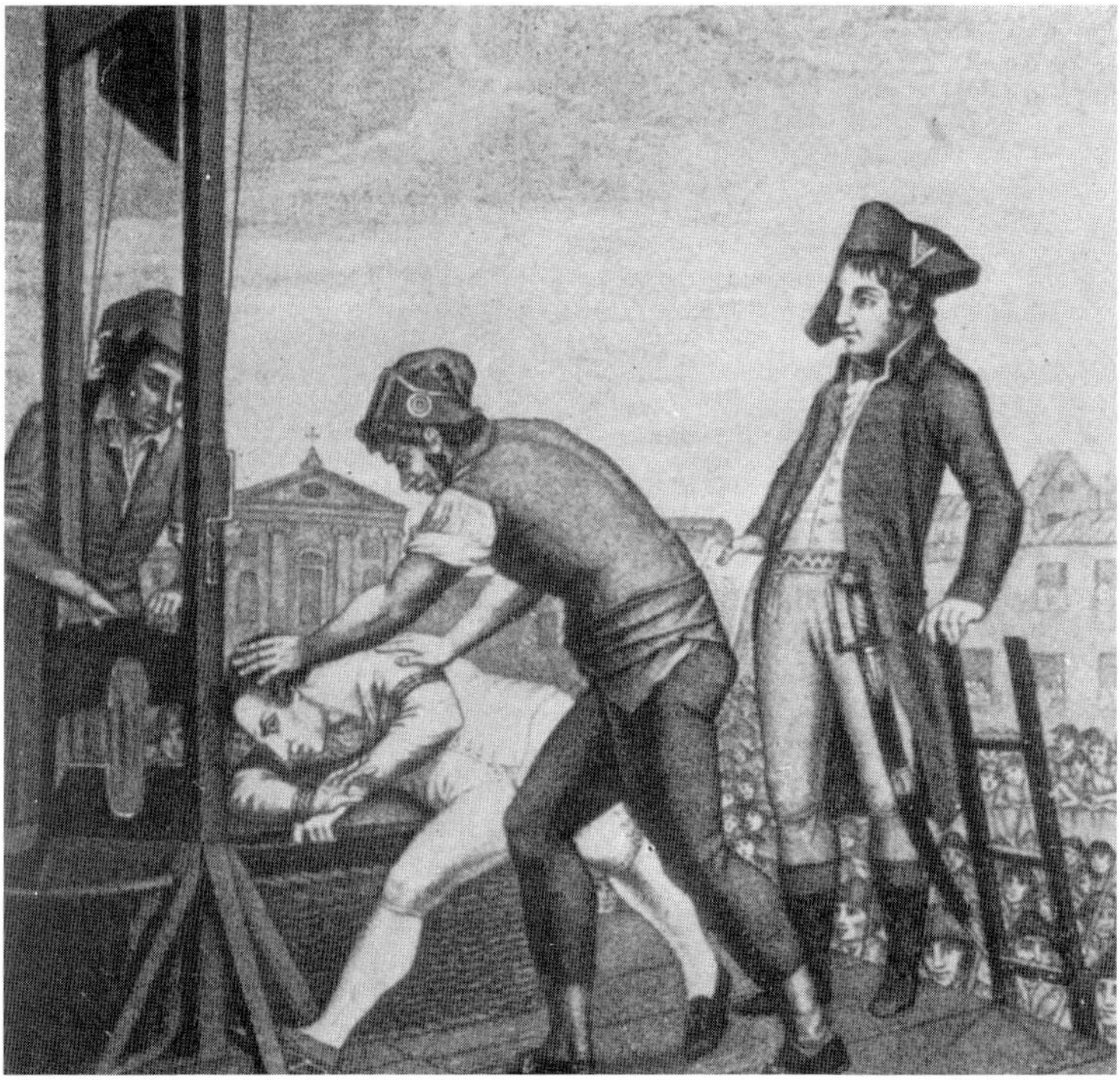

シャルル−アンリ・サンソンの諷刺画。「ロベスピエールの政府」と書かれた旗幟の下で、彼にはもう首を刎ねる相手がなくなって、自分自身をギロチンにかける以外に何をすることもない有様が描かれている
(写真提供　ビュロ)

モンマルトル墓地の第20区にある墓。ここに、サンソン一族の最後の処刑人たる、アンリ・クレマンが眠っている（ケネス・H・シュトラウス撮影）

りで戻ってきた。そして指を一本立てて、われわれに、死刑を宣告されたことを知らせた。彼女の夫にも同じ運命が待ち受けていたが、彼の勇気はとても彼女のそれと比《くら》ぶべくもなかったので、彼女は夫に勇気とはどういうものかを示そうとしたのだ。そして、あれほどの心からなる快活さと優しさがあったればこそ、唇に微笑《ほほえ》みさえ浮べていられたのだ。

(王党派であるとの告発を受けて、彼女の夫はパリを逃げ出した。そして、妻の処刑の報に接するや、自殺した)。

ローラン夫人の処刑台への道中は、奇妙なものであった。常日頃は血に対する渇きを表明する群集が、彼女が通り行くのを見て不思議に静まり返った。当時の記録によれば、ギロチンへの道すじのそこここに配置され、囚人を侮辱するために金で傭われていた者どもから、時折まばらな叫び声が上ったが、大部分の男女は胸のうちに哀惜の情を秘めて、この威厳に満ちた女性を眺めやっていた。ある地点にさしかかった時、「ギロチンへ行け、ギロチンへ行け」という叫びが聞こえた。するとローラン夫人は微笑んで、「この通り、行く途中です」と答えた。「まもなく、そこへ着くでしょう。そして、私をそこへ送った人びとも、ほどなく私のあとから来るでしょう。私は罪なくして死ぬのですが、彼らは罪人として死につくのです。そして、あなた方は、今私を囃し立てているように、彼らを囃し立てることでしょう」。ラマルシュという名の、彼女と一緒に死を宣告された男が、同時に処刑台に上った。この男の土気色の顔と、激しい震え方を認めた夫人は、彼の方を向いて、言った。「お先にどうぞ。少くとも、私の血を見る苦痛をあなたに与えずに済むでしょうから」。

フーキエ－タンヴィルから与えられた命令書には処刑の順番も含まれており、シャルル－アンリは、ローラン夫人の処刑をまっ先に行なうよう指示されていたため、これに異議を唱えた。するとこの豪胆な女性は彼に淋し気な微笑を投げて言った。「よもやあなたは、女に向かってその最後の頼みを拒否したりはしないでしょうね」。シャルル－アンリの苦悩は、犠牲者のそれよりはるかに大きかったため、この願いに屈した。彼の唯一の望みは、この光景全体を、視野と記憶から消し去ることであった。

しかし処刑人の記憶は、フランスの歴史と同様、処刑台に上った際のローラン夫人の言葉によって華やかに彩どられることになった。自由の女神像を目にとめて、彼女は今でも有名な言葉を口にしたのである。*Ô liberté*《オー・リベルテ》*, liberté*《リベルテ》 *comme on tá*《コモンタ》 *jouée*《ジユエ》*!*（文字通り訳せば、『おお、自由よ、自由よ！人びとはいかに汝を弄《もてあそ》んだことか！』であるが、ラマルティーヌの『ジロンド党史』の中ではもっとドラマティックに、『おお自由よ、汝《なれ》が名の下にいかなる犯罪が犯されてきたことか！』とある）。

これより三日後、立憲議会の初代議長でパリの初代市長かつ著名な天文学者であったジャン－シルヴァン・バイイが王党派であったという咎で処刑された。護送車の道すじに居並んで、この最も新しい犠牲者に向かって侮辱や泥を浴びせていたパリの群集の上に、冷たい十一月の雨が降りそそいでいた。その優しさを多くの人びとが知っていたシャルル－アンリは、悲し気に囚人を見やっていたが、やがて、荒れ模様の天気だからコートを着た方が良いでしょうとバイイに言った。これに対して苦笑とともに言われた「なに、構うものか。きみは私が風邪をひくことを心配しているのかね？」という言葉は、処刑人をおかしがらせるにはいたらなかった。

犠牲者の数は月ごとに増加して行った――十月には五十一人、十一月には五十八人、十二月には六十八人で、そのうちの十六人は女だった。その女たちの中には、シャルルーアンリの過去に関係のあった一人の女性が含まれていた。今では五十代になっていた彼女は、皮膚には汚《し》みができ、腰はだぶついていた。ふたたび彼女を見た時の驚きを処刑人はこう描写している――「私はもう二十年以上も彼女に会わずにいたので、聞いていなければ彼女だとは分らなかったであろう。彼女は、肥満《アンボンポワン》と悲嘆と苦悩とですっかり面《おも》変りしていた」。

デュ・バリー伯夫人ジャンヌ・ベキュ・ゴマール・ド・ヴォベルニエは、ロンドンから舞い戻るという取り返しのつかない失策を犯したのだ。今は亡きルイ十五世の愛妾であったため、彼女はたちまち「容疑者」となり、おまけに亡命王党員《エミグレ》たちに経済援助をしていたことで重罪を重ねた。処刑人が彼女を迎えにコンシエルジュリに赴いて行くと、女は恐怖に身も世もない有様であった。

> 彼女は歯の根も合わないほどガタガタ震えており、喉からぜいぜいとかすれ声を出していた。他の多くの人びとと同様に、私は哀れさに涙を催した。しかし私の涙は他の人たちの涙より一層辛いものであった。なぜなら、この不幸な女性を見たことで私の若かりし頃が思い出されたからである。あの頃は、こんな運命など思いもよらなかったものだった。私は懸命に私の感情を押し殺そうと努めはしたものの、こんなに道中を長く感じたことはかつて無かった。

彼女の手を縛り、髪を切るためには、三人の男が押さえつけなければならなかった。シャルルーアンリは、この、恐慌をきたして、自分は無実だと金切り声を上げ、命だけは助けてくれと哀願しつつ助手ともみ合っている女から、終始目をそむけていた。シャルル－アンリには果てしなく続くように思われた旅もついに終り、悲鳴はすすり泣きに変った。「いいえ、いいえ、そんな事はあり得ない。あなた方は私を死なせたりしないわよね」と彼女はあえいだ。シャルル－アンリは堪らなくなって彼女の傍を離れ、自分ではとても出来ないこの仕事を息子にやるように合図した。

デュ・バリー夫人の肖像画を三枚描いたことのある有名な画家のルイーズ・エリザベート・ヴィジエール－ルブラン夫人は、その『回想記《スーヴニール》』の中で、この処刑の模様を次のように述べている——

デュ・バリー夫人は捕えられ投獄されて、一七九三年の暮に、革命裁判所で死刑を宣告された。あの恐ろしい時期に命を落とした数多い女達の中で、断頭台を正視出来なかったのは彼女一人であった。彼女は泣き叫び、処刑台の周囲に集った恐ろしい群集に慈悲を乞い、彼らの心を掻き立てたため、処刑人は不安になって来て彼の仕事を急いでやってのけたほどである。このことから私が確信したのは、もしこのすさまじい時期の犠牲者たちがあれほどまでに誇り高くなかったならば、あんなに敢然と死に立ち向かわなかったならば、恐怖政治はもっとずっと早く終っていたであろう、ということである。

あまり知的でない人間は、内に秘めた苦悩を察して心を揺さぶられるほど想像力に長けてはいない。また、民衆というものは、讃嘆によってよりも、哀れみによって容易に心を掻き立てられるものなのだ。

彼自身とその苦しみをともにするパリの民衆が次第にふえていることを知ったシャルル－アンリは、このヴィジェールブラン夫人の言葉に真先に同感したであろう。

デュ・バリー夫人の処刑の後日譚が、革命暦第二年霜月《フリメール》十七日（一七九三年十二月七日）付で『恐《アネ》怖政治秘話《クドート・スクレート・ド・ラ・テルール》』に載っている――

マドレーヌ墓地では……暗緑色の服を着た一人の男が待っていた……突然、荷車のガタゴト言う音が聞こえた。それが止まると、三人の男が籠から何か重そうな物を引き出した。もっと小さい物体が待っていた男に手渡された。それは切断された首で、子供の髪のようにカールしたその灰色がかった多量の金髪には、血の雫《しずく》が固まってこびりついていた。男は首を受け取り、外套の下から一塊の軟いワックスやオイルや刷毛《はけ》などを取り出した。そして、首を地面に置いて、その前に膝をついて、その模型を作り始めた。この仕事をやったからこそ、蠟人形館の館長カーシャス（クルチウス）は、彼のコレクションの中に、本物そっくりのデュ・バリー伯夫人、ジャンヌ・ベキュ・ゴマール・ド・ヴォベルニエの像を加えて展示することができたのである。サンソンの荷車が先刻墓地に置いて行ったのは、切断された彼女の首だったのだ。

ジョン・クリストファー・カーシャス（クルチウス）は、マリー・グロショルツの叔父に当る人である。彼女の名は、歴史においては、マダム・タッソーと言った方が分かり易いだろう。

蠟《ろう》人形とシャルル－アンリ

サンソン一族と未来のマダム・タッソーとのつながりは、革命を機に始まった。マリ－アンヌ・ジュジエ・サンソンと若き日のマリー・グロショルツも友人同志であったが、両家が関係を生じた第一理由はビジネス的なものであった。革命期全般にわたって財政問題に悩まされ続けたシャルル－アンリは、自分の公的職業以外に何とか金を稼ぐ術を講じる必要に迫られていた。隣人たちは砂糖だの塩だの石鹸だのの取引きをしただろうが（多くの物品に闇市が存在していた）、処刑人には彼の意のままになる別の方途があった。彼が刑死者の遺体を外科医に売っていたことをわれわれは知っているし、メルシエが語るところによれば、彼は死刑囚の遺体の脂肪《グレース・ド・パンデュ》から調合したリューマチの薬をも売っていたそうである。ジョン・クリストファー・カーシャスとの出会いは彼に余分な収入源を提供した。デスマスクや胸像を作るための首を貸す仕事である。

カーシャスはベルンの生まれであるが、スイスを出て一七六〇年にストラスブールへ移住していた。

彼は医業は断念したが、科学に興味を持っていたことと手先が非常に器用だったことが相まって、蠟で人間の身体部分の解剖学的塑型を作る仕事に転向した。彼は必要な諸器官や手足を病院や死体公示所《モルグ》から何とか手に入れてはそれらの模型を作り、医学校や外科医や病院などに売っていた。やがて、遺族がしばしば、亡くなった愛する身内に似せたものを欲しがることを知って、彼はマスクを作り始めた。パリへ何度か出掛けるうちに、たまたま彼はコンティ公との出会いを持った。公が蠟製のマスクに非常な執着を示したことから、首都《パリ》へ出れば自分の才能を金銭面で生かすもっと良い市場がつかめるにちがいないとカーシャスは考えた。

彼の妹はグロショルツという名の軍人と結婚していたが、最近夫に先立たれており、財産も無かったため、彼は彼女と、六歳になる娘マリーとを引き取って、一緒にパリで暮すことにした。彼はサントノレ通りに小さなギャラリーを開き、時の有名人の胸像を展示して、わずかな入場料を取って一般に公開した。やがておおいに、彼のスタジオは画家や作家、哲学者、詩人、廷臣たちの溜り場となり、ヴォルテール、ルソー、ラ・ファイエット、ミラボー、ベンジャミン・フランクリンなどが彼の仕事場をしばしば訪れた。フランクリンは彼の制作過程に魅了されて、自分の肖像作りを依頼したと言われている。こうした成功に勢いづいた商才あるカーシャスは、さらにもう一歩踏み出した。自分の作品を顔や頭部に限定せずに、全身を作って、ちゃんとした衣裳を着せ、背景の装置もしつらえて、生きた画面《タブロー・ヴィヴァン》を作り出す工夫をしたのである。このささやかな展示は物凄い反響を呼んだので、彼はタンプル大通り《ブールヴァール》二十番地にあるもっと広い店へ移転し、かくして彼のかつてのギャラリーは美術館に発展した。

ここでは、王族や文人の像に混じって、いわゆる盗賊の巣窟《カヴエルヌ・デ・ヴォルール》なども展示されたが、これは現在、ロンドンの蠟人形館で恐怖の部屋《チェンバー・オブ・ホラーズ》となっているものの前身であった。彼は盗賊や人殺しが盗みや殺人を働いている場面だの、罪人が車裂きの拷問にあったり、絞首台で吊られている様を制作し、処刑人が斧を振るっている所を展示してみせた。こうした仕事には専門家の助言が必要だったので、当然のことながら彼は、その知識がもっとも正確で豊富でもある男——シャルル－アンリ・サンソンとの近づきを求めた。

若いマリー・グロショルツは、叔父の職業に非常な才能を示し、たちまちのうちに、当時貴族階級や富裕なブルジョア階級の間でテーブル・デコールやサロンの装飾品としてもてはやされていた花や果物の制作に熟達した。肖像作りの技術も大いに上達し、カーシャスのアトリエをしばしば訪れていた王妹のエリザベート公女が、彼女に、ヴェルサイユへ移り住んで自分に美術の指導をしてくれと頼むほどになった。マリーは王宮で数年を過ごしたが、一方彼女の叔父はその間にもひたすら展示品の数と知己の範囲を拡張し続けていた。

一七八九年、根は王党派であったが、突如として、共和主義を支持した方が賢明であることを覚ったカーシャスは、自分の姪をヴェルサイユから呼び寄せた。彼はバスチーユ襲撃に志願していたため、王室と共に生活していればマリーの身が危険であることを恐れたものに違いないし、彼女の助力が必要だったことも確かである。彼女は七月十二日——バスチーユ包囲のまさに二日前——に家に帰ってきて、牢獄で彼と落ち合い、ロルジュ伯爵（彼は三十年以上もここに幽閉されていた）や、バスチーユ総督のド・ローネー侯爵の顔の塑型を取った。彼女は回想記の中で、この牢獄を訪れた時の模様を語っている。狭い階段を下りている最中、彼女は足を滑らせた。危うく転落しそうになったところを助けてくれたのは、マクシミリアン・ロベスピエールという名の青年で、彼は、こんなに若くて可愛い娘さんが選りに選ってこのような恐ろしい場所で首を折るような羽目になったとしたら非常に遺憾なことだと言った。それから数年のち、彼女は彼の切断された首を膝に乗せて、そのデスマスクを取ることになるのである。

マリー・グロショルツは、シャルロット・コルデーやマリー・アントワネットや、マラー、ネッケル、オルレアン公フィリップなどの塑像をも手がけることになる。革命が歩を速めるに従って、彼女の制作に必要な首を手に入れる最も簡単かつ効率の良い方法は、じかにシャルル－アンリ・サンソンと交渉することであった。夜、彼の荷車が彼女の許へギロチンにかけられた首を預けに来ては、翌朝、埋葬のためにそれらを回収して行った。すべての「人民の敵」は蠟の塑像となり、一番新しい蠟人形を見ようと押しかけた人びとが美術館の外で長蛇の列を作った。

マリーがエリザベート公女と昵懇《じっこん》の間柄であったこと、長らくヴェルサイユ宮殿に滞在していたことなどから、彼女が「容疑者」となることは避けられなかった。彼女が蠟人形館の売上げで次第に金持ちになってきていたことも加わって、革命裁判所は彼女を告発しようと躍起となった。彼女は逮捕され、ラ・フォルス牢獄に入れられたが、そこで、未来のフランス皇帝の妃となるべきジョゼフィーヌ・ド・ボーアルネーと房を共にしていた、と彼女は主張している。誰が彼女の取りなしをしたものかは不明であるが、権力の座にあった誰かだったことは間違いあるまい。というのは、三カ月後には彼女は釈放され、元の生活に復することを許されたからだ。それから間もなく、叔父が死に、彼女一人がかなりな資産もろとも、人形館を相続することになった。

一七九五年に彼女は、マーコン出身の技師で八歳年下のフランソワ・テュッソー（タッソー）と結婚した。二人の間には息子が二人と娘が一人生まれはしたが、この結婚はあまり円満なものではなかったと見え、一八〇二年にはマリーは長男と、展示品の大部分を伴って、イギリスへ移住した。フランソワはパリにとどまって小規模なコレクションで何とかやりくりをつけていたが、賭けの借金からやむなくそれらを抵当に入れ、結果的には手離してしまう羽目になった。残った子供たちもやがてロンドンの母の許で暮すようになった。

今では世界中で有名なマダム・タッソーの蠟人形は、最初は巡回展示品としてスタートしたものだが、一八三四年、町から町への旅興行に疲れたマリー・タッソーは、ベイカー街に展示場を定着させ、そこで八十一の年まで制作を続けた。彼女は一八五〇年に九十歳で世を去ったが、その経歴と名声には、シャルル－アンリ・サンソンとのつながりが少なからず貢献していた。

一八五四年に、シャルル－アンリの孫アンリ－クレマンが、マリーの息子ジョゼフ・タッソーにギロチンの刃を売ったということになっているが、最初のロンドンの人形館はその記録書類もろとも一九二五年に焼失してしまったため、この譲渡を証明するものは現存してはいない。

恐怖政治とシャルル－アンリ

革命と、血に飢えた指導者たちの策謀に対するシャルル－アンリの嫌悪は、日ごとにつのって行くばかりであった。しかし彼は、皮肉をこめてではあったが、ある点で、革命が彼と彼の同業者《コンフレール》たちを救ったことは認めていた。「共和制は君主制より、われわれを丁重に扱った」と彼は言った。「それは、われわれの職業の持つ恥辱と、民衆の非難がほとんど完全に消滅した唯一の時期であったと言える。われわれがそれまで常に掻き立てていたどうしようもない反感の代りに、恐怖政治の期間中、良き市民として知られていた革命的党派の弁士達や人民の代表連中およびサン・キュロットの精鋭たちが、処刑人との親交を栄誉とみなしていることにわれわれは気づいた。まさに、自由、平等、友愛、そして死だ！」

処刑人を個人的に知っていたり、その姿を見かけたことのある者は、街で彼に会うと、「ほら、シャルロがいる」とか「サン－ファリーヌがやって来る」とか言いながら彼に声を掛けた。しかしそれは親しげな挨拶であり、その綽名も「ピエロ（ピエールの愛称）」とか「ジャンノ（ジャンの愛称）」その他の愛称と同様で、悪意がこめられていた訳ではない。サンソンは、恐れられるだけではなく尊敬される重要人物となっていた。彼に「人民の仇討ち人《ヴァンジュール・デュ・ププル》」という称号を贈り、全人民が彼の重要性に気づくよう、特別な衣装を着けさせようという提案が持ち出されたことさえあった。有名な画家で国民公会の議員の一人でもあったジャック－ルイ・ダヴィッドはこの案に夢中になり、古代ローマのリクトルの衣装をモデルにした服をデザインした。彼はシャルル－アンリを訪れて、自分の努力に彼が称賛と熱意を示してくれるものと思いつつそのスケッチを見せた。だが、案に相違して処刑人はそれを一蹴し、そんな馬鹿気たことのために自分の暗緑色の前あき上着と三角帽子を変えるのは嫌だと突っぱねた。結局のところ、彼はその外観、行動、生活面で他の人びとと同じようになるために生涯をかけて努めてきたのだから、相違を強調したり際立《きわ》てるようなことは一切したくなかったのである。

恐怖政治は弾みがついていた。サンソン一族に関する研究の中で、ロベール・クリストフは、一七九三年三月十一日の革命裁判所開設から熱月《テルミドール》九日（一七九四年七月二十七日）に到るまでの期間に、シャルル－アンリとその助手および彼の家族は、革命広場の断頭台だけで一二五六名を処刑したと見積っている。さらに、バスチーユ広場とトローヌ・ランヴェルセ広場（他にも時に応じてギロチンが作動した場所はあった）で、一三七六名を手がけた。合計すれば、サンソン一家――父、息子、兄弟たち――は五〇二日間に二三六二名をギロチンにかけたことになる。

そして、恐怖政治はフランス全土をくまなく覆っていた。その政策を実行するために、パリの革命裁判所とそっくり同じ裁判所が諸州に設置され、そこでの刑死者は約二万人と見積られている。ヴァンデでは依然として内戦が続いており、共和主義者たちはこの反乱民たちに厳しい教訓を与えることに乗り出した。不穏の中心地ナントでは、牢獄に収容し切れないほどの逮捕者が出た。このように大量の死刑囚を抱えた地域では、ギロチンによる処刑ではとてもまどろこしかったので、その代わりに、一度に数千人を銃殺する「一斉射撃《フユジヤード》」やロワール川で大量に溺れさせる「溺死刑《ノワイヤード》」の方法が取られた。フランスの他地域に類を見ないほどの残忍さと革命熱の行きすぎの中で、男や女や子供たちが命を落していた。

この恐怖政治の責任者の一人に、カリエという名の地方弁護士がいたが、彼はやがて、一七九四年二月にパリに召喚され、ロベスピエールの没落に続く日々の間にギロチンにかけられることになる。リヨン、トゥーロン、マルセイユ、ボルドー、その他たくさんの市や町で、これと似た「人民の敵」撲滅運動が繰り展げられた。革命が公約していた啓蒙の精神は等閑に付され、その人道的な主義主張も忘れ去られていた。暴政が世を風靡《ふうび》していた。

そして、暴政と手をたずさえて飢餓が襲来した。サント・ドミンゴのフランス植民地における内戦の結果、砂糖が不足した。コーヒー、油、石鹸、塩、バター、卵、穀類などもすべて不足していた。百姓はインフレのため、値うちの下った当時の通貨、いわゆるアシニア紙幣と、彼らの肉や野菜を交換するのを嫌がった。さらに困ったことには、食品が暴騰したのに、賃金は据え置かれた儘であった。物価安定のために政府がとった諸政策はいずれも失敗に終り、あらゆる物品に闇市が栄えた。

出発当初は恐怖政治を信奉していたダントンは、やがてそれにうんざりしてきた。「山岳党《モンターニュ》」の政策はますます暴力的になってきたばかりか、その勢力も拡張されて、今や国民公会、コミューン・ド・パリ、ジャコバン党、公安委員会などを支配していた。ダントンや他の人びとが公会の議席から正義と寛容を訴えていた一方、彼の友人カミーユ・デムーランは彼の主宰する新聞『ル・ヴィユー・コルドリエ』の中で、恐怖政治を捨てて、正気で人道的な政治へ復帰することを呼びかけた一連の論説を発表していた。その論説は、決して雄弁とは言えなかったが、ほんの些細な不満を洩らしただけで友や親族がギロチン送りとなるのを眺めるのに疲れ果てた大勢の人びとの心に、希望の灯をともした。ロベスピエールと彼の公安委員会は、このような反論を容赦する訳にはいかなかった。

シャルル－アンリ自身がこうした事情を語っている——

市民ダントン、カミーユ・デムーラン、ラクロワ、およびフィリポー等が逮捕され、リュクサンブール牢獄に連れて行かれた……これら四人の態度はめいめい非常に異なっていた。カミーユはふさぎこんで悲し気で、がっくりしていた。ラクロワも同様だった。フィリポーは落ちついて、諦め切った様子だった。ダントンは、おそらく他の人びとの心をひき立て、勇気づけるためであったろうが、落ち着いた快活さを装っていた……十二日から十三日にかけての夜間に、被告たちはリュクサンブールからコンシエルジュリに移された。芽月《ジェルミナール》十三日（四月二日）、彼らは法廷に出頭した。

姓名、住所を問われて、ダントンは答えた。「私はダントン、革命ではかなり名が知られている。私の住居はまもなく廃墟となるだろうが、私の名は歴史の殿堂《パンテオン》に生き続けるだろう」。カミーユの番が来ると、彼は言った。「私は三十三歳、革命家としては厄年だ。サン・キュロットのキリストが死んだ年齢と同年だから」。

ダントン派の十六名が裁判にかけられ、その裁判は四月二日から四月五日まで続いて、例の通り、被告たちには弁護人も証人も許されないままに、茶番劇めいたものに終始した。全員が「君主制の再建と国民公会および共和制政府の打倒を謀った」廉《かど》で有罪を宣告された。判決は四月五日に下り、その日のうちに処刑が行われた。

シャルル－アンリはこう締めくくっている――

ダントンはギロチンの所へ来るまで、同じ態度で、狂暴なる怒りの世界から完全に静粛なる世界へと、穏やかに移行して行った。目的地に着いて、断頭台が目に入ると、彼の顔色が青ざめ、その眼が濡れているのに私は気づいた。私がしげしげ見凝めていたのが彼の気に障ったものであろう、彼は肘で私をぐいと突いた。彼の声は怒りを含んでいた。「君には妻子がないのかね？」 私が、いや、私には妻と子供たちがいます、と答えると、彼は、「私にもいるのだ。あれ達のことを考えると、私は一介の男に戻ってしまう」と言った。彼が頭を垂れ、こうつぶやくのが聞こえた――「最愛の妻よ（彼女は身重だった）、二度とお前に会うことはないだろう。わが子よ、お前にももう会えないのだ」。

シャルル－アンリに向かって言った彼の最後の言葉は、「民衆に私の首を見せてやってくれ。それは眺めるだけの価値があるから」というものであった。

デムーランが断頭台に上った時、処刑人は、この男が以前書いた「私は猫を猫と呼び、サンソンを首切り《ブロー》人と呼ぶ」という言葉を思い出して、ちょっと苦々しい感情を抱いたに違いない。しかし、デムーランの妻のリュシルも前夜逮捕されたことを知っていたので、シャルル－アンリは怒りより哀れみを強く感じた。そして、死刑囚が妻の髪の毛を一房入れたロケットを差し出して、リュシルの父親に届けてやってくれと頼んだ時、シャルル－アンリは必ずそうすると約束してやった。

処刑人は約束通り、リュシルの父、デュプレシー氏の家を訪れた。彼は家に入ってくれとすすめられたが、自分が誰かを知られたくなかったので断った。だが、そうやって押し問答しているうちに却って何人かの通行人が足を停めて彼をじろじろ見る結果となった。彼を見知っている者に出会ってはまずいと思い、嫌々ながらデュプレシーに続いて家の中に入った。彼が腰を下ろすか下ろさないうちに、隣の部屋で赤ん坊の泣き声がした。

デュプレシーは彼に「ちょっと失礼」と言って隣室に消え、二、三分後に赤ん坊を抱いて再び現れた。「これが二人の息子です」と彼は言い、それからシャルル－アンリを見つめて、「あなたはあそこにいましたか？　彼を見ましたか？」と尋ねた。シャルル－アンリは頷いて、婿に先立たれたこの父親に、デムーランの臨終の言葉は最愛の家族に当てたものであったことを告げた。「おまけに、私の哀れな娘、私の可愛いリュシルは」と気も狂わんばかりになったデュプレシーは言った、「彼らはあの娘に対しても同じように無慈悲になるものでしょうか？　あれもカミーユと同じ目に遇うのでしょうか？　あれの最後の言葉を私に知らせてくれるのは、惨めな首切人の他に誰もいないんでしょうか？」シャルル－アンリが何か言う前に、一人の婦人が部屋に入ってきた。それはデュプレシー夫人で、リュシルが二日後には法廷に立たねばならないというニュースを持って来たのだった。

自分が婿の命を奪い——どう考えても間違いなく娘の命まで手にかけることになる男だということを、デュプレシー夫人が気付いては、と思うと、心底動揺し恐ろしくなって、「私はまるで自分が犯罪を犯しでもしたかのように、すたこら逃げ出した」とシャルル－アンリは告白している。

それから三日たって、二十三歳のリュシルは断頭台に上った。処刑人は、この悲劇に打ちのめされて、彼女の髪を少々取っておき、それを包んで、わざわざ見知らぬ人を選んで、その包みをデュプレシーの許へ届けさせた。シャルル－アンリ・サンソンは、デュプレシーに自分の素姓を知らせることもさることながら、自分がその職務に似つかわしくない親切さを示すことをも気遣っていたのである。

ノアイユ元帥の処刑に関する所感の中で、カリション神父は、「慈悲の心からか、はたまたさっさと仕事を終えてしまいたいからかは分からぬが、処刑人が敏速に手際良く片附けたことと、死刑囚に何も見せないよう、全員を断頭台に背を向けて立たせていたことで、処刑の苦痛は軽減されていたことは確かである」と書いている。

シャルル－アンリは、その動機に疑いの目を向けられたり、しばしば彼の時代のすべての人びとに誤解されたりもしたが、彼の行為は注目を浴びた。

五月に入ると、ルイ十六世の妹エリザベートが断頭台に上り、そののちも、有名な化学者アントワーヌ・ラヴォアジエ、女優マリア・グランメゾンと十八歳になる彼女の従者ニコル・ブシャールが同じ道を辿った。処刑の対象は、あらゆる階級、職業、年齢に及んでいた。「収縮《シストール》、弛緩《ディアストール》、素早く、一段と素早く、サムソンの斧は動く」とトマス・カーライルは言った。「……たとえある一人の人間、もしくは一団の人びとに対して罪状を言葉で言えない場合でも、フーキエは常に『牢獄内での謀叛』という罪状を用意している。素早く、一段と素早く、サムソンは動く。ついには一度に六十人かそれ以上も。今は死神のかき入れ時だ。死神以外は誰も戻っては来ない」。

革命暦の採用

一七九三年十月二十四日、新しい革命暦が採用された。これは、キリスト暦に取って代わり、人びとの心から、キリスト暦と結びついたすべての宗教的観念を一掃することを意図したものであった。この暦の科学的要素は主として天文学者や数学者の仕事であり、命名は、詩人フィリップ・ファーブル・デグランティーヌの創作によった。

この「フランス紀元」は、今や廃止を宣言された「キリスト紀元」に取って代わるべきものであり、キリストの誕生から始まるのではなく、一七九二年九月二十二日のフランス共和制の誕生から始まるべきであった。そこで、第一年は一七九二年九月二十二日から、一七九三年九月二十一日の真夜中まで、ということになる。(一七八九年から一七九二年までは、君主の足下の奴隷的存在の年であったため、新しい紀元に属する価値はなかった）。一年は従来通り十二ヵ月だが、すべての月は平等となり――これは平等の時代であるから――おのおの三十日から成っていた。

年の終りの五日は何の月にも属さずに休日とされ、閏《うるう》年の第六日目と同じく、特別な名称をつけられることになった。

おのおのの月は、その月特有の気候や自然の移り変りを示す、詩的な名前を与えられた。それらは、三つ一組に分けられ、おのおのの組は語尾がたがいに異なっていた。

Vendémiaire《ヴァンデミエール》　葡萄月（九月二十二日〜十月二十一日）
Brumaire《ブリュメール》　霧　月（十月二十二日〜十一月二十日）
Frimaire《フリメール》　霜　月（十一月二十一日〜十二月二十日）
Nivôse《ニヴォーズ》　雪　月（十二月二十一日〜一月十九日）
Pluviôse《プリュヴィオーズ》　雨　月（一月二十日〜二月十八日）
Ventôse《ヴァントーズ》　風　月（二月十九日〜三月二十日）
Germinal《ジェルミナール》　芽　月（三月二十一日〜四月十九日）
Floréal《フロレアル》　花　月（四月二十日〜五月十九日）
Prairal《プレリアル》　牧　月（五月二十日〜六月十八日）
Messidor《メシドール》　収穫月（六月十九日〜七月十八日）
Thermidor《テルミドール》　熱　月（七月十九日〜八月十七日）

Fructidor《フリュクチドール》　実《みのり》月（八月十八日〜九月十六日）

新しい暦は曜日も廃止した。一月は三つの旬《デカード》すなわち十日の期間に分けられた。キリスト暦の呼び名——日曜《ディマンシュ》（カトリックで「主日」、「安息日」）、月曜《ランディ》、火曜《マルディ》等々——も、序数におき代えられ、旬日の名称は次のようなものとなった。

Primidi《プリミディ》（第一日）、*duodi*《デュオディ》（第二日）、*tridi*《トリディ》（第三日）、*quartidi*《カルティディ》（第四日）、*quintidi*《カンティディ》（第五日）、*sextidi*《セクスティディ》（第六日）、*septidi*《セプティディ》（第七日）、*octidi*《オクティディ》（第八日）、*nonidi*《ノニディ》（第九日）、*décadi*《デカディ》（第十日）

旬の最後の日はデカディと呼ばれ、休日に指定された。このように変えた目的の一つは、人びとに日曜日《ディマンシュ》やその他の宗教的祭日を忘れさせようとしたことであった。

恐怖政治の末期

「一にして不可分なる」共和国の第二年（一七九四年）牧月《プレリアル》（五〜六月）がどのような月であったかは、サンソンの『回顧録』にある一連の覚え書きを見れば一番よく分かる。

牧月九日　昨日と今日、コンシエルジュリは新たに五十名の囚人を迎えた。そのうち十四名が今日処刑された。彼らは皆田舎の貧民および農民たちであった。

牧月十一日　旬日十日《デカディ》には裁判所は休廷である。革命裁判所で有罪の判決を受けた者はすべて、二十四時間以内に処刑すべきことが法律で規定されてはいるが、旬日九日《ノニディ》の午後逮捕された者は一日《プリミディ》まで生きのびることになる。

牧月十二日　今日は十三人が死刑宣告を受けた。

牧月十四日　民衆はますますこの屠殺に嫌悪を催してきている……昨日は「もう沢山だ」という叫びが上り、今日は二度目の処刑のあとで、反対の口笛が群集の中から起こった。

牧月十七日　市民ロベスピエールが、ふたたび、満場一致で、国民公会議長に選ばれた。

牧月二十一日　「最高存在」の祭りが昨日行われた……午後四時すぎから〔ギロチンの〕刃が二十二回落下した。

ダントン派が粛清されたことによって、「清廉の士」マクシミリアン・ロベスピエールは国民公会で絶対的勝利を収めた。野心に燃え、今や向うところ敵なしの彼は、サン・キュロットや過激な革命派の偶像であり、彼らにとっては、彼は栄光に満ちた新生フランスの象徴でもあった。シャルル－アンリの覚え書きに出て来る「最高存在」の祭典とは、相ついで起こった二つの重大な行事――第一は人民を喜ばせること、第二はその希望を打ち砕くこと――の一つであった。

日曜と聖人の記念日を廃止した革命暦は、シャルル－アンリの覚え書きにも見えるように、全人民に用いられた。しかし、ロベスピエールはカトリシスムには反対を唱えはしたが、無神論者ではなかった。彼は、旧制度《アンシャン・レジーム》の教会に反対したと同様な激しさで、「理性」の哲学にも反対を唱えた。それは、ルソーと同じく、彼も宗教の民衆を統合する力を信じていたからである。彼は「最高存在（神）」

が存在することを認め、「フランス国民は神の存在と霊魂の不滅を認めるべきである」との布告さえ出した。しかし、従来の宗教は彼の目的に合致しなかった。彼はそれに代わるものとして、革命の教義を創り出したが、これは愛国主義、国家に対する崇拝をその本質としていた。彼はまた、自由、平等、友愛を讃美する祭典を行なうよう布告を発し、「最高存在」を讃え、新しい宗教の創始を宣するその第一回祭典が六月八日に挙行されることになった。これ以後、年に四回の祭典が、バスチーユ襲撃(七月十四日)、君主制の打倒(八月十日)、「暴君」ルイ十六世の処刑(一月二十一日)、ジロンド党員の処刑(五月三十一日)を祝って行われることになった。六月八日の行事の計画と実行は、高名な芸術家であり画家のジャック-ルイ・ダヴィッドに一任されたが、その主役はもちろん、この新しい宗教の最高司祭であるロベスピエールであった。祭典には、行進と演説があった。「無神論」の像に火がつけられ、その燃えがらの中から「叡智」の像が現れた。讃美歌が合唱され、人民は新しい平和の時代が彼らのものとなることを信じて、「共和国万才!」と叫んだ。

その二日後、恐るべき牧月二十二日の法律が公会に提出された。これは、革命裁判所の効率を上げるために、裁判所の再構成について規定した法律であった。革命法廷は今後四つの部に分けられることになり、評決に必要な陪審員の人数は減らされて、九人の定員のうち七人が出席していれば良いことになった。裁判所は以前にも増して、人民の敵を罰することを目的としたものとなり、人民の敵とは、誰であれ口を開いた者のほとんど全部であった。いかに些細なものであれ、どんな証拠ででも、人をギロチンへ送り得たうえ、告発を受けた者は弁護人を要求する権利さえ拒否された。しかし、この法律の最も重要な点は、国民公会の意向に関係なく、誰であれ革命裁判所に送りこむ権限を公安委員会に付与した点である——このことは、公会の議員でさえ告発され逮捕されることがあり得るということであった。ロベスピエールとその追随者によって制定されたこの法律は、そののち彼ら自身へとはね返って、究極的には彼らの失墜と死の原因となった。

「収穫月《メシドール》（六月）十五日以降」とシャルル－アンリは記している、「毎日の犠牲者数は三十を下ったためしはなかった。時には六十人にも及んだことがある。君主制時代のあらゆる著名人が殉死者名簿に加えられた……しかし、名もなき庶民の名も、ほとんど常に、葬儀リスト中の大半を占めていた」。そして、あたかも死の光景と音と臭いがまだ十分ではないとでも言うように、パリの民衆には〈ラ・ギヨティーヌ〉と題した新聞が売られた。その奥付欄には、この新聞の目的が次のように掲げられていた——

> 国家の敵を裁くために、一七九二年三月十七日の法律に基づいてパリに設置された革命裁判所、および、一七九三年三月十日の法律に基づいて設置された第二次革命裁判所によって、死刑を宣告された謀叛人全員の、氏名、年齢、地位、住所を掲載した完璧にして正確なリスト。価格、十五ソル（訳注 フランス貨幣、スーの古形）。パリ地区では、パレ・エガリテの新ギャルリーの市民マルシャンの店、フロランタン通り四一番の向い側オノレ通りの市民ベルトの店、裁判所の近くエロワ通り十七番の市民シャノーの店およびすべての本屋と反物屋の店頭にて販売。

恐怖政治がそのクライマックスに近づくにつれて、五十五歳の処刑人の嫌悪はますます強まってきた。彼は肉体的にも精神的にも疲労を感じていたが、それは、彼の体力に課せられた過大な負担もさることながら、目のあたりにしてきた数々の悲劇で打ちひしがれたせいでもあった。彼の重荷をさらに大きくしたことには、息子アンリは彼の許《もと》を離れて国民軍に参加してしまったのである。

この二十七歳の、丈高く屈強な若者アンリは、愛国的熱情のおもむくままに、砲兵大尉として軍務につき、のちに憲兵隊に転じてそこでも同じ地位を保持していた。彼は革命裁判所付きとなり、パリ裁判所、監獄の秩序維持派遣隊の一員となり、ギロチンへ向う護送車の護衛を務めた。彼はその愛国主義により、美しい青のチュニックと、赤い玉房のついた黒い両角帽《バイコーン》の着用を許されていた。しかし、野望に燃えて断頭台から離れて行ったものの、結局は突き戻されて、またしても同じ道を辿るこの若い兵士の姿を見て、運命と彼の上官は皮肉な微笑を浮かべたに違いなかった。一七九四年の春、アンリは、百五十名の軍勢を引きつれてブリの農民一揆を鎮圧せよとの命を受けて砲兵隊に戻った。しかし、彼が目的地に到着した時にはすでに暴動は鎮圧されており、再びパリへ呼び戻された彼は、一七九五年まで、第一線に立たないまま軍務にとどまっていた。

息子の助力を失ったシャルル－アンリには、多大な労力と出費とがのしかかってきた。犠牲者のリストが長ければ長いほど、それだけ余計な労働力と装備が必要であった。規定された四人の助手では足らず、彼は七人の助手を抱えていた。護送車も二台ではなく、九台も使うことがしばしばだった。この余分な護送車には、一台につき十五フランの賃貸料と、馭者一人につき五フランを支払わねばならなかった。そのうえ、死体を運ぶ籠や跳ね板《バスキユール》の革帯なども、すぐに消耗してしまうためにたえず補充する必要があった。また、籾《もみ》がら、わら、釘、ギロチンの刃を支える溝の潤滑油なども買わねばならなかった。おまけに、新しく傭い入れた助手の手当てはもちろんのこと、墓掘人足へのチップなどの経費もあった。彼の給料と手当の増額要求は無視された。国民公会は、もっと重大な問題を多数抱えていたため、処刑人の苦情になど拘ずらわっている暇がなかったのである。彼は、他の職業が見当らなかったためにその仕事を続けざるを得なかった。

虐殺は続いた。収穫月《メシドール》十九日（七月七日）、シャルル－アンリは六十九歳のサリニャック－フェネロン神父の処刑を命ぜられた。この神父は、晩年をパリの煙突掃除の子供たちの世話に捧げた人であった。少年たちは年齢わずか五歳か六歳で、その多くがみなし子で、一人残らず貧しい子供たちであった。彼らは神父の死刑判決を聞き知ると、トローヌ・ランヴェルセ広場に集まった。年老いた神父は断頭台に上って子供たちの姿を目にした時、彼らに祝福を与えてやっても良いかとシャルル－アンリに尋ねた。処刑人は彼の縛めを解き、神父が十字を切っている間、後方に退いて立っていた。処刑後、シャルル－アンリは頭を垂れた。彼が驚いたことには、幼い煙突掃除人はもちろんのこと、見物人の多くも彼にならった――これは、フランス国民の大多数にとって、憲法上認められたどんな宗教も、カトリックの教会に取って代わることが出来なかったことを証明するものであった。さらに収穫月二十九日に起ったこともそれと同様であるが、その日、十六人のカルメル派の尼僧が断頭台に上り、讃美歌を歌ったのち、彼らの「いと高き母」の像の前にひざまずくことを許された。シャルル－アンリも、彼の助手たちも、彼らを急き立てるような事は何一つしなかったし、大衆も儀式の間じゅう静粛を守っていた。

熱《テルミドール》月七日には、サン－ラザールから来た三十六人の囚人たちが死に就いたが、その中には三十一歳の詩人アンドレ・シェニエが含まれていた。その翌日の刑死者は五十五人、そのうち十九人が女性であった。

ギロチンのペースを速めた元凶である牧月二十二日の法令は、国民公会においてもその効力を発揮していた。代議員たちはすべて、自分たちがもはや、嫌疑、逮捕、死刑の宣告から守られてはいないことを知って、今や自分たちの命運に戦々兢々としていた。徒党が組まれ、嫉妬がみなぎり、友愛精神などどこかへ吹っ飛んでしまっていた。政界は、民間を襲っていたのと同じ恐怖に満ちていた——恐怖を生み出した男、マクシミリアン・ロベスピエールに対する恐怖に。熱月八日、彼は国民公会内部の彼の敵を弾劾することによって、公会の刷新を計ろうとした。彼は懸命になって、議員たちが人民の自由に対する陰謀を組織したことと、自分のような愛国者たちの打倒を企てたことを証明しようとした。これに対して、公会は次第に、不気味に、情容赦もなく、彼に反旗をひるがえした。熱月九日、彼は姿を現わすや、「暴君を倒せ！」という叫びを浴びた。彼は唇もカラカラに、かすれ声で訴えようとしたが、無駄であった。代議員たちは残忍な笑いを洩らし、「ダントンの血が彼を窒息させている」という侮りの叫びが聞こえた。

「君たちはダントンの仇をうちたいのか？」と彼は必死に応じた。「卑怯者めが、なぜ君たちは彼の弁護をしなかったのだ！」

間もなく、ロベスピエールの逮捕要求が出された。同時に、国民公会は、クートン、サン・ジュスト、ルバ、アンリオ、および「清廉の士」マクシミリアンの弟、オーギュスタン・ロベスピエールの逮捕も命じた。被告たちは投獄された。しかし熱月九日のその夜、コミューン・ド・パリおよびジャコバン党は、国民公会からその弾圧者連中を排除するための暴動を指令した――もしロベスピエールと彼の仲間たちを牢獄から救出すれば、彼が自分たちを指揮してくれるであろうと期待しつつ。彼らはどうにか囚人たちの救出に成功し、市役所《オテル・ド・ヴィル》の二階に集合した。その間、下の広場では、武装したコミューンの支持者たちと、国民公会が組織した軍隊との衝突が起こっていた。一団の男たちがどうにか広場を突っ切って市役所の建物に突入してきた。二階で銃が火を吹いた。その後の大騒動の中で、オーギュスタン・ロベスピエールは窓から身を投げ、ルバは自殺し、クートンはあおりを食って階段から転落し、サン・ジュストは逮捕され、マクシミリアン・ロベスピエール自身は顎を打ち砕かれていた（彼が撃たれたと主張する報告書もあるが、自殺を計ったと見る意見の方が一般的である）。彼は公会の広間へ運ばれ、傷つき血にまみれてテーブルの上に投げ出されて、勝利者たちの侮辱と嘲笑に晒された挙句、コンシエルジュリへ送られた。

熱月十日（一七九四年七月二十八日）の午後四時、マクシミリアン・ロベスピエールはシャルル－アンリ・サンソンに引き渡されて、中庭を横切り、待機していた護送車へと歩を運んだ。目撃者の話では、「護送車がまさに動き出そうとした時、その衣服からブルジョワの一員であることが分る一人の婦人が、車に轢き殺される危険をも省みず、護送車にしがみついて、『地獄へ行け、この悪党！お前には、妻という妻、母という母の呪いと怨みがつきまとって行くことを忘れるな！』と叫んだ」という。

メルシエがこの事件を次のようにまとめている――

このすさまじい光景の真只中に存在した民衆の歓喜の図を描き、蜒々断頭台までも拡がり反響していた熱狂的な喜びの爆発を描写するのにぴったりの色を、どこに求めたものであろうか？　誰もが、呪詛とともに彼の名を口にし、もはや彼を「清廉、有徳の」ロベスピエールと呼ぶ者はなく、仮面は剝がされた。人びとは彼を憎悪し、両委員会〔治安委員会と公安委員会〕によって為されたあらゆる犯罪を彼のせいとして非難し、ありとあらゆる店や仕事場や窓からあふれ出ていた。屋根という屋根は人びとで覆われ、物凄い数の見物人はあらゆる階層から成っていたが、彼らの望みは唯一つ、「屠所に曳かれ行くロベスピエールを眺める」ことであった。

独裁者の席に座るかわりに、彼は今や共犯者のクートンやアンリオと共に護送車の中で、半ば座り半ば横たわっていた。彼につきまとう喧噪は、夥しい数の喜びの叫びと互いに交わし合う祝いの言葉から成っていた。彼の頭部は血の汚《し》みがついた汚い包帯で巻かれ、その青白い狂暴な顔は半分しか見えなかった。傷つき、不具となった彼の仲間たちは、罪人というよりは、罠にかかった野獣といった方が似つかわしかった。女たちは灼けつく太陽に怯《ひる》みもせずに、あえて百合の如きバラの如きその繊細な頰を陽光に晒していた——この、市民たちを処刑台に送った男を見たい一心であった。……

断頭台上では、あたかも民衆の憎悪に刺激されたかのように、処刑人は彼の傷口を覆った包帯を手荒く引きはがした。彼〔ロベスピエール〕は虎のように吼えた。その下顎は上顎から外れ、血がほとばしって、その頭部は人間のそれから怪物のそれへと変り、想像を絶する恐ろしい光景であった。ずたずたに裂け、血みどろな服をまとった彼の二人の相棒たちの姿も、負けず劣らず凄まじかった。彼らはこの有名な犯罪人――その苦しむ様を見ても誰一人憐れみを催すべくもない犯罪人――の助手であった……群集は、彼の首が刃《やいば》の下に転げ落ちるまさにその瞬間を見逃すまいとして、押し合いへし合い前の方に殺到した。彼がみずから、あれほど多数の他の人びとをその下に追いやったその刃が落ちたあと、歓声は十五分以上も止まなかった！

二十二の首が彼とともに落ちた。

パラスは、その『回想記』の中でさらにこの話をこう続けている――

フーキエ〔タンヴィル〕より与えられた深い敬意ゆえに、私は、処刑人がうやうやしく、へり下って、帽子を手にしてこちらへ近づいて来るのを見た……処刑人、市民サンソン自らが。「どこに死体を埋めましょうか、代議員殿？」と彼は尋ねた。「カペーと同じ墓に投げこめ」と私は突けんどんに答えた。「奴等よりルイ十六世の方がもっと価値があった」。

処刑人の籠はマドレーヌ墓地へ運ばれ、死骸はカペーの墓とされているものの近くの溝へ投げこまれた。

シャルル＝アンリは、未来のマダム・タッソー、マリー・グロショルツと例の取り引きをしたものにちがいない。というのは、処刑の翌日、熱心な民衆は、蠟細工のロベスピエールの首が展示館の白いクッションの上に鎮座しているのを見たのだから。

ロベスピエールの処刑の記録のうち、処刑人が残忍な仕方で囚人の包帯を引きはがしたことを非難したものが幾つかある。シャルル＝アンリの孫は、彼の『回顧録』の中で、ある特別な非難記事を引用しつつ、次のように祖父の弁護をしている。「ルイ・ブラン氏は彼の著書『フランス革命史』第十巻二六五頁で、『ロベスピエールが断頭台に上った時、熱烈なる王党派であった処刑人は、荒々しい野蛮な仕方で、彼の傷口から包帯をむしり取った……』と書いている。私は、ルイ・ブラン氏が祖父の追憶に向かって浴びせたこの王党派という非難の言い訳をする必要はない……シャルル＝アンリ・サンソンは彼の憎悪を忘れ、法が彼に処刑を命じたこれら囚人たちの痛ましい苦痛を楽にさせることのみに心を奪われていたのだ」。（この処刑人の孫が、「残忍さ」という非難よりも「王党派」という非難を明示しているのは奇妙に思われる。しかし、おそらく彼は、社会主義作家のルイ・ブランにあっては、この二つは同義語か、もしくは後者の方がより重要な論駁すべき点であると考えたものであろう）。

ロベスピエールの死は、恐怖政治の終焉を告げた。公会の政策は穏和になり、もっと保守的なものとなってきた。ジャコバン・クラブは閉鎖され、革命裁判所はその権限の幾つかを奪われた（そして一七九五年五月には廃止された）。しかし、革命委員会がそれまでに為してきた数々の不当かつ非人道的行為を何週間かのうちに忘れ去ることはできない程、あまりに多くの家族が苦しみをなめさせられてきていた。狂喜と歓声の只中で、また別の叫びが上がった――「ロベスピエールの追随者たちを《ア・バ・ラ・キュー・ド・》やっつけろ《ロベスピエール》！」 民衆は、「目には目を」の格言通り、刑罰を課した者へ刑罰を課すことを要求した。一七九四年十二月十六日、ナントで「銃殺刑《フィジャード》」や「溺死刑《ノワイヤード》」を行なった責任者である地方弁護士のカリエがギロチンに送られ、彼の死に続いて、グランメゾンやピナールや、一時は革命裁判所の長官を務めていたヘルマン、それに検事のフーキエ－タンヴィルなどがそのあとを追った。

やんやの喝采の中を断頭台へ連行される道すがら、フーキエはシャルル－アンリに向かって、こう言った。「悪党め！ 今お前が私を連れて行く場所へ、お前を送ってやろうと思ったこともあったのだ」。そして氷のような視線で処刑人を凝視して、「奴らは検事を死刑に処すからには、処刑人にも死刑を課さない筈はない。どちらも同罪なのだからな」とつけ加えた。

この言葉を聞いたシャルル－アンリ・サンソンの背筋には、冷いものが走ったに違いない。この論理には反論の余地がなかったから。なぜ民衆が首切り人の首を要求しなかったかは、今日に到るまで解かれぬ謎のままである。また、革命に際して最も脚光を浴びた存在の一人であったこのパリの処刑人が、もっとも名を伏せた存在の域を出なかったということも、同じくらい不思議である。当時のスケッチ、油彩、エッチング（および数多くの記録、日記、回想記）などで、彼はただ「処刑人」と呼ばれているだけで、その名もその顔も出て来ない。われわれは、ルイ十六世やマリー・アントワネット、ギヨタン博士、ロベスピエール、マラー、シャルロット・コルデー、ダントン、フーキエ－タンヴィル、その他大勢の人物の風貌は良く知っているのに、シャルル－アンリ・サンソンの肖像は一つとして現存していないのである。

革命暦とともに去ったシャルル-アンリ

熱月《テルミドール》(七月)以後の数ヵ月間に、苛酷な革命下の法律の多くが廃止されたが、フランスは経済危機の中に身を置いていた。政府指導者たちが、莫大な国庫の赤字はもっと多くの紙幣を発行することによって解消できるとの盲信に欺かれて、アシニア紙幣を刷り続けていたので、インフレは一段と悪化した。七月当時、百フランの価値を持つと規定されていた一枚のアシニア紙幣の実質価値は、三十四フランであった。十二月には、それが十七フランに下落した。一七九四年の収穫高は乏しく、その冬は一七八九年の冬と同じように寒さが厳しかった。パリの貧民たちは薪も石炭もなく、肉もパンもなかった。小さな町や村では、百姓たちはそれ以前の数年と同様に、収穫物をしまい込んでしまった。

恐怖政治が終った時、シャルル-アンリ・サンソンは、二千七百件以上もの処刑に立ち会うか、手を貸すか、指図するか、または実際に手を下していた。パリの他の住民はいざ知らず、彼はこれ以上の血を見るのは御免であった。彼はただ、逃げ出して忘れ去ることのみを願った。彼の生涯のこの時期、彼はブリーコントーロベールで、庭を耕して野菜や花を植えたり、木の枝下ろしをしたりして過ごす時間が次第に増えていった。しかしそこでさえ、彼には嫌悪感と幻滅とがつきまとっていた。革命暦第二年雨　月《プリユヴィオーズ》十三日（一七九四年十二月）付の、次の記録を読むといい。

私は今、われわれの田舎家のあるブリから戻ったところだ。あちらで三日過ごして見ると、パリへ戻るのがつくづく嫌になる。市公会堂の正面に光る「友愛」という言葉は、とうてい人びとの心に刻まれているとは言い難い。田舎の人びとはひたすら金のことしか念頭にない。公有地の売却は、彼らを満足させるどころか、ますます貪欲にさせているだけである。法律には、食料を隠匿した者は罰せられると規定されているが、もしそれが本当なら、あらゆる村でギロチンが必要になる筈だ。というのは、ほんの小百姓さえも、自分の小麦を市場へ出してアシニアと交換することを強制されるのを恐れて、小麦を隠し込んでいるからだ。もっと大きな町々にはまだ革命委員会が存続しているものの、百姓たちは今や盗賊のごとく厚顔である。もはや隣人に密告される恐れがないからだ。彼らは皆手を握って、国民公会の命令を無視しており、それが食料不足に拍車をかけている。

一七九四年の冬から翌年の春にかけて、あちこちで暴動と反乱が起こった。アメリカ公使、ガヴァヌア・モリスが一七九四年にジョージ・ワシントンへ宛てた書簡にあるように、「フランス国民は戦争に倦んでいます。彼らは現在の政府に対して、ただ軽蔑と憎しみを抱いているだけです。そして、私の見たところでは、君主制の復活をもっとも望んでいるようです」。戦局は順調な展開を見せていた。これは一つには、義務兵役によるものであり、もう一つには、司令官が交代して新しく若くなったためであった。フランス軍はイギリス、オーストリア軍を撃破し、ベルギーを奪回してオランダを占領し、スペイン軍およびプロシア軍を駆逐した。しかしフランス人民は、戦いの代償として、死と飢餓と悲惨さを支払っていたのである。そしてその原因の中には、フランス人自身が作り出していた部分も少くなかった。

パリでは、政府が交代し、国民公会は総裁政府《ディレクトワール》に取って代られ、そして戦場にあっては——とくに北イタリアの戦場では——その軍事的天分に勝るとも劣らぬ外交的・政治的手腕を持った一人の新しい将軍、ナポレオン・ボナパルトが指揮をとっていた。

革命暦第三年の実月《フリュクチドール》十三日(一七九五年八月三十日)、疲れ果てたシャルル－アンリは、自分はすでに四十三年も処刑人として奉仕してきたこと、健康状態、とくに腎臓が思わしくないためこれ以上仕事を続けられない旨を認《したた》めた辞表を再度提出した。彼は年額千フランの年金を請求した。彼の辞表は受理されて、九月四日に彼の息子がそのあとを継いだ。シャルル－アンリとその妻は、やがてブリ－コント－ロベールの田舎家へ引退した。

革命は恐るべき数の犠牲者を出した。一七八九年七月十四日から、一七九六年十月二十一日までにパリで処刑された人びとのリストを見ると、この国がその敵と考えたのがどのような種類の人びとであったかを厳粛に分析することができよう。

年齢	人数
十八歳以下	二二名
十八～二〇歳	四五名
二〇～二五歳	三三六名
二五～五〇歳	一、六六九名
五〇～六〇歳	五二八名
六〇～七〇歳	二〇六名
七〇～八〇歳	一〇三名
八〇歳以上	九名
男	二、五一八名
女	三七〇名
性別不明	三〇名

刑死者の職業および地位

高位の聖職者――司教および大司教……六名
フランスの元帥および将軍……二五名
司法官――高等法院《パルルマン》の議官……二四六名

聖職者――修道士および託鉢僧	三一九名
立憲議会および立法議会の議員	三九名
国民公会議員	四五名
コミューン委員	七二名
金融業者、弁護士、医師、公証人	四七九名
貴族（男女）	三八一名
士官および兵士	三六五名
文筆家（男女）	二五名
芸術家	一六名
商人（男女）	二七五名
職人	三九一名
召使――御者、庭師	一二九名
労働者、農夫	一〇五名
計	**二、九一八名**

恐怖政治以前および最中の亡命者（概数）

僧侶	二七、〇〇〇名
軍人貴族	八、四〇〇名

非軍人貴族	一六、九〇〇名
高等法院議官	一六〇名
法律家	二、八〇〇名
銀行家および金融業者	二四〇名
商人	七、八〇〇名
公証人	二一〇名
内科医、外科医	五四〇名
地主および資産家	九、九〇〇名
農民	三、四〇〇名
貴族の航海者	二、〇〇〇名
貴族（女）	八、〇〇〇名
尼僧および女子修道院長	四、四〇〇名
職人	一八、〇〇〇名
職人の妻	三、〇〇〇名
召使	二、八〇〇名
子供（男女）	三、一〇〇名
兵士および船乗り	九〇〇名
計	**一一九、五五〇名**

革命暦第十年雨月《プリュヴィオーズ》四日（一八〇二年一月二十四日）付の文書は、シャルル－アンリには年金が下りていなかったことを示している。公債の担当をしていた男が、司法大臣宛てに出した手紙によると、こうなっている。

元有罪判決執行人の市民サンソンは、引退の身であり、彼の職歴に対する年金を要求しております。彼の請願書に添付された書類によれば、彼は一七七八年二月一日までは実際に職務に就いておらず、従って、年金の受給資格を定めた一七九〇年八月の法律が要求する三十年の勤続年限を満していないことになります。しかし彼の述べる所によれば、彼は病気のため引退したものであり、そのような理由であれば、司法の規定する権利に基づいて、三十年を務めたものとされ、受給資格があることになります。

これに対しては何の記録も残っていない。だが、この二度目の請願が最初のもの以上に彼に何らかの芳《かんば》しい結果をもたらしたとは思えない。

引退してからも数年の間、シャルル－アンリはパリに住んでいたが、サン－ローランの教会を訪れる以外はほとんど家を出ることがなかった。一八〇六年のある日、彼がこの世を去る少し前に、この六十七歳の処刑人は散歩に出ることを思い立ち、行き先を今日のマドレーヌ寺院に選んだ。一七六四年に着手された教会の建築工事は革命によって中断されていたが、今ナポレオンはこの敷地に、彼の大部隊《グランタルメ》の栄光を記念して、寺院の建築を命じていた。シャルルーアンリがそこへ着いた直後、大勢の側近を引き連れたナポレオンが姿を現わした。処刑人は引き下ろうとしたが、彼が姿を隠す前にナポレオンの部下の一人が彼を認めて、皇帝の前に連れて行った。ナポレオンは彼に何故ここにいるのかと尋ね、処刑人の手にラシーヌの詩集があるのを見て、それに手を伸ばした。

「お前は誰か？」

「閣下《シール》、私は処刑人サンソンでございます」

ナポレオンは詩集を地面に投げ棄てた。「お前は一七九三年に処刑人をして居たか？」

「はい、閣下」

「もし、ある日、私に対して反逆が起こったとしたら……もし誰かがあえて――」

「閣下、私はルイ十六世を処刑いたしました」

ナポレオンは明らかに顔色を失ったが、やがて何とか落着きを取り戻した。「お前の本を拾って私の目の前から失せろ」と彼はそっ気なく言った。

サンソン家の文書の中に見出されたこのエピソードの記録は、事実であろうとされている。たとえそれがそうでなくとも、革命期と恐怖政治期を生き抜いた人間なら誰であれ、誰のことをも――たとえ相手が皇帝であろうと――恐ろしく思ういわれがなかったのだ、と考えて良いのだろう。

パリの首切り人《ル・ナブロー・ド・パリ》にずっと前から関心を寄せていたセバスチアン・メルシエは、「ル・グラン（大）」シャルルーアンリ・サンソンについて、最初から最後までたえず抱き続けたその好奇心と考察とを、次のように表明している。

それは処刑人である。ヴォルテールは、処刑人がイギリス人の歴史を書いて然るべきだと言った。サンソンについても同じことが言えよう、彼が恐怖時代の歴史を書くべきであると。……サンソンは何という男であろう！　彼は常に無感動に死の刃《やいば》と一体をなしている。自分の許《もと》へ連れて来られた首なら何であれ切り落す。何という道具、何という男か！彼はパリで一日たりとも安心して一人ではいられまい……彼は何を語り、何を思うのか？彼の頭の中で何が去来するのかを私は知りたい、もし彼がその恐ろしい仕事をただの仕事と考えているものなら……聞くところによれば、処刑台上で王妃が誤って彼の足を踏みつけた時、彼は王妃から謝罪の言葉を受けたという。その時彼はどう思っただろう？　彼はそれまで何年間も、王庫から給料を支払われていたのだ。まったく、サンソンとは何たる男だ！　彼は他の人たちと同じように行ったり来たりしている。時には劇場にも姿を見せる。彼は笑い、私の方を見る。私は彼から顔をそむけるが、彼はそんな事など一向知らない。そして、彼が私に無頓着であるように、私も、彼があれほど無頓着にあらゆる階級から成る多くの人びとをあの世に送ったことについてあれこれ考えて、時を浪費するのは止めにしよう。彼はまたやり始めるだろう……当り前ではないか、それが彼の仕事なのだから。

革命暦は、一八〇六年一月一日に廃止された。その年の七月四日に、シャルル－アンリ・サンソンは、ヌーヴ・サン＝ジャン通り十番地の自分の家で、息を引き取った。葬儀はサン＝ローラン教会で行われ、遺体は今日ではモンマルトル墓地となった北墓地に埋葬された。そこには今も、鉄柵をめぐらした簡素な墓があり、墓石には、かすれてはいるがまだ判読できる次のような文字が刻まれている——

シャルル＝アンリ
サンソン
一七三九年二月十五日
パリに生る
一八〇六年七月四日没

この碑は彼を悼む
息子と家族によって
彼のために建立された

アンリ・サンソンの人生

葡萄月《ヴァンデミエール》十三日（一七九五年十月五日）、名をボナパルトという若いコルシカの砲兵士官が、パリの民衆による暴動を首尾よく鎮圧した。これは、最後には彼に「皇帝」の称号を与えることになった数々の武勲の最初のものであった。この暴動の一ヵ月前の九月四日に、アンリ・サンソンという名のもう一人の砲兵隊の士官が運命の岐路に直面し、彼に「ムシュウ・ド・パリ」の称号を得さしめることになったコースの方を選んでいた。

断頭台を避けて一七九三年の晩秋に国民防衛軍に参加していた若いアンリは、恐怖政治の崩壊直後の数日間に、いささかどきりとするような経験をした。熱月《テルミドール》九日に、彼は、彼の小隊をグレーヴ広場へ連れて行けという指令を、彼の上官から受けていた（指令はコミューン・ド・パリから出ていた）。二、三時間後に、彼と叔父ピエール－シャルル・サンソン――彼も同じ小隊の中尉だった――とは、オルフェーヴル河岸《かし》のパリ警視庁本部に移動させられた。彼らがそこへ着くと間もなく、二人の憲兵に付き添われたロベスピエールが、警視庁に隣接した同じ河岸にあるパリ裁判所《パレ・ド・ジュスティス》に入って行くのが見られた。警察では人気者の「テロリスト・ロベスピエール」は、そこに長くはいなかった――コミューンの代表団がうまく説得して彼を市役所《オテル・ド・ヴィル》へと連れ出し、そこでは彼らも大いに驚いたことには、彼は拍手喝采をもって迎えられた。この頃になると、二人のサンソンは、情勢がコミューンにとって不利になってきていることを察し、自分たちが警視庁近辺にいたことが知れれば、自分たちの地位も危うくなると判断した。ロベスピエールと一緒にいた者や、そばにいた者は誰であれ、同じ穴のムジナとみなされる危険があった。彼らは自分たちの隊《セクション》に戻り、この危険地帯から脱出できたことを有難く思った。

　しかしまずい事には、彼らがそこにいたことは見られてしまっていた。熱月十四日に、彼らと彼らの小隊の残り全員がロベスピエールとその一派に奉仕したという非難と告発を受けた。小隊の四十三名が逮捕されてコンシエルジュリに送られたが、そこでアンリ・サンソンは、マリー・アントワネットが長らく閉じこめられていたまさにその独房に入れられたということである。しかし、運良く、牧《プレ》月《リアル》二十二日の法律は廃止されたあとであり、彼らは弁護士をつけることを許可された。シャルル－アンリは顔が広かったため、息子の弁護をクロード・ショヴォー－ラガルドに依頼することができた。ショヴォー－ラガルドはこれまでもマリー・アントワネットやシャルロット・コルデーや王妹エリザベート公女の弁護を手がけたことがあったが、この度はもっと成功を収めた。四十三人のうち、四十二人までが釈放されたのである。たった一人、反逆罪で有罪となり、死刑を宣告されたのは、ジョゼフ－ジュリアン・ルモニエとかいう名の、国民防衛軍の大尉であった。万一アンリ・サンソンが有罪判決を受けていたなら、実の父が彼の処刑を命ぜられたところであった。

この若者は革命当初の数年間父の助手を務め、恐怖政治期間を生き抜いてその残虐行為を目のあたりにし、彼みずから辛うじてギロチンの刃をまぬがれたのであった。やがて、砲兵隊に残るか、あるいは、世襲的地位ではないが少くともサンソン一家の中では伝統となっていた職を継ぐかの二者択一をしなければならなくなった時、彼が躊躇したのも当然のことである。彼の将来に関して、父が与えたアドバイスが、彼自身の手で記録されている。

今や、お前が我が家に託されてきた責任と信任とを肩代わりすべき時がきた。この仕事はお前に年一万二千リーヴル以上の収入をもたらすだろう。息子よ、それを受けた方が賢明だろう。なぜなら、お前にも分ってはいるにちがいないが、われわれに対する偏見はこの先もずっと続き、軍隊での昇進の妨げになるであろうから、そのために現在の大尉の地位さえ奪われてしまうかもしれないのだ。この職につけば、お前は安泰で暮せるだろうし、少くとも、誰もお前の事にちょっかいを出す権利はないのだ。

それはなかなか決心をつけ難い問題であったに違いない。国民防衛軍の士官でいれば、アンリは地位の持つ特権を楽しめたばかりではなく、サンソン家の者にとっては法外ともいえる自由をも楽しむことができたからである。彼はパリの大通りや地方の町並を、一般社会の尊敬すべき一員として大手を振って歩くことが出来た。彼は下層民としてではなく、市民とみなされた。しかし彼の生長した家庭は、処刑人の家庭であった。彼は、叔父たちや父が、他の一般人と同じように生活し行動しようとした時に直面した、処刑人につきものの数々の試練や苦難の話を耳にして来た。彼自身も偏見を経験し、侮辱の犠牲となってきた。現実主義者か？　運命論者か？　卑怯者か？　彼はそのいずれの要素も少しずつ持っていたと言えよう。父の言葉に含まれた真理を理解しないとしたら、馬鹿だろう。そしてアンリ・サンソンは馬鹿でもなければ、冒険家でもなかった。何も収入が無くなるよりは、保証された収入があった方がましである。彼は国民防衛軍での彼の地位を抛《なげう》って、一七九五年八月、父のあとを継いで「ムシュウ・ド・パリ」になった。

背が高く、頑丈で、なかなか美男子であった彼は、当時の記録のほとんどに、ヘラクレスのような体格の男として描かれている。禿頭ではあったが（彼はかなり若いうちから髪の毛が失くなってしまっていた）、古典的な容貌と、彼をダンディとして際立たせるに足るいろんな衣裳を持っていた。一七九三年にレコレ監獄に入れられていたイギリス婦人、グレース・ダルリンプル・エリオットは、初対面の彼を次のように描写している——

ある日、牢番の部屋へ行った時、——私たちは何か欲しい時には、時折そこへ出かけたものだが——私は非常なショックを受けた。牢番はテーブルのところに腰をおろし、非常にハンサムでスマートな若い男と、ワインを飲んでいた。そして私に腰を下ろして一緒に一杯やれと勧めた。私はあえて断らなかった。するとその若者は、「さて、もうお暇《いとま》しなければ」と言って、彼の時計に目をやった。牢番は、「いや、きみの仕事は十二時にならなければ始まらないよ」と答えた。私は彼を見、牢番は私に言った。「この市民と友達になっておいたが良い。これは若い方のサンソン、処刑人だ。おそらく、あんたの首を刎ねる役が彼に回って来るだろう」。私は本当にぞっとした、ことに、彼が私の喉をつかんで、「この喉なら簡単だ、こんなに長くて細いんだから。もし私があなたをやるとしたら、ほんのひとひねりさ」と言った時には。

エリオット夫人は、十八カ月間あちこちの牢獄を転々としたあとで釈放され、のちに（当時を回想して）きわめて明らさまに自分のことをヒロイン中のヒロインとみなしている。彼女の日記はまるで『ポーリーヌの冒険』のひき写しである。彼女は数々の恐ろしさを経験したものの、この「非常にハンサムでスマートな若者」に会った時ほどすくみ上った事はなかった。この時アンリは二十六歳で、マリー・アントワネットの処刑の直前であり、その後数週間して彼は国民防衛軍に身を投じている。

彼の結婚は革命中に行われたものにちがいない。それに関する何の記録も残っていない（婚礼のミサは宣誓忌避僧によって行われたか、単に宗教儀式なしのお祝いで済ませたかのどちらかである）。一八一七年十月に、この結婚は改めて正式にサン－ローラン教会で清めを受けた。花嫁のマリ－ルイズ・ダミドは一七七六年十月十四日生まれで、裕福な家庭の娘であり、処刑人の家系ではなかった――これにより、サンソン一族にはもう一つの血統の枝が生じることになった。どの記録を見ても、彼女は美人で、貞淑で献身的な妻であったことが分る。夫婦には四人の子供ができた。長男のアンリ－クレマンは一七九九年生まれで、のちに父のあとを継ぐ。二人の娘、マリ－－ガブリエル（一八〇二年生まれ）とアデライド（一八〇四年生まれ）は、共に処刑人と結婚した。上の娘はリヨンの処刑人と、下の方はヴェルサイユの処刑人と。四番目の子、ニコラ－ユージェーヌは一八一〇年に生まれて、他の子供たち同様に、サン－ローラン教会で洗礼を受けたが、この次男については何も分っていない。

先代たちと同じく、アンリ・サンソンは静かな規則的な生活を送り、他人と交わるよりは家族と時を過す方を好んだ。結婚当初の数年の間は、レ・アル界隈のサン－ジャック通り、ド・ラ・ブシュリに住んだが、やがて、ヌーヴ・サン－ジャン通りの父の家へ移った。一八一八年以後のある年に、彼はマレー通り三十一番乙に家を購入した。自分自身の屋根の下に住んだことが、何かの変化が必要だったことを暗示するかのように、彼は堅実なブルジョアの家長《ペール・ド・ファミーユ》の鋳型に自らをはめこんだ。彼は一時に正餐を摂った。五時には、グーテとして知られる軽食を摂り、夕食は八時であった。その後、彼は家族とピケのゲームを楽しんだ。先代たちと違っていた点は、彼が助手たちに家族の一員として家庭に入りこむことを許さなかった点である。彼らは彼の地所の付属建物に住み、朝と晩に祈りを捧げるために彼の住いを訪れはしたが、その仕事は処刑台の仕事に限定して、召使として仕えることはなかった。

そして、このマレー通りへの移転とともに、アンリの服装にも変化が生じた。この時から死ぬまで、彼はひたすら、謹厳な服装の粋であるところの黒服のみを着用し、胸元にレースのひだ飾り《ジャボ》と金の時計の鎖をあしらった。ルイ－フィリップ治世下の彼の姿は非常に威儀を正した正装であったため、当時の一批評家に「彼の立派な風采を見れば、誰しも、近辺の小さな町の市長が、結婚式の立ち会いにおもむく所だと思うであろう……」とまで言わせたほどである。サンソン一族は、先祖のアベヴィルでの頑丈な長靴と粗毛の衣服から、長い道のりを歩んでここまで辿りついたのであった。

優しい人柄であったアンリは、土曜ごとに彼の近辺《カルティエ》の貧民たちにパンを配ってやった。シャルル―アンリの死後は、その年老いた未亡人を家に引き取ったし、一八一九年には、叔父ルイ―シャルル―マルタンの貧しい未亡人と未婚の娘が、他に行き所のないのを知って、家族の一員に加えた。先祖が皆やっていたように、彼も医療を施した。先祖の二人のシャルルとジャン―バチストが考案した処方でローションや軟膏を作っては、経験に基づいた治療法を、金持ちやら貧乏人やらに施したが、貧乏人からは治療費を取らなかった。

シャルル―アンリは、サンソン一族の中で初めて、基礎教育以上の教育を受けた人間だった。アンリも非常に立派な教育を授けられたばかりか、さらに趣味や興味を発展させることができ、それは彼の生涯を通じて持続され、子供たちにも受け継がれて行った。音楽を非常に愛好した彼は、かなり達者にピアノを弾きこなし、革命中もそれ以後も、しばしばオペラ座やヴォードヴィル劇場などにその姿が見受けられた。読書好きで、彼の家には立派な書庫があった。彼は英語にも堪能で、国民防衛軍に勤務していた頃、トマス・ペイン(訳注 一七三七〜一八〇九、英国生まれの米国の思想家、愛国者、政治、宗教についての著作がある)と何度か話をしたことがある。ペインは、一七九二年に、パ・ド・カレー(ドーヴァー海峡)県の代表として国民公会に出ていた。

父と同じく、彼も田園を愛し、ブリ―コント―ロベールの家庭菜園から、喜びと慰安を得ていた。しかし、アンリとその妻にとっては、パリを離れた田園や丘陵地帯は、単なる新鮮な大気と緑以上の意味を持っていた。マリ―ルイズ・ダミドは、子供たちが父親の恐ろしい職業の陰で育つことを望まなかった。パリでは、彼らが近隣の人びとの偏見の犠牲になるのが必至であるが、田舎でならばもしかすると彼らの無邪気さを、少なくとも数年間は、守ってやれるかもしれなかった。幼いアンリ―クレマンは、幼児期の大半を、ブリーコントーロベールの祖父母の許で過ごした。しかしシャルルーアンリが死んで、未亡人が、こんなにたくさん想い出がある場所で住むのは耐えられないとの悲しみを表明した時、アンリはそれを売るべき時がきたと思った。そう決心したことについては、幾つか理由があった。まず第一に、家がぽつんと離れて建っていたにもかかわらず、村ではサンソンの名前も職業も知られていた。次に、アンリークレマンが規則的な授業を受けられるような適当な学校がその近辺になかったことである。アンリはセナールの森の端パリから約十五マイル離れたブリュノワに、適当な家を見つけた。そして、その家をロンヴァルの名で購入したのだった！　ふたたび、サンソンの家族は、その忌まわしい家業から逃れようとしたのである。

アンリが息子に託した大望と、マリールイズの子供にたいする配慮とが相まって、彼はブリュノワで、家族から離れて祖母と召使一人の世話で暮すことになった。彼はロンヴァルの姓で土地の学校に通い、両親とは日曜ごとに会うだけであった。初めての聖体拝領式にあたって、彼はパリに連れ戻されたが、これは第一に、この家の伝統に従って、サンーローラン教会で彼に堅振《けんしん》を施すためであったが、第二の理由として、そして恐らくこの方が大事だったものと思われるが、ブリュノワの誰かがアンリが処刑人の子であることに気付いて、息子の身許を隠しておこうとする彼らの苦心を台無しにしてしまうのをこの夫婦が恐れたためであった。幼いアンリークレマンは、学友たちとともにこの儀式の準備をあれこれ整えていたので、この重要な日を友だちと一緒に迎えたいのだと言って駄々をこねた。しかも、両親が彼を連れ戻すことに関しては、一言の説明も、何一つ理由も告げられはしなかった。彼はただ、一緒に来いと命ぜられただけであった。サンーローラン教会に着いて、自分が他の少年少女たちとは別に、朝の八時に、小さな別棟の礼拝堂で、一人きりでこの儀式を受けなければならないのを知った時、少年はますます訳が分らなくなったに違いない。

彼は十四歳になる頃までブリュノワで過ごした。一八一三年に、彼の父は、彼がフォブール・サン・ドニ街のミシェル学校で授業が受けられるよう手配した。ここでも又、彼はロンヴァルという名で登録された。アンリは賢明にも、校長には本名を明かすことにした――とはいえ、それを他の誰にも明かして下さるなと頼むことも忘れずに。アンリ－クレマンは午前七時から夕方六時まで学校で過ごし、帰りは友だちと一緒に下校するのが常だった。

ある夕方、自分の家の近くまで来た時、彼は友人の一人に、家に入って両親に会って行くよう奨めた。温く歓迎してくれるものと予想していた彼は、父が渋面を作って友人をけんもほろろに遇したため、友人がそそくさと退散してしまったのを見て、心からびっくりした。翌日、登校してみると、アンリ－クレマンは前夜の友人ばかりでなく、友だち全部からのけ者にされた。この取扱いはその後何日も続いたので、ついに彼はたまりかねて、友人の一人を問い詰めて、この冷たい沈黙の理由を問い質した。冷笑をこめた侮りの口調で、「君の父親が処刑人だからさ」という答えを得るのは造作もないことであった。それまで何も知らないでいたアンリ－クレマンにとって、この言葉がどんなに残酷な衝撃を与えたかを察するのも、また容易である。愕然と棒立ちになった十四歳の少年が、この答によってそれまでの数々の謎が解明されるのを悟るまで、数分かかったに違いない。なぜ自分は両親から離れて暮していたか、なぜ両親が彼の最初の聖体拝領式をパリでたった一人受けさせる事に固執したか、なぜ自分が家族の中でただひとりサンソンと呼ばれず、ロンヴァルと呼ばれるのか、等々の理由が。彼はミシェル学校を飛び出して、もう二度と戻らなかった。この日を境目に、彼の真の教育が始まった。そして彼は、祖父の言った、「処刑人というものは、王様もそうだが、退位することはできないのだ」という言葉の意味を悟ったのであった。

アンリ・サンソンのキャリア

一八〇六年にシャルル－アンリが世を去るまで、正式な叙任を受けていなかったとはいえ、一七九五年には、アンリ・サンソンは、称号はともかく、実質的にはムシュウ・ド・パリであった。しかし、総裁政府および統領政治下の彼の日常業務は、それほど過重なものではなかった。政治犯はもはやギロチンではなく、銃殺刑となっており、したがって、処刑人の仕事は、ならず者共——泥棒、人殺し、強姦者、等のありふれた犯罪者を対象とするようになった。彼の手がける犠牲者の社会的地位が最低線まで下落したのに比例して、社会における彼自身の地位も下落した。革命期に首切役人《ブロー》に与えられていた何ほどかの権威は、恐怖政治の終りとともに消え去ってしまった。一七九六年には、シャルル－アンリは再びブリー－コント－ロベールから戻って、息子と共に、ある処刑を行なうために断頭台に立つことになったのであるが、この処刑は以後しばらくの間、民衆の心にもサンソン一家にもそのあとを止めることになった。

強盗殺人の一団がパリ周辺を脅やかし、とくにその活動の中心はラ・ボース地帯――シャルトルとオルレアンの森の中間に位置する石灰岩の平坦な台地で、その小麦畑からフランスの穀倉《グルニエ・ド・フランス》地帯として知られる――であった。これらのギャングたちは自ら「レ・ショフール」（釜焚き）と称していたが、これは、彼らが火を焚いて、反抗する犠牲者たちの足を、その宝石やお金や他の貴重品のありかを白状するまで、その火であぶるのを常としていたことに由来する。

彼らの一番新しい犯罪は、リヨンの郵便馬車を襲って、郵便配達人とその助手を殺して路傍に死体を置きざりにして行ったことであった。手掛りとなるのは、遺棄された馬と馬車だけだった。

警察は懸命に捜索した結果、シャトー－ティエリーで、クリオルという男が金と郵便物を所有しているのを発見した。彼と、警察が襲撃した際に居合せた二人の男が逮捕されて、パリに連行された。この二人の男たち、ゴリエとゲノーに対しては、何ら証拠がつかめなかったので、長い尋問ののち、結局彼らは釈放された。逮捕の際所持していたゲノーの書類は取り上げられていたので、彼は自分の通行証を取り戻そうとして警視庁に行く途中で、たまたまルジュルクという名の友人に出会い、一緒に行ってくれるよう頼みこんだ。ところが、警視庁の中で、二人の婦人がこの二人を見咎め、ただちに、彼らがギャングの一味であることを証言した。ゲノーとルジュルクはその場で逮捕され、クリオルと共にパリ裁判所に連行された。

クリオルの情婦マドレーヌ・ブルバンは、愛人の犯行は認めたが、ゲノーとルジュルクは無実であると、何度も何度も陳述した（あとで判ったことだが、二人は本当の殺人者であるヴィダルとデュボスクに似ていたのだった）。

クリオル自身も懸命に自分が無実だと言い張ったが、無駄であった。彼らは死刑を宣告された。自分の判決を聞くや、ルジュルクは言った。「私に負わせられた犯罪は、大それたものであり、死刑に値いする。しかし、もし街道で人を殺すのが非道な行為であるなら、法を濫用して無実の人間を死刑にすることもそれに劣らず非道な行為である。いつの日か、私の無実が証明されるだろう、その時私が流した血は、陪審員の上に……また判事の上に降りかかるだろう」。

革命暦第五年霧月《ブリュメール》九日（一七九六年十月三十日）、シャルル－アンリと彼の息子は、コンシエルジュリへ出向いた。ルジュルクは、諦め切ったかのように落着いており、シャルル－アンリに一通の封書を手渡して、こう言った。「同志よ、私は人間の正義にかけて、君がその職務ゆえに無実の人間の血を流すことが多くないことを希望する。身に覚えのない罪でまさに死に就こうとしている男の、最後の頼みをかなえてくれたまえ」。シャルル－アンリが開けて読んでも良いと言われたその手紙は、デュボスク宛てで、次のような内容だった。「私は君の顔さえ知らない」と哀れなルジュルクは書いていた、「それなのに私は、君が受けるべき死刑を受けようとしている。私の命を犠牲にして、君はさだめし喜んでいることだろう。万一君が法廷に引き出されるようなことになった暁には、私の三人の子供とその母親が永遠に名誉を汚されていることを銘記して、彼らの苦しみを引き延ばさないでくれ。自分こそ犯人だと白状したまえ」（デュボスクも逮捕され、一八〇一年二月にギロチンにかけられた）。

処刑人の護送車がコンシエルジュリからグレーヴ広場へとのろのろ進む道すがら、クリオルはたえず立ち上っては空中に両腕を振り廻し、「私は有罪だ、だがルジュルクは無実だ！」と叫び続けた。断頭台の足元へ来ても、彼はなおもその言葉を繰り返しつつ、処刑人と見物人に向って、無実の犠牲者を助けてくれと訴えていた。

長い経歴の間にこれと似た抗議を何回も耳にして来たシャルル－アンリは、この言葉を聞いた時、真実の響きをそこに認めた。

「あの男は無実だ」と彼は息子に言った。「われわれは無実の人間を処刑してしまったのだ」。

それから何年かのち、この時の経験がまたしても繰り返されることになった。一八〇三年に、ギロチンの設置場所についての苦情が寄せられた。セーヌ県の知事で、グレーヴ広場を見下ろす市役所内にその事務室を構えていたニコラ・フロショーが、処刑日ごとに彼の窓下に群れ集う大観衆が引き起こす喧噪と、その元凶であるギロチンに対して、抗議した。彼は、十六世紀に公開処刑と鞭打ちの場であったカルティエ・ラタン（ラテン区）のモベール広場にギロチンを移動させることを要請した。

政府当局はなかなか意見の一致を見なかったが、激論の末、モベール広場ではなく、セーヌの河下へと移すことで妥協が成立した。この新しい場所での犠牲者第一号は、トリュモーという名の食料雑貨商で、娘と姪に砒素を盛った咎で死刑の判決を受けていた。再び、シャルル－アンリには（彼は息子の手助けにパリに出ていた）この囚人が罪状にあるような罪を犯していないことが分った。父のように経験も積んでいなければ、父ほどの眼識もないアンリは、そんな風には感じなかった。その後間もなく、まったく偶然に父の記録簿を開いたアンリは、欄外に書きこまれたメモを発見した。トリュモーの名の傍に、この年老いた処刑人は、「もう一人のルジュルク」と書き添えていたのだった。

総裁政府および統領政府の数年間は、アンリ・サンソンにとっては大して多忙な年月ではなかったが、フランスにとっては重要な数年であった。この国は、政治的にも、社会的にも、ヨーロッパでその優位を築きつつあった。プロシア、オランダおよびスペインとは一七九五年に講和が成立し、ナポレオンのイタリア戦役によって、サルディニア、ミラノ、ジェノヴァがフランス領となっており、ベルギーはフランスに併合されていた。一七九七年にはオーストリアもカンポ・フォルミオ条約に調印を余儀なくされ、残る交戦国はイギリス一つとなった。ボナパルトは、イギリスに直接攻撃をかけるのは、余りに冒険的すぎると判断して、エジプトを侵攻することによってイギリスを叩くことに決めた。そこから、次にインドにおけるイギリスの拠点を攻撃する計画であった。しかし、一七九八年八月のナイルの戦闘(訳注 いわゆるアブキルの戦)は、フランス艦隊の敗退に終り、ナポレオンの栄光の夢は一時お預けとなった。イギリスは、この勝利を確固たるものにするために、イタリアにおけるフランス軍に対抗させる目論みで、オーストリアとロシアを新たな同盟に引き入れた。フランス軍は、オーストリア－ロシア連合軍に阻まれたが、ボナパルトは首尾良くイギリス軍の包囲を抜けて、一七九九年十月にフランスへ帰った。その年の十二月に、フランス国民は、共和国第八年目の憲法を承認し、彼に十年間の独裁権を与えた。

総裁政府は程なくしてこのコルシカの小男を第一統領に押し立てた統領政府となったのである。一八〇〇年の第二次イタリア戦役は、マレンゴでの勝利とともに終り、その年の十二月には、オーストリア軍は撃退された。ロシアは一八〇一年に同盟から手を引き、一八〇二年には、アミアン条約が、ヨーロッパにおけるフランスの主導権を確立させた。その年（共和国第十年）、憲法が改正されて、ボナパルトに終身統領の地位を賦与した。そして一八〇四年には、彼は皇帝として戴冠し、かくして、一八一五年六月十八日のワーテルローの戦いまで続いた栄光の十年が始まったのであった。

ナポレオンが行なった多くの改革――彼の宗教協約《コンコルダート》、中央集権的統治形体、国立学校の設置、道路や橋の建設、税制の改革等――の中で、もっとも重要なのはナポレオン法典であろう。それはフランスにとってのみならず、ヨーロッパのほとんどの国の民事法の基礎をなしたからである。それは、フランス人民に対して、階級、貧富、宗教に関らず法の前では平等であることを保証した。サンソン一族にとって、また実際にはすべての処刑人の同業者にとって、これこそ最終目的の最初の兆しであった。

アンリ・サンソンのスケジュールは、父の時ほどには混んでいなかったものの、それでもその職歴の終りまでには三百六十件以上の処刑に関与していた。ルジュルクの死に続いて、一七九七年五月には、叔父ニコラ－シャルル－ガブリエル（当時ブロアの処刑人）の応援にヴァンドームまで出かけたし、総裁政府転覆を計った廉《かど》で死刑宣告を受けたバブーフとダルテの首を刎ねるために、シャルトルの処刑人の応援にも出かけた。一七九八年三月、彼とヴェルサイユの処刑人およびオセールの処刑人は、ムランの処刑人のニコラ・ジュエンヌの手助けをして、セーヌ－エ－マルヌ一帯の民衆を震え上がらせていた六人の「ショフール」の首を刎ねた。一八〇三年には食品商のトリュモーを、そして一八〇四年には、ナポレオン暗殺を企てたジョルジュ・カドゥダルと十一人の共謀者たちをギロチンにかけた。

一八〇八年五月十六日、アンリと彼の助手たちは、一人の殺人犯をギロチンに送る付き添いのため、コンシエルジュリへ赴いた。パリのサロンや店々で、果して正義が行われたか否かで喧々《けん》ごうごうたる議論が戦わされている間、この囚人は二年間も牢獄で鬱々たる年月を過ごしていた。ボヌール、通称マネットというこの娘が犯した殺人は、一件ではなく、何件もであった。美人で溌溂としたこのブロンド娘は、ある男と恋におち、彼の愛の言葉と結婚の約束を信じて、彼に身をまかせた。ところがこの浮気男は、彼女を棄てたばかりか、彼をつかまえようとする彼女の必死の試みを嘲笑《あざ》った。やっと自分の努力が無駄であることに気付いた彼女は復讐を誓った――すべての男たちに対して。この目的のために、彼女は男装した。男のかぶる山高帽を取ると、この美しい娘の金髪がその下から流れ落ち、彼女の恰好良い肉体は、ぴっちり締まったコートで強調されていた。そして、白のキュロットと黒い革のブーツは、長いすらりとした脚線を露《あら》わに見せていた。この意表をついた魅惑に、男どもは夢中になった。男という動物は、ありきたりのものに食傷しており、たえず風変りなものを追い求めるものだ。

マネットは獲物をホテルの部屋へ誘いこんではワインを注文させた。そして、時を見計らって、何とか男の注意をそらせておき、その隙に彼のグラスに催眠剤を落しこんだ。男が眠りこむと、彼女は手さげ袋からハンマーを取り出して撲殺した。そしてすぐに立ち去る代りに、彼女はその夜をホテルの部屋で過ごし、翌朝、死体からありったけの金や宝石類を奪ったあとで、ホテルの従業員に、「夫」をそっとしておくように言いつけた。「彼はぐっすり眠っていますから起こさないで下さい」と彼女は言ったものだ。「私はちょっと買物に出ますが、昼には戻ります」。従業員は一人残らず彼女の服装に度胆を抜かれたので、警察に尋問されても、ただ頭を振って、女が美人で金髪だったという漠然とした供述しか出来なかった。おまけに、彼女はしょっちゅう普通の女の服装に戻ったので、他の美しいパリジェンヌたちと見分けがつかなかった。警察長官フーシェの部下たちが、こうした数件の殺人を一つ一つ徹底的に捜査したにもかかわらず、マネットは何年間も逮捕を免れていた。

刑事の一人がついに彼女を罠にかけた。わざと彼女にホテルの部屋へ連れこまれて、彼女の薬を飲みはしたが、眠りに落ちる前に何とか助けを呼ぶことができた。ホテルの従業員たちが部屋にかけつけ、まさにハンマーを振り下ろそうとしていたマネットを止《と》めることができた。その場で逮捕、投獄されて、彼女はすっかり自白した。誇らし気に、自分が十八人だか二十人だかを殺したことを——正確な数字は彼女にもはっきりしなかった。彼女はまた、自分が誰かに気づいたらしいマルジュとかマンジュとかいう少女も殺したと告白した。驚いたことには——おそらく彼女が美人だったせいだろうが——この事件は同情を惹き起こした。助命嘆願書が、皇帝自身のデスクにまで届いたほどであった。彼女の上告は却下された。だが、上告裁判所は慣例通りに数週間で結論を出すかわりに、判決を二年間も引き延していた。

冷酷なコンシエルジュリの牢番たちでさえ、彼女の魅力のとりことなり、幽閉生活にもめげずその美しさをいささかも失わずにいつも微笑みを絶やさないこの囚人に、讃嘆と哀れみを隠そうとしなかった。処刑当日、彼女はスカートを脱いで男装に戻り、自分は復讐の衣裳で死に就くのだと言った。そして、カールした金髪をおとなしく切られ、後ろ手に縛られる時も抵抗一つしなかった。アンリと助手は彼女をグレーヴ広場へ連行した。広場には大勢の群集が待ち構えていて、サンソンの護送車を貪るような好奇の眼で眺め、このおだやかでにこやかな女に少なからず感嘆していた。彼女は最後まで、少しも取り乱したりしなかった。

「惜しいとは思わないこと？」と彼女は、自分をギロチンへと導くアンリに向って言った、「私みたいな美人の首を切り落してしまうなんて」。

革命後の処刑人の生活――アンリ・サンソンとその息子――

処刑人にとって、その仕事は次第に吐き気を催すような忌まわしいものとなってきた。彼は、医療を行なったり、貧民たちにパンを施したり、できるかぎり静かで上品な生活（仕事以外の面で）を送り、何度も何度も「私は単なる道具にすぎない、打撃を加えるのは法の裁きなのだ」と自らに言い聞かせることによって、良心の苛責を和らげようと努めた。ギロチンで人を殺したあと、どんな気持がするかと尋ねたある人間に向かって、彼は、「処刑にやむを得ず立ち会った人と同程度の心の痛みしか感じません」と答えた。彼はこうは言ったものの、この言葉を心から言った訳ではなかった。いかにそう思いこもうとしても、その通りであると自分に納得させることは不可能であった。彼がその仕事を続けた唯一の理由は、この仕事以外には収入の道がないことが分っていたからである。

革命とともに、生計の道が閉されてしまった処刑人——その息子、妻、未亡人、その他の血縁はいうに及ばず——の数は夥しかった。ほんの一握りの人びとが政府からわずかばかりの年金をどうにか支給して貰っていたが、その他は赤貧洗うが如き状態にあった。処刑人が他の職業で生計を立てようとすればどういうことになるかの、まざまざとした実例は、サンソン一家の中にも見出される。ルイ－シルー－シャルルマーニュの息子のルイ－ガブリエル・サンソン（プロヴァンの処刑人でアンリの従弟）は、家業を捨てて自分自身の仕事を始めようと決心した。彼は両親の家を出てトロワに住みつき、そこで鍛冶屋に弟子入りした。徒弟時代には誰も彼の素姓に気がつかなかったらしいことに勇気を得て、彼は錠前屋の店を開いたが、田舎の村では誰も名を隠したままではいられないことを知ったのが落ちであった——詮索好きな田舎の人間は、そんなことを我慢してはいなかったのである。ルイ－ガブリエルの先祖についての噂が広まるやいなや、誰も彼のそばへ近寄ろうとはしなくなった。彼は店をたたんでプロヴァンへ戻る以外に何もなす術がなかった。彼は、当時未亡人となりわずか四百フランの年金で細々暮していた母親のマリー－マルグリット・ジャンドロンを頼って、プロヴァンの城壁の外側にあるメゾン・デュ・ブロー（処刑人の家）——小さな石造りの家で、今もなお現存している——へと戻って行った。母が死んで年金が断たれるや、彼はプロヴァンの自治体当局にすがって、細細と哀れな生存を続けた。

サンソン一族の他のメンバーにも貧困の波が押し寄せていたことは、資料館《アルシーヴ》に保管された次のような手紙の数々を見れば明らかである。最初の手紙は、司法大臣兼国爾尚書のデュポン氏に宛てられている——

ランスの処刑人、ニコラ－ガブリエル－シャルル・サンソンは、貴下に謹んでその窮状を訴えます。故パリの処刑人の兄弟として、彼のために十八年間奉仕しました……閣下、私は貴下の足元に身を投げて、内務大臣殿に、老いかつ病める私の生存に欠くべからざる年金を、いかほどの額であれ御意のままに、この請願者にお恵み下さるよう、お取りなしを願う者であります。嘆願者は、神が閣下の尊き生活を祝福されんことを常に祈るものであります。

この文書には、ニコラ・サンソンの署名がある。
この手紙は効を奏さなかったので、第二の書状は、立法委員会の諸氏宛てになっている。

七十一歳のランス市の有罪判決執行人、ニコラ－ガブリエル－シャルル・サンソンは、謹んでその窮状を訴えます。彼は三十年間その職を務め、その間、司法官殿より一度たりともお咎めを受けたことはありません……個人的不幸と彼の給料および所得の道を閉されたことにより、彼はやむなく前述の市をあとにして、パリの処刑人たる彼の甥の許に身を寄せております。甥は親切にも彼を受け入れ、食と住を提供してくれました……委員諸氏には、私の嘆願を拒否されることのなきよう、あえて願い奉ります。

これには、「サンソン、サン－ジャン通り、甥（アンリ）方」との署名がある。

トゥールの処刑人、ルイ－シャルル－マルタン・サンソンが司法大臣宛てに出した手紙は、再雇用を嘆願している。すなわち、二十二歳のルイ－ヴィクトール・サンソン、「アンドル・エ・ロワール県トゥールの前処刑人市民サンソンの息子、叔父ブロアの処刑人の助手、パリの処刑人サンソンの従《いと》弟《こ》のお召抱えを、謹しんでお願い申し上げ……」ている。

サンソン家だけが窮状にあったのではない。次のようなリモージュからの手紙が、地方の処刑人《ブロー》の絶望的な状況を切々と訴えている。

> 大家族の家父ジャン・シマイヨーは、貴下の足下に伏して慈悲を願い上げます……。リモージュの処刑人の助手を勤めて参りました……私のために、処刑人の職を見つけて下さるよう閣下に嘆願いたします。私の要請、第八〇二〇号は貴官におかれて検討中との報に接しましたにも拘らず、以後今にいたるも梨の礫《つぶて》でございます。……

リモージュの男が言及している番号は、司法大臣が発した印刷物にもあらわれており、もし八〇二〇番という番号が何らかの意味を持つものとすれば、司法省には物凄い数の請願が来ていたにちがいない。この書類には、「**フランス共和国、――自由、平等、友愛**」の文字と、秤《はかり》を手にした正義の女神像がレターヘッドに刷りこまれている。そして、某月某日（これは書き込み欄となっている）付の市民の手紙が受領されたこと、および彼の請願（請願の種類を書き込むことになっている）は考慮されるであろうことが印刷されている。そしてその下には、健勝と友愛《サリュ・エ・フラテルニテ》を祈る文句と空欄があって、そこに書きなぐった（そしてもちろん判読不能の）、誰か下級吏員の署名がある。

多くの処刑人が生活の場から引き抜かれて新しい土地へ転任させられたが、これもまた艱難辛苦の種となった。デフルノーという処刑人は、「イスーダンに長らく居住し、そこには住居ならびに家族がおりその母親と何人かの姉妹たちの唯一の支え手として、彼はもちろん彼の一族たちも、長年の馴染みゆえに住民の反感も和らいでいるこの土地から離れ難く思っております……住む家を見つけ難いことと、われわれに対する反感から法外な値段を要求されることも、この問題を一層堪え難いものとしております」と書いている。コルシカの処刑人も同じように惨めであった。「大臣殿、私には妻と大家族がおりますことを御承知下さい。コルシカの物価高では、とても私には家族を養いきれません。私は当地で何とも不幸であります……」。

こうした悲痛な要求や嘆願のほとんどが、おそらくは書類の山に埋もれてしまったか、ゴミと一緒に投げ捨てられてしまったものと思われる。

しかし、役人の中には、良心もしくは親切心を持った者もいたらしい。というのは、処刑人の寡婦たちの名前、年齢、住所、生活手段（もしあれば、だが）それに彼らの福祉のために政府から提示された金額（涙金）を記入した一覧表が残っているからである。

パリの処刑人であるアンリ・サンソンは、彼の同業者に比べればずっと恵まれた状況にあった。処刑の仕事も減っていたので、彼は助手を二人に減らすことができ、もはや革命時の父のように七人も九人もの助手を必要としなかった。しかも給料は元のままであった。さらに有難かったのは、今では政府が彼の出費を払い戻してくれたことである。そして、誰もその経費を調査している様子もなかったので、彼は多少の贅沢にも耽《ふけ》った。こうした収入源と、医療で稼いだ金とで、彼は快適な暮しを楽しむことができた。

とは言うものの、処刑の数は減少しつつあったばかりか、新しい、彼にとっては驚くべき思想傾向が生じて、彼の生活を脅やかしていることに、彼ははっきり気付いていた。彼が知己に語ったとされている次の言葉が引用されている――「連日のように、博愛主義者たちの努力が私の生存を脅やかしています。彼らは死刑の廃止を叫び続けているからです。断っておきますが、あなた、もしこれが実現したら、大変なことですよ。だって、すでに我々の手にかかった人は、たとえ生き返れたところで、誰一人元通りの身体にはなれやしないんですから」。――自分の仕事を嫌悪し、犠牲者を憐れんでいた男の言ったことにしては、ずい分厳しい言葉ではあるが、おそらく、それが公共印刷物に引用されて、世論の流れを押し止め、彼の職を温存してその収入を守ってくれることを希望しつつ語ったものであろう。ムシュウ・ド・パリである彼は、その地位を失うにしても一番後廻しとなっただろうが、その地位は果してこの先どのくらい続くものだろうか？　ブルボン家の「王制復古《レストラシオン》」（一八一四〜一八三〇）の下では、彼の給与は年額一万二千フランに減らされ、さらにルイ－フィリップの治世下ではわずか八千フランになってしまうのだった。

しかし、アンリ・サンソンは、恐れたり疑ったり心配したりしても仕方がないことを知っていた。賽《さい》はほぼ二百年も昔にすでに投げられており、彼がこの世に生を享《う》ける前から彼の将来は決まっていたのだ。息子アンリ－クレマンにとっても、未来は大した変りようはあるまいし、彼がそのことを早く認識すればするほど、彼にとって生活は容易になることだろう。しかしアンリ－クレマンは、父の歩んだ道を歩みたいとはまったく思っていなかった。「私にはとうてい人をギロチンにかけるだけの勇気が出そうにありません」と彼は、祖母のマリー－アンヌ・ジュジエに言った。彼女はブリーコントーロベールで、そしてブリュノワで、彼の面倒を見、今はパリで息子と暮していた。「お前には選択の余地がないのだよ」というのが、この老婦人とアンリが与えた答えだった。「一日も早くグレーヴ広場に慣れる方が良い」。

これから起ることに怯《おび》えながらも、十六歳のアンリ－クレマンは心を鬼にして最初の処刑台での体験に臨んだ。一八一五年三月二十日に行われることになっていたのは、ドータンという名の陸軍中尉の処刑であった。彼はブルボン王朝によって追放されたのち、自分の兄弟と叔母を殺害して死刑を宣告されていた。だが、フランス国民にとって、元陸軍士官の処刑などよりずっと意味深い、はるかに重大な事件が、一八一五年三月二十日のカレンダーを印づけたのであった。

一八一二年、連戦連勝の彼の大軍隊《グランダルメ》がヨーロッパの大半を制覇したあとで、ナポレオン・ボナパルトは五十万の軍隊をロシア国境の方へ移動させることに決めた。そして、九月にボロディノでロシア軍を破ったのち、彼はモスクワに進軍したが、それから五週間ののちに、不名誉かつ惨憺たる撤退を余儀なくされた。これを契機として、彼の大帝国は崩壊しはじめた。そしてついに一八一四年四月には、彼は退位に追いこまれ、二百万フランの年金と、エルバ島の統治権を認められて、国外へ去った。しかし、一八一五年二月、ナポレオンは彼のルイ十六世の弟、ルイ十八世がフランス国王となった。しかし、一八一五年二月、ナポレオンは彼の王国であるエルバ島を脱出して、三月一日にフランス南岸のカンヌに上陸した。この元皇帝が、三月七日、グルノーブル、十日、リヨン、十九日フォンテンブローという工合に北進を続けるに従って、三月二十日に彼がチュイルリー宮殿に到着するのを、人びとは熱狂して待ち構えた。

この火のようなコルシカの小男に比べたら、ルイ十八世は精彩を欠いた存在であった。フランス人民は、ボナパルトの中に、彼らの国家の誇り高き未来を夢みたばかりではなく、農民とブルジョワジーはともに、王制復古政府を恐れ、不信を抱いており、「王制復古」という言葉が特権や階級の復古を意味するのではないかと疑っていた。爆発的な歓迎がこの追放者を待ち受けていた。そこで、司法省は、この熱狂した群集が通りという通りに溢れるであろうことを見越して、処刑などという汚れたことで皇帝の首都入りを台無しにさせる訳には行かなかった。処刑は三月二十九日まで延期された。

アンリ－クレマンは安堵の吐息をついた。彼は、彼自身軍人であるナポレオンが、この元士官の罪を免じてくれるかも知れないとさえ思った。しかし、恩赦はなかった。たとえこの処刑が皇帝の耳に達したとしても、道を踏み誤った不運な一兵士の運命よりも、軍隊再編成の仕事の方が優先するのは当然であった。

三月二十九日、アンリと息子は予定通り囚人をグレーヴ広場へと護送して行った。哀れな男は道中ずっと、無実を叫び続けていた。ドータンが繰り返し「私は無実だ、私は無実だ」と叫ぶ声に気持が悪くなったアンリ－クレマンは、ギロチンの刃が落ちたとき眼を逸らしていたが、次の瞬間、恥も外聞もなく溢れ出る涙に頬をぬらしながら、その場から逃げ出した。

彼は、処刑人として初めて断頭台に赴いた折にも、同じように無様《ぶざま》に振舞った。一八一九年、父アソリは肋膜炎に侵されて、病の床から起き上ることができなかった。一月十三日、アンリ－クレマンと助手たちは、囚人を受け取りに行った。囚人はフラールという名の近衛隊の軽歩兵で、罪状は殺人罪であった（彼はただ、時計と金のイヤリングを奪うだけの目的で、二人の婦人を殺害していた）。この時の模様を、処刑人自身がこう記している。「われわれはグレーヴ広場に着いた。ギロチンはその巨大な二本の腕を空に向かって伸ばしており、青ざめた冬の太陽が、輝ける鋼鉄の刃の上で躍っていた」。死刑囚に救いの手を差し伸べていたことで知られるモンテス神父が、アンリ－クレマンの方を向いて、父の代理を務めるのかと尋ねた。彼がうなずくと、神父は言った。「君の仕事を遂行するには勇気が必要です。私たち、つまり君と私は、同じ目的に向かって歩みはしますが、道はそれぞれ違っています。君は人間の正義を代表し、私は神の慈悲を代表するのです。神の名において、君にお願いしたいことがあります。この哀れな子供が、『神よ、私の魂を御手に委ねます』と言い終るまで、どうか開始の合図を待って頂きたい」。

その「哀れな子供」は二十歳——処刑人と同年であった！

アンリ－クレマンは、断頭台への階段を上ることさえ出来なかった。どうにも逃れる術が無いこと、そこに臨席して処刑の手続きに法的体裁を与えねばならないことは承知しながらも、とても自分にはそうする力を奮い立たせることが出来ないことを悟って、彼は第一助手のフオコニエに指図するよう命じた。そして、部下たちが彼の務めを果している間、ムシュウ・ド・パリの称号を担うべき七代目の人間たるアンリ－クレマンは、木の階段の足元に、怯えきった子供のように立ちつくしていた。目撃者の話では、いよいよ運命の瞬間が来た時、彼はまるで、その重い刃が自分の頸に落ちるかのようにたじろいだそうである。

アンリの病気はかなり長引いたので、その息子はやむを得ず、監獄から処刑台への旅に馴れてはきた。しかし、アンリ－クレマンはギロチンに対する反発を何としても克服できなかったし、明らさまに自分の嫌悪感を出さないで務めを遂行できたためしがなかった。家族の誰かれから、耳にたこができるほど吹きこまれていた祖父の「われわれは、運命の手で置かれた場所で生きなければならない」という言葉が、彼に先祖伝来の職業に止まる決心をさせた大きな要因となっていたことは疑いないが、妻を扶養するに足るだけの金を稼がねばならなかったことが、否が応でも彼を屈服させたのであった。一八一七年、フラールの処刑の数ヵ月後に、アンリ－クレマン・サンソンは、サン－ローラン教会で、ヴィルジニー－エミリ・ルフェビュールと結婚式を挙げた。花嫁は、フォブール・サン－ドニで羊毛とメリヤス類を商っていたジャン－バチスト－アレクシー・ルフェビュールの娘で、処刑人の家庭育ちではなかったが、両親が長年サンソン家と親しかったことから、まったくの部外者という訳でもなかった。

この結婚はあまり幸せとはいえなかった。アンリ－クレマンは彼の宿命に屈しはしたが、それを受け入れるにはいたらなかった。夫婦はマレー通り三十一番乙に、夫の両親と一緒に住んだ。おまけに、地方から、他に行き所がなくてパリの親戚の許に身を寄せていた貧しいサンソン一族の同業者たちも同居していた。さらに、こうした処刑人たちの妻や子供やアンリの助手たちも一緒だった。この一族の職業をさらに強調するかのように、家屋の一部屋は、アンリが蒐集した昔の拷問道具の展示場所として確保されていた。こんな工合に周囲をすっかり固められて、その忌まわしい環境から逃れることは不可能であった。一八四〇年に父が没したあとで、アンリ＝クレマンは、鉄格子造りの門扉をエレガントな戸に変えたり、ガラス張りのベランダを作ってみたりしたが、この家は依然として「首切り人の家《メゾン・デュ・ブロー》」であり、この家の主人は、どう努力しても、それが他の何かであると自分に思いこますわけにはいかなかった。

アンリは処刑台に戻ってきたが、肋膜炎の結果ひどく弱っていた。それ以後は、彼の息子が彼の手助けをし、やがて頻繁に、そしてその度に嫌悪の情をつのらせつつ、父の代理をするようになった。

処刑人という称号を担うサンソン家最後の人物、アンリ＝クレマンは、その生涯に百十一人をギロチンにかけることになるのだが、それは、祖父の記録簿と比べたらほんのわずかな数にすぎない。しかし彼の生涯は、シャルル＝アンリの生涯よりはるかに、かの十八世紀の『監獄年鑑《アルマナ・デ・プリソン》』中の小さな詩に含まれる真理をまざまざと証明することになった。すなわち、他のすべてを滅ぼしたあとでは、自分自身を滅ぼす以外に何が処刑人に残されていようか？

賭博師、放蕩者、そして挙句の果ては性的倒錯者になり下ったアンリ＝クレマンは、まさにそれを具現したのであった。

王政復古後の処刑人の仕事

革命は、封建的な諸法令や、時代遅れの制度、ならびにそれまで教会や貴族たちが享受していた数々の特権を粉砕した。ナポレオンはこの国を再編成し、安定した貨幣制度や宗教協約《コンコルダート》および法典を賦与《ふよ》した。彼はまた、政府を中央集権化し、教育制度を作り上げ、公正な税制を施行した。しかし、革命および帝政はともに、国の内外における殺戮を伴なった動乱の時期であり、無政府状態も独裁政治も、フランスの政治的不安定に満足すべき回答を与えるにはいたらなかった。国民は今や君主制の復活を望んでいた。だが、君主制とは言うものの、辛酸の末にかち取った「**自由、平等、友愛**」の原則を損うことのない、制限付きの君主制であった。ルイ十八世は、平和と正義のためには自分の信条を喜んで犠牲にする男だったので、臣下に、ナポレオン的遺産を最大限に温存した憲章を授け、さらに、貴族院と庶民院の二院制立法府の設置を約束した。もし他からの介入が無かったとしたら、彼はあれほど必死に希求していた平和と安寧の達成に成功していたかもしれなかった。しかしブルボン王朝の復活とともに、亡命貴族たちの帰国が可能になった。何千何万という、国外に逃れ流亡の辛酸と窮乏に苦しんできた悲憤の貴族たちが帰国してきたのである。彼らは、一七八九年から一七九三年の間に自分たちに対して為されたことを忘れることはできなかったし、忘れようとも思っていなかった。そして、この新しい社会を嫌い、絶対主義の教義を犠牲に供したがゆえに彼らが「ジャコバン的国王」というレッテルを貼ったこの支配者をうとんじた。彼らは旧制度《アンシャン・レジーム》を復活させようと決意していた。国王の弟、アルトワ伯爵（のちのシャルル十世）を指導者に戴いて、彼らが目的としたことは復讐であり、報復的略奪であった。立法府を抱きこむことによって、彼らはルイ十八世を追い込んで反動政策を取らせ、これが遂には一八三〇年の革命（訳注　政府の反動政策に憤激した市民の蜂起によりブルボン王朝が崩壊した七月革命）を生む結果となる。「白色恐怖《ラ・テルール・ブランシュ》」として知られる運動が生まれ、ヴィールスのようにフランス中に拡がって行った。その目的とするところは、すべての革命支持者、ルイ十六世の死刑に賛成投票した者全員、すべてのナポレオン支持者《ボナパルチスト》、ナポレオンの大軍隊《グランタルメ》に参加した者全員に対する処罰であった。そしてもしこの白色恐怖が、いかなる仕方であれ、ルイ十六世とマリー・アントワネットの身に危害を加えた者全員の死刑を求めていたのだとすれば、処刑人とその家族こそ犯罪人の手配リストの筆頭に挙げられて然るべきであった。

しかしこの時もまた、サンソン一家は安泰で、彼らの地位も少しも脅やかされることはなかったかに見える。ちょうど一七八九年当時、王の下僕《しもべ》として、彼らも他のあらゆる王の役人たちと同じく危害を蒙る可能性があったにもかかわらず、革命主義者たちは彼らを傷つけなかったばかりか新しい法律を執行する手先として利用したように、今また、王党派連中は、彼らが裁判所から手交される命令に従って死刑囚を処刑し続けるものとみなして、彼らを無視したのだった。

このように、処刑人を、政府、世論、人間感情と結びつけて一体視しなかったということは、実際には、その存在を一個の人間としてみなさなかった、ということである。もし彼が政府の役所の一吏員であったとしたら、制度が変わっても彼が仕事をし続けるということも、さほど驚くべき事ではないだろう。しかし彼は、当然一七八九年の時点で解任されるべき性質の職務を占めていたのであり、それはまた、ブルボン王朝が復活すればしたで、それとともに解任されるべき性質のものであったのだ。処刑人とは特種な人間であり、容易に代りを見つけられる種類のものではなかったという事実もさることながら、この事情の説明として考えられるのは、彼らがどう見ても、関心を寄せるに価しないものとみなされていた、ということである。彼ら自身にしても他に職業を探す訳にはいかなかったので、そのため、給料を支払ってくれるものならどのような政治形態に対しても、ひたすら忠実に奉仕せざるを得なかった。そして、知性とか感情とか社会的地位などを一切持たないものとみなされていたがゆえに、処刑人は、君主制であれ共和制であれ、いかなる政体にとっても脅威とはなり得なかったのだ――彼は何にも、誰にも所属していなかったから。彼は機械であった、法の道具であった。彼とギロチンは一体を為していたのだ。

ルイ十八世の暗殺計画が露見して、アンリ・サンソンとその息子の手に、三人の囚人が引き渡されることになった。逆コースの法令である刑法第十三条には、「弑逆罪により死刑を宣告された者は、上着を着けないシャツ・スリーヴ姿に裸足で、頭に黒い布を被せられ、処刑場に連行されるべきこと。執行吏が群集にその死刑判決を読み上げる間、処刑台上に立たされること。その後、右手を切断の上、処刑されるべきこと」と規定されている(切断刑は一八三二年には廃止された)。三人の死刑囚の名は、トルロン、カルボノー、プレニエであった。恐怖政治下の時と同様に、大勢の群集が彼らの責めと首切りを見に集まって来た。そして今、彼らの「国王万才！」という叫び声は、一七九三年にルイ十六世の首を要求した時の叫びに劣らず、狂暴で血に飢えたものであった。アンリークレマンは、四人に匹敵する苦しみを抱いていたため、処刑台への階段を上ろうとさえしなかった。

ベリー公爵シャルル－フェルディナンは、のちのシャルル十世の二男であった。彼は、オペラ座を出てくる所を、馬具製造人のルイ－ピエール・ルーヴェルによって暗殺された。犯人は一八二〇年六月七日にギロチンにかけられたが、この男は狂信的な共和主義者で、自分の生涯の目的は、ブルボン家の血筋を全滅させることであった、と告白した。彼が連行されて行くのを見ようと、男、女、子供たちが通りを埋めつくしたが、その中には若き日のヴィクトル・ユゴーの姿も混じっていた。彼はその時の模様を、何年も後になって、『随見録《ショーズ・ヴュ》』の中で次のように語っている——

私がまだ非常に若かった頃、グレーヴ広場へ連行されていくルーヴェルを、ポントシャンジュ（両替橋）の角で見たことを憶えている。それは、私の記憶に誤りがなければ、六月のことであった。陽光がギラギラと照っていた。護送車に乗せられたルーヴェルは、後ろ手に縛られ、青い前開き上着《ルダンゴート》を肩にかけ、丸い帽子を被っていた。私には彼の青ざめた横顔しか見えなかった。彼は全身いたる所で、一種の重々しい、厳粛なる獰猛さ、目的を志向する激しい活力といったものを発散していた……

一八二二年の九月には、ラ・ロシェルの陰謀家として知られる四人の若い過激グループが、ブルボン家の崩壊を企てた廉《かど》で、断頭台に上った。しかし、ルーヴェルの場合とは異なって、彼らは誰一人殺してはいなかった。四人は四人とも、モンテス神父の奉仕を拒否し、四人とも立派に死んで行った。最後にギロチンにかけられる事になった男は、ちょうどルイ十六世がしたように、前に進み出て観衆に向かってこう呼びかけた。「兄弟たちよ、もし私が涙を流すとしたら、それは私自身の運命のためではなく、私の目の前でたった今死んで行った私の同志を悼んでである。われわれは、われわれの血を君たちに代って流すことで、君たちの手に報復の遺志を託す。われわれの最後の願いを忘れないでくれ。自由万才！」

この勇敢な態度に感銘を受けたのは、アンリークレマンだけではなかった。兵士たちはひざまずき、観衆の何人かは卒倒した。大衆は、自分たちで考えていたほどには冷酷でもなければ無情でもなかったのである。

すべての刑罰が、政治犯に課せられたこうした処刑のようにドラマチックだったわけではない。無法者の脱獄囚ピエール・コワニャールは焼き鏝《ごて》を押された上で晒し台に立たされた。重婚罪の告発を受けたサラザン将軍は、フランス、イギリス、イタリアに妻を持っているとのことであった。彼はサンソン父子に引き渡され、投獄に先立ってカルカンの刑——鉄の首枷をはめて、晒し台で晒す刑——に処せられた。コントラファット神父は、五歳の少女を暴行したとの告発を受け（のちにこれは無実であることが分った）、晒し台に一時間立たされた後、投獄された。殺人罪に問われた囚人の一人、ピエールールイ・マルタンは、黒い布を頭から被せられて処刑場へ連行され、尊属殺人（彼は父親を殺した）に対する刑法に従って、断頭の前に手首を切り落された。それから半年ののち、ニコラ・ブティリエが母親を殺した廉で同じ刑罰を宣告された。

死刑の件数は急速に減少した。時には何カ月も、サンソン父子《ペール・エ・フィス》の仕事の要がない儘に過ぎることもあった。死刑はもちろん、体刑さえも減ってきたが、それにつれて、処刑人の仕事に対する必要性も減ってきた。パリの処刑人たるサンソン父子は、処刑人組合の代表格であり、近在の小さな町の処刑人たちがその任を解かれるに従って、アンリとアンリ－クレマンは、ヴェルサイユやボーヴェやコンピエーニュでのいかなる仕事でも、必要とあれば遂行した。十年足らずのうちに、国王の布告によって彼らの親類や友人たちの仕事の口は、ますます減らされて行くことになった。

ルイ十八世とシャルル十世の統治は、絶対主義の復活と貴族の諸特権の回復をもたらした。ルイ十八世よりはるかに頑迷で専横的だったシャルル十世は、下院議員たちの反乱含みの憤激の兆を無視する態度に出た。彼はまた、臣下の要望を蹴って、ポリニャック公を首相に任命したし、出版の自由を制限したり、不従順な議会を解散したりした。だが、新しい議会を腹心で満たそうとした試みは失敗に終った。ついに彼は敗北を認めてイギリスに亡命した。ブルジョアジーはその過半数で、「レジティミスト」（訳注　ルイ十四世の正系である ブルボン家を擁護した人びと）やボナパルティストたちの反対を押さえて、五十六歳のオルレアン公ルイ－フィリップ（フィリップ－エガリテの息子）に王位を与えることに成功した。彼は、単純な、まったく現実的な家庭的な男で、風采から見ても行動から見ても、君主というよりは商人といった方が似合いの「平民王」であった。彼の有名な西洋梨形の顔は、彼がどこへでも持ち歩いた雨傘同様に、フランス国中のあらゆる漫画家や諷刺家の格好の的となった。

このぱっとしない国王の統治下にあった一八三〇年から一八四八年にかけて、サンソン一族にとっては致命的重要性を持つ運動が、力強く、幅広く押し進められて行った——それは、社会学者、作家、画家、政治学者たちが足並をそろえた死刑廃止を目指す運動であった。

新しい社会(七月王政)の波とサンソン家

一八二九年、一つの短編小説がパリの本屋に現れた。それは、監獄の独房で発見されたと覚しく、死刑の宣告を受けた一人の男が、断頭台に赴く最後の何時間かの間に走り書きしたという形になっていた。作者の名は伏せられていたが、それは翻訳物ということで、原作者はイギリス人かアメリカ人であるとの噂だった。一八三二年にこの小説は再版されたが、今度は序文つきで、扉には、ヴィクトル・ユゴー著『死刑囚最後の日』と著者名が披露されていた。

この中編小説が出た時、ユゴーは二十七歳であったが、すでに一再ならず処刑を目撃していた。「著者はこの作品のテーマを本から取ったものではない。彼は彼の作品のテーマをそのような遠い場所に求める習慣は持たない」と、ユゴーは序文に書いた。「彼はそれを、誰もがきわめて簡単かつ明瞭にそのような事を目撃できる場所、すなわちグレーヴ広場で見つけたのである。ある日、たまたまそこを通りかかって、彼はこの宿命的なテーマを拾ったのだ。それは、ギロチンの血腥い足元の血溜りの中に転がっていた」。

『死刑囚最後の日』はかなりの反響を呼んだが、この本がかくも生々しく、かくも毒々しく描写した囚人の苦悩に対しては、大した同情は起こらなかった。

死刑！

この五週間というもの、私はこのことばかり考え、それのみを友とし、その存在にたえず怯え、その重さにたえず押しひしがれて生きてきた。

私はたった今遺書を書き終えたところである。

何故か？　私は費用を払うよう宣告されているのだ、そして、その費用は私の全財産を投げうっても賄い切れない額なのだ。ギロチンは恐ろしく金がかかる。

私は母を残し、妻を残し、子を残して行く。たった三歳の、あどけない、バラ色をした、か弱い娘、黒い大きな瞳と栗色の長い髪の毛の、いとけない娘。

私が最後に見た時、彼女は二歳と一ヵ月だった。

かくして、私の死後、三人の女が、息子を、夫を、父を奪われて取残される。法の犠牲の三人の孤児、三人の寡婦が。私が刑を受けることは当然だと、私は認める。しかし、これらの罪なき犠牲者は、いったい何を為したというのだろう？

何の違いがあるというのか。彼らも同じように辱しめられ、破滅させられたのだ。それが正義というものなのだ。

そしてその後、牢獄を描写して、ユゴーはこう書いている——

人びとは戸の近くや壁に沿って立っていた。そして、僧侶と警官のそばに、三人の男たちがいた。

最初の、一番背が高く、一番年をとった男は、ふとった赤ら顔の男だった。彼は前あき《ルダン》上着《ゴート》と型のくずれた三角帽子を被っていた。奴だ！　これこそ首切り人《ブロー》、ギロチンの下僕だ。あとの二人は彼の助手たちだった。

一八三二年発行のこの本の序文で、ユゴーは処刑人に対する彼の軽蔑のありったけをほとばしらせている。一八三〇年十月に高等法院で闘わされた、死刑に関する論争を思い浮べつつ、彼はこう語っている——

真相を語るべきなら、首切り人はひどくびくついていた。我々の立法者たちが、人道主義、博愛主義、進歩改善などを語るのを耳にするや、彼は進退極まったと感じた。この下劣な生きものは、夜行性の鳥が昼の光に怯えるごとく、七月革命の太陽に耐えられずに、こそこそとギロチンの下にもぐりこんだ。以後六カ月間というもの、彼は人前に姿を現わさなかった。生きている兆しさえ見せなかった。しかし、暗闇の中でうごめいているうちに、彼は次第に自信を取り戻してきた。彼は議会の方向に耳をそば立て、自分の名前が人人の口に上らないのを知った……人びとは、他のもっと重要な社会的問題、たとえばオペラ・コミック座に対する助成金問題などにかかり切りであったのだ……誰も、彼、首切り人などに考慮を払うものはいなかった。このことに気付くと、この男はほっとして、穴から首を出してあたりを見廻した。やがて、ラ・フォンテーヌの二十日鼠のように、一足、また一足という工合に、彼はその処刑台の下から図々しくも姿を現わした……

ユゴーは、死刑に対する彼の痛烈な非難を、こう締めくくった。「過去の社会構造は、三本の柱に支えられていた。すなわち、僧侶と、国王と、首切り人という三本の柱に。何年か昔、『神々は去れり！』という声が聞かれた。最近、また別の声が上り、『王たちは去れり！』と叫んだ。今や、三番目の声、『首切り人は去れり！』(*le*《ル》 *bourreau*《ブロー》 *s'en*《サン》 *va*《ヴァ》*!*)が上るべき時である」。

第三の声は、細々とした叫びにしかならなかった。下院は死刑に反対の投票をしたが、上院はその存続に票を投じた。だが、ユゴーは降参しなかった。同年（一八三二）、〈ルヴュ・ド・パリ〉誌上に彼の『クロード・グー』が発表された。これは、凶悪犯の名を表題にした実話であった。ここでもまた、ユゴーは、犯罪者を生み出している点で社会を非難し、法の裁きを、その不当さ、残虐さゆえに弾劾した。一八四五年には彼は『レ・ミゼール』という小説を書き始めることになるのだが、間もなくその題を『ジャン・トレジャン』と変えた。一八六一年に完成した時までには、彼はこの小説を『レ・ミゼラブル』とすることに決めていた。この題名の下で出版されたこの小説は、社会論評として、また勝れた文学として、名声をかち得ることになった。

彼の提示した要求は、社会に受け入れられたとは到底言い難かったが、まったく無視された訳ではなかった。一八三二年の国王布告は、「有罪判決を減らすことになれば、処刑人およびその助手の数を減らすことが可能になってくる……」と述べ、更に、人数と給与両面における変更まで詳細に規定している。

第一条 処刑人の実数を半分に減じ、補充はしない。

第二条 将来は、カルヴァドス、コルシカ、ユール……の各県の処刑人の助手は一名とする。セーヌ下流《アンフエリユール》県は助手二人、セーヌ県は四人とする……

第三条 処刑人の給与。

パリの処刑人	八、〇〇〇フラン
リヨンの処刑人	五、〇〇〇フラン
ボルドーおよびルアン	四、〇〇〇フラン
人口五万以上の都市の処刑人	三、五〇〇フラン
人口二万〜五万	二、四〇〇フラン

この法令により、ムシュウ・ド・パリを除くサンソン一族の全員が、処刑人登録簿から除かれることになった。アンリでさえ、背にうそ寒い風を感じたに違いない。おまけに、刑場がグレーヴ広場（市役所の前）という中心部から、パリ南端のバリエール・サン＝ジャックのロン・ポアンという、不便でもあり芳しくもない場所に移されたことも、彼の心配を増した。この決定は、市役所に事務室を持ち、窓下でこのように血腥い光景が展開することに反対していた吏員たちの苦情を考慮したものであったが、同時に、処刑の重要性を極力減じ、大群集がそれを見に集まって来ることのないようにするためでもあった。

このように、あらゆることが社会的不正に対する意識の高まりを指し示し、また「不要不急なものを削減する」という言葉が初めて法令の中に出現してきた一八三〇年代という時期においては、処刑人などは忘却の彼方にかすんで行ったものと人は思うかもしれない。しかしはなはだ不思議なことには、事態はまったくその逆だったのだ。処刑の数はたしかに減ったが、処刑人は突如として、パリでもっとも引張りだこの人物の一人となったのである。この現象は、ある程度はヴィクトル・ユゴーの小説のせいでもあったが、実際には、ギロチンを今の遠隔の地へ移動させることを最初に要求した一人物によるものであった。

人道主義者で、フランス監獄の王立協会会員であったその男、バンジャマン＝ニコラ＝マリー・アペール（一七九七〜一八四七）は、そもそもは教師であった。兵士の大多数が読み書きが出来ないことを知って、彼は、兵営内に学校を設ける許可を陸軍省から得た。彼の尽力のお陰で、十万名を越す兵士たちが初歩教育を受けることができた。彼は次に、もっと大胆で、より不運な結果を生んだ冒険に乗り出し、監獄内での教育に着手した。ところが、囚人の一団を教育している間に、彼の監督下にあった囚人が二人脱走してしまった。囚人達に対するアペールの同情は広く知られていたため、彼は突如として被告の立場に立たされる羽目となった。ラ・フォルス監獄に投ぜられた彼は、そこでじかに、監獄の規律の厳しさと、獄中生活の悲惨さを体験した。彼は釈放された瞬間から死にいたる時まで、囚人の生活状態改善に献身し、情報と知識を求めてヨーロッパ中の監獄を訪ねて回った。また、囚人の基本的教育に関する論文を発表したり、月刊誌「監獄新聞《ル・ジュルナル・デ・プリゾン》」を発行したり、収集した資料を「徒刑場、監獄、罪人（*Bagnes*《バーニュ》, *Prisons*《プリゾン》 *et*《エ》 *Criminels*《クリミネル》）」（訳注 バーニュとは、十八世紀以後、ガレー船を漕ぐ体刑に代った懲役の牢獄）と題する四巻の書にまとめ上げたりした。バンジャマン・アペールは、ルイ＝フィリップの政府の大臣・高官から、また弁護士や司法官から尊敬されたばかりでなく、多くの著名な作家たちからも賞讃された。彼はスタンダールの『赤と黒』の中に実名で登場しており、小説におけるその役割は実生活で彼が演じた役割そのままである。スタンダールはこう書いている――

ヴェリエールの市長にとってははなはだ煙たい存在である、かのパリから来た立派な紳士は、他ならぬアペール氏であった。彼は到着の二日前に、何とか手づるをつかんでおいて、ヴェリエールの監獄や感化院ばかりか、施療院（これは市長と近辺の主だった地主たちによって、無料で運営されていた）にまで入りこんで行った。

「でも、」とレーナル夫人はおずおずと言った、「あなたはこの上ないほど公明正大に、乏しい資金を管理しておられるのですもの、パリからお越しのこの紳士があなたに対して何ができまして？」

「彼はあら探しを唯一の目的にして、やって来たのです。そして、あとから、自由主義の新聞に、あれこれと書き立てるのです」。

バンジャマン・アペールの、勤勉で果断な社会奉仕家《ソシアル・ワーカー》としての名声は行き渡っており、大都市におけると同様、地方の諸施設においても、責任者たちは彼を知っており、恐れていた。

監獄や囚人たちについて調査している者であれば、処刑人をつかまえて彼を主たる情報源にしようとするのは、理の当然である。そこで、アペールが、アンリ・サンソンと息子の両方を知っていたことも驚くにはあたらない。サンソン家の人びとは、普通なら自分たちの仕事に探りを入れてくる者に対して神経を立て不信の念を抱くのだが、このバンジャマン・アペールという人物は単なる物好きでもなければ、自分たち処刑人を貶《おとし》め誹《そし》ることを唯一の目的としたジャーナリストでもないことが、彼らにはすぐに分った。パリ裁判所で顔を合わせた折に彼らに向って質問したことが一度ならずあったが、この人道主義者は彼らを自分と対等の人間として扱ったし、彼らにしても、このような立派な地位の人から、自分たちの仕事について純粋な興味を示されたことを名誉に感じた。

社会改革に対する興味をアペールと共有していた人物として、友人の一人、パリに派遣されていたイギリス政府の役人であるサー・ジョン・バウリングがいた。パリに詳しかったバウリングは、グレー卿の婿であり、卿の内閣の王璽尚書《おうじしょうしょ》を務めていたラムトン子爵かつダーラム伯爵のジョン・ジョージに同行してその案内役を務めるよう要請されていた。イギリス自由党の党主であったダーラム伯がパリへやってきたのは、社会状態を視察し、教育制度と刑罰制度にどのような改革がなされてきたかを確認するためであった。バウリングはダーラム卿をバンジャマン・アペールに紹介した。そして、ある晩、ダーラムとエドワード・エリス氏（ダーラムの義理の叔父）とバウリングがアペールと食事を共にしていた時、このイギリス人たちはこの家の主人《ホスト》に向かって、自分たちを処刑人に紹介してくれないかと頼んだ。アペールはこの時の模様を、彼の著書『ルイ－フィリップ王の治世下の十年』の中で次のように描写している——

ダーラム卿と、英国陸軍大臣のエリス卿とは、我が敬愛する友バウリングとともに、サンソンとの会見の打ち合わせをするためケー・ドルセーの私の家を訪れた。サンソンは、これら紳士諸氏に、ギロチンを組み立てて見せてくれると約束していた。私は、次の土曜日に訪問する旨を伝えに処刑人の家に行った。私が〔マレー通りの〕彼の家の中に入ったのはこの時が初めてだったので、彼は私を招じ入れることをとても喜んだようだった。

ドアを開けたのはサンソン夫人で、私が名を名乗ると、彼女はきわめて心のこもった暖い態度で迎え、すぐに夫を呼んだ。彼は、その秀でた額と禿頭を覆《おお》っていた木綿の帽子を、あわてて取った。彼は私が面喰ってしまうほどの丁重さと敬意をこめて私に挨拶し、自分のアームチェアに腰かけるよう、熱心にすすめた。これは、正直に告白するなら、私にはあまり有難くないような感じがした――またしても、偏見だ。見廻すと、部屋中に宗教画がかかっており、誰か〔それは彼の孫娘だった〕がピアノで「ミュエット（唖娘）の曲《アリア》」を弾いていた。私は、サンソンの手にかかった不幸な人びとのすべてに思いをはせ、二本の溝のあとがついた諸刃《もろは》の刃《ブレード》を恐怖の目で眺めた。その一つはド・ラリー氏の、他の一つはバールの騎士の処刑を私に思い起こさせた。サンソンが、「ムシュウ、あなたが今座っておられるアームチェアは、ずっと以前から我が家にあるものです。私の父や彼の近親の者たちは、それを非常に愛して、いつも使っておりました」と言った時、私はびくっとした。何でそんな事をしたのかと今では思うのだが、私は我知らず立ち上って、暇《いとま》を告げた。

次の土曜日、ダーラム卿は馬車で私を迎えに来た……彼はマレー通りの家へ私たちが行くことを、前もってたくさんのイギリス人に告げていたものと見え、私たちのあとから何台もの馬車がついて来たので、まるで葬式の行列みたいに見えた。道すがら、ダーラム卿は、ギロチンが動くのを実際に見るために、羊を買って行くわけにはいくまいか、と私に尋ねた。私が、そのような事をしたら、当然激しい批判を呼ぶだろうと答えたので、彼はそれ以上固執しなかった……彼〔サンソン〕は黒の正装に身を固めて、サン－マルタン運河の岸にある画家の家に私たちを案内した。その男はこの運命の器具の保管者であった。そこでは、イギリス気質とはかくあるものだということが示された――彼らはめいめい、刃や死体を入れる籠に触れてみたり、跳ね板《バスキュール》の上に横たわってみたりしたのである。

サー・ジョン・バウリングも、彼の『自伝的回想録』の中で、アンリ・サンソンが彼のギロチンを「この代物」といった意味で「ラ・メカニーク」（訳注「機械の意」）と呼んでいたこと、この恐ろしい器具が赤く塗られていたこと、また、実演のためにわら人形が作られていたこと、などをつけ加えている（イギリス人紳士淑女――この不気味な実演には婦人たちも居合わせていた――は、明らかに、ロンドンのマダム・タッソーの蠟人形館内の展示品で、その好奇心を煽られていたらしかった。旧姓マリー・グロショルツなるタッソー夫人は、ルイ十六世の処刑場面――、国王が跳ね板《バスキュール》の上に横たえられ、首穴《リュネット》に首をはさまれており、傍らにシャルル－アンリ・サンソンと彼の助手たちが立っている情景――を再現していた。そして、ここに復元されたギロチンの刃は「その時の」ものであるとの説明板がついていた）。

サンソン父子の実演を手伝っていたのは、フランソワー・ユージェーヌ・ヴィドックという名の男で、この人物は、ルイ－フィリップ時代のパリの人びとにとって、きわめて驚くべき、きわめて興味津々たる、謎めいた存在で、当時の三大文筆家、ヴィクトル・ユゴー、オノレ・ド・バルザック、アレクサンドル・デュマの作品の中で不滅の姿を止めているほどの男であった。

ヴィドックは、アラスのパン屋の息子として生まれ、若い頃家を飛び出して、デュムリエ将軍指揮下の軍隊に身を投じた。だが偽造罪で投獄され、八年の重労働刑を宣告されて、ブレストのガレー船送りとなった。彼は二度脱獄し、その都度《つど》逮捕されて送還された。三度目の脱獄に成功したヴィドックは、パリに舞い戻って、強盗や泥棒や金庫破りなどに交って暮しつつ、彼らのやり方や生き方などを身につけた。この新しい友達と――ついでながら――彼自身について、彼がまず最初に知った事は、社会が彼らに対して、まっとうな生き方をするのを許そうとしない、という事であった。たとえどんなに短期間だろうと、一度でも監獄生活を送った者は、「通行証《パスポール》」として知られる書類のおかげで、事実上終身刑を宣告されたも同然であった。フランス国内を、一つの県から他の県へ旅行するだけでも、誰もがこの身分証明書を携帯しなければならないきまりだった。もっとも下級の労働者を雇う時でさえ、雇い主は契約前にそれを見せろと言った。そして、監獄にいた事のある者の「通行証《パスポール》」は黄色であり、したがって彼が前科者だということは雇い主の目には一目瞭然であった。この救いがたい事情がヴィドックにもつきまとったが、大胆でもあり目はしも効いたこの男は、敢然とこの問題に立ち向かったのだ。彼は警察に出掛けて行って取り引きを申し出た——自分の前科を帳消しにして貰う代りに、警察に対して奉仕することを申し出たのである。つまり、暗黒街についての自分の知識を活用して、犯罪者を逮捕することを、彼自身の警官隊を組織して、泥棒を捕えるのに泥棒を使うことを、提案したのだ。革命以来着実に増加しつつあった犯罪の波を制御し切れなくなっていた警察は、大いに喜んだ(ナポレオンとジョゼフィーヌでさえ、チュイルリー宮殿とサン・クルーで、二度も略奪されていた)。

まもなく、「ヴィドック部隊《ラ・バンド・ア・ヴィドック》」として知られるようになったヴィドックとその配下の者は、フランスで初の探偵団を組織し、それが今日の「警視庁《ラ・シュルテ》」にまで発展して行ったのである。

下層社会のあらゆる人間と知り合いだったヴィドックは、政府や司法関係の要人たちともつき合うようになったが、彼らは皆、この男の有能さと敏腕とに大いに敬意を払った。彼は、死刑を宣告された強《したた》か者の罪人たちと接触しているうちに、アンリ・サンソンとも知り合ったし、社会福祉と囚人の更生に対して関心を抱いていた事から、まっとうな生き方をしたがっている泥棒や金庫破りに仕事を見つけてやることで、前科者たちにしばしば援助の手を差し伸べていたバンジャマン・アペールとも知り合いになっていた。

実演が終ると、イギリス人の何人かが、もっとアンリ・サンソンと話をしたいと言い出した。そこで、アペールは処刑人を食事に招待した。この申し出を受けたあと、アンリ・サンソンがややおずおずと、「私の息子は、しばしば処刑台で私の代理を務めておりますが、彼も同じような光栄に浴せたらどんなに喜びますでしょう」とつけ加えた、とアペールは語っている。

ヌイイにあるバンジャマン・アペールの別荘では、何回か会食が持たれた。最初の会食の折、この人道主義者は、ヴィドック、サンソン父子、エリス卿、サー・ジョン・バウリング、ダーラム卿、それに作家のオノレ・ド・バルザックとアレクサンドル・デュマを招いた。アペールははじめはこの席にヴィクトル・ユゴーも加えようと考えたらしいが、もしユゴーが、『死刑囚最後の日』の中であのように激しく憎んだ男と同席したらどんな事になるかを懸念して、これはやめにした。バルザックは当惑気味で、料理の上に頭を垂れたまま、ほとんど、あるいはまったく口をきかなかったが、ヴィドックはきわめて寛《くつろ》いで、朗らかな口調で自分自身の生活についてお喋りしていた。一方サンソン父子は、立派な称号を持ったイギリスの殿方に恐懼《きょうく》して、石のように黙りこんでいた。だが、ようやく、アンリは口を開いて、アペールに対する畏敬の気持を打ち開けた。彼のぼそぼそ声を小耳にはさんだヴィドックは、笑いながら、「彼は良い人間ですよ、ムシュウ・サンソンは。でも、正直に言えば、彼と一つ食卓についているというのは、何とも妙な気持ですなあ」と言った。

イギリス人たちはアンリに質問を始め、彼も次第に気遅れを克服して彼らの質問に答え出した。しまいに、アンリは「私が死刑執行人の称号を引き継いだ時、私の父は、私が平穏のうちに暮せるだろう、誰も私のすることに介入する権利を持たないだろう、と私に申しました」と言った。

「お父上は、『その喉首をあんたが掻き切る相手は別として』と言い添えるべきだったね」と、ヴィドックがすかさず茶々を入れた。

二度目の会食には、アペールは、バルザック、デュマ、社会主義者であり改革者であるフランソワーマリー－シャルル・フーリエ、彼の弟子ヴィクトル・コンシデラン、骨相学者アレル、および医者で催眠術師のシャプラン等を招待した。ヴィドックとサンソン父子、ならびにアペールのかかりつけの医師であり友であるカジミール・ブルッセも同席していた。料理はジラールという名のシェフ（コック長）が腕をふるったものであった。

アペールという人物は、薄気味悪いユーモアの持主であったらしい。彼のシェフは、盗みと殺人の咎で（これは明らかに誤審であったが）逮捕されて五年の禁固刑を言い渡されていた。彼は辛うじてギロチンを免《まぬが》れたが、彼の無実を信じ、ルイ－フィリップの恩赦を取りつけてくれたアペールの尽力があったればこそ、監獄からも釈放された男だった。「私は、私のテーブルに」とアペールは書いている、「無実のジラールの首を切っていたかも知れない首切り人《プロー》を招待していた……当のジラールは、まさにその時、台所で料理を作っていた。客人たちは皆、ジラールの話に興味を抱いて、コーヒーを飲む時彼を仲間入りさせて、われわれが皆、彼の無実を信じていることを分らせてほしい、と私に頼んだ。彼〔ジラール〕は、こんなにわれわれから信用されたことに感激して、ぽろぽろ涙を流していた。二人の処刑人は馬鹿みたいに呆然として、まるで自分たちがすでに無実の人間を処刑してしまったかのように、ジラールをじっと見凝《つ》めていた」。

この席では、バルザックもデュマも、サンソン父子と打ちとけて話を交わしていた。彼らの気遅れも、サンソン達のはにかみも、すでに消えていた。「私は、命令を受けると、悲しみに打ちひしがれてしまうのです」。アンリークレマンは、断頭台に上ってどんな気持がするか、との問いにこう答えた。「そして、すべてが終ってしまうと、何とも言えずほっとします。でも、私に何が出来るでしょう。それが私達の務めなのですし、彼ら〔犠牲者達〕はどうしようもないならず者どもなのですから。私の父も、あの哀れなラ・ロシエルの男たちを処刑した時には、私と同じくらい、やり場のない不幸な思いを抱きました」。

彼の父、アンリ・サンソンは胸が一杯になっていた。通常は、社会のより高い地位の人びとからはもとよりのこと、同じ身分の人からも爪弾きされ軽蔑される彼、パリの処刑人は、突然、自分が有名な作家たちや称号を持ったイギリスの紳士たちと同じテーブルにつき、彼らが皆、彼を対等の人間として扱ってくれたばかりか、敬意をこめて自分の話に耳を傾けてくれているのに気がついたのだ。どうやって自分の感謝の気持を表明したものだろう？　彼はこの家の主の方を向くや、自分が提供できるもっとも価値ある品を贈ることを申し出た。アペールは、その時の彼の悲痛な、そして純真《ナイーブ》な仕種《しぐさ》については何も触れていない。彼はただこう記しているだけである。「彼は、私に、死刑囚の衣服、その裁判がもっとも激しい熱狂と悪評をかき立てた死刑囚の衣服を呉れると言い出した。私が、フィエスキの、ラスネールの、アリボーの前開き上着《ルダンゴート》を所有することになったのは、こんな次第である…

…私にこれらの品々を届けに来たのは、サンソンの従者の一人であった。そして私はその度に、彼に損をかけては可哀そうだと思って、贈り物の礼に十五フランを与えた。というのは、こうした悲しい衣服は、従者たちの収入となっていたからである」。

バンジャマン・アペールの家の中では、処刑人に対する偏見はなかったとはいうものの、彼は、それが依然として存在する事を確認している。「しかし」と彼はつけ加えて、それは「もはや普遍的なものではない。なぜなら、この種の地位に空席が生ずるや、その日のうちに役所には大勢の志願者がつめかけるし、死んだ処刑人の血筋の者は早速「血族の権利《ドロア・ド・サン》」を主張する。また、処刑人の息子たちが他の職業を見つけられることもきわめて稀であり、息子が父の職業を継ぐべきことは法律によって定められていると信じている者も多い。実際はそうではないのだが、そうすることの利点がかなり大きいため、息子たちは父の職業を踏襲するである」。

一八二八年から一八三〇年にかけて、バルザックは（レリティエ・ド・ランという名の赤貧の作家と協同で）、『革命中の有罪判決執行人サンソンによる、フランス革命史のための回想録』と題する作品を書き、かつ編集したと言われている。しかし、実際には、彼は序文の他は、この架空の小説のどの部分も書いてはいなかった。これは一八四二年に彼の名で『王の形見』の中で発表され、再び一八四五年には『一七九三年のミサ』という題名で現れ、やがて彼の『人間喜劇、政治的生活の情景』中の『恐怖政治下の一エピソード』という章に出てくることになった。だがバルザックは、シャルル－アンリ・サンソンに関する情報を集める目的で息子アンリに会見を求めたことはなかった。ロジェ・グラールが掘り出して、一九五〇年十一月に「メルキュール・ド・フランス」中に発表した手紙で、バルザックの竹馬《ちくば》の友マルコ・ド・サンティレールが、このシャルル－アンリ・サンソンの回顧録とされている本のための調査を行なったのであり、処刑人と会見したのもサンティレールであることが判明した。「私は、父サンソン〔アンリのこと〕から……非常に多くの情報を得た」とサンティレールは言っている、「私はしばしば彼に会い、彼はその仕事を離れている時は、きわめて素敵な人物で、低音《バス》ヴィオル(訳注 現在のセロの前身)をきわめてまずく弾いたが、勝れた家父《ペール・ド・ファミーユ》であった……彼のチューリップ園の中で、小犬のように彼のあとをついて来る灰色のオウムを従えて、彼は革命中および革命後に彼が行なった処刑の数々について、すっかり話をしてくれた」。

バルザックの妹ロール・シュルヴィユ夫人は、バルザックがバンジャマン・アペールの家でサンソン父子に紹介されたことや、『恐怖政治下の一エピソード』の情報を処刑人自身から得たことを確証している。彼女は、『バルザック――その書簡を通じた生活と作品』の中で、次のように述べている

――

私の兄はサンソン《Samson》と会いたがっていた。彼は、その魂がかくも血腥い記憶に満ちているこの男が何を考えているのか、その恐ろしい職業や惨めな生活についてどう感じているのかを知りたがっていた。これは彼が魅了されたテーマであった。

監獄監督官のA……〔アペール〕氏と私の兄は知り合いで、彼がこの会合の段取りをつけてくれた。ある日、A氏宅でオノレは、ノーブルで悲し気な顔立ちをした、青白い顔色の男に会った。彼の服装、その立居振舞、その言葉つき、その教養などは、学者のそれで

あった……この学者風の男がサンソンだったのだ！……兄は、A氏から注意を受けていたので、……自分の驚愕や感情の激変を押し殺して、自分の興味ある主題の方に話題を転じた。兄は大変上手にサンソン《Samson》の信用を獲得したので、この男は思わず知らず、自分が耐えてきた苦しみの打ち明け話をした。ルイ十六世の死で彼の心は、犯罪者としての良心の苛責と恐怖で一杯になった（サンソン《Samson》は王党派だった）。処刑の翌朝、彼は国王のためのミサを所望した。それはおそらく、その日にパリで捧げられたミサの中で、唯一の罪滅ぼしのミサだったろう……

バルザックもデュマも、更生した前科者のヴィドックを彼らの作品の中で使うことになる――彼の性行、特質、その生活のエピソードの幾つかさえも。バルザックの描いた架空の人物であるヴォトランは、ヴィドック同様に初めは犯罪人でやがて警官になるが、彼は『ゴリオ爺さん』や『ヴォトランの最後の化身』や『従妹ベット』その他『人間喜劇』中の他の小説の中に登場する。ヴィドックに似た人物は、アレクサンドル・デュマの『ガブリエル・ランベール』にも出てくるし、犯罪や刑罰にあれほど関心を寄せていた作家ユゴーは、ヴィドックを彼の大ロマン『レ・ミゼラブル』の中で使うことになる。ヴィクトル・ユゴーのこの傑作の主人公ジャン・ヴァルジャンは、フランソワ－ユージエーヌ・ヴィドックをモデルにしたものである。

ユゴー、バルザック、デュマとサンソン父子、ヴィドックを一堂に集めたアペール主催の会食は、これら三人の作家に深い傷を与えた。彼らは一人残らず、フランスの監獄のひどい状態や、金持ちと権力者向きに作られた社会の不当性や、彼らが残酷、無用、無駄なものとみなした死刑という刑罰などに対して、激しい反対の叫びを上げるようになるのだった。

ユゴーはこう書いた——

死刑擁護論者は、死刑とはどういうものかを真剣に考えたことがないのではあるまいか、と思うことが時々ある。ほんのちょっとの間でも良い、いかなる犯罪であれ、犯罪について考えて見たまえ。それと、与えもしなかった命を取り上げると言うこのおこがましくも非道なる国家の権利とを、比較してみたまえ。あらゆる取返しのつかない罰の中でもっとも取返しのつかないこの刑罰について考えてみたまえ。

われわれが滅ぼす男は、家族も、親類も、友人さえもこの世にいない男かもしれない。この場合、彼はその心もしくは魂について、何らの教育も導きも関心も受けずに来たことになる。いかなる権利をもってわれわれはこの不幸な孤児を殺すというのか？　家郷もなく、助けも持たずに大地にしがみつかねばならなかった彼の幼児期ゆえに、彼を罰することになるのだ！　われわれは彼を孤独に委ね、その代価を、彼に支払わせることになるのだ！　彼の不幸を材料にして、われわれは犯罪を作り出すのだ！　自分が何をしているのかを彼に自覚させるよう、導いた者は皆無だったのだ。その男は何も知らないのだ。彼の落度の原因となったのは運命であって、彼自身ではない。われわれは無実の人間を罰するのだ。

この男に家族があったとしよう。われわれが加える打撃は、彼一人を傷つけるだけだと考えているのだろうか？　彼の父、彼の母、彼の子供たちが血を流さないとでも思っているのか！　否。彼を殺すことは、家族全体を極刑に処することなのだ。ここでまた、われわれは無実の者を罰することになる。

……この男、つまり家族持ちの有罪人は、隔離するが良い。牢獄の中で、彼は愛する者たちのために働くこともできよう。だが、墓の中からではどうやって彼らを養えるというのか？

もっとも頑迷な犯罪学者たちに、私の言葉を聞いて貰いたい。この一世紀の間、死刑は減少してきている。今日ではほとんど稀となっている。老いの証拠だ。衰弱の証拠だ。先行きは消滅するという証拠だ。拷問は廃止され、責め車は姿を消し、絞首台ももはやない。ギロチンだけが健在なのはおかしい。

神の死を嘆く者に対しては、神はここにあり、と言うことができる。王の死を嘆く者には、国がまだ存在している、と言うことができる。処刑人を惜しむ者に対しては、何も言う必要がない。

処刑人がいなくなったからとて、秩序も無くなる訳ではない。そんな事はゆめ思うなかれ。この忌まわしきかなめ石なしでも、未来社会の屋台骨は崩れはしない。

キリストの優しい掟が、究極的には人間の作った法典をつき破り、それを通して光り輝くであろう。われわれは犯罪を病気とみなすべきである。そしてこの病気には、判決に代る医者が、ガレー船に代る病院が必要であろう……

たとえユゴーが音頭をとり、バンジャマン・アペールが推進させたこの運動《キャンペーン》が、死刑廃止という目標を達成できなかったにせよ、それはサンソン父子に気掛りなひと時を与えたに違いない。ユゴーは、「断頭台は、革命が破壊し損なった唯一の建造物《エディフィス》である」と書いた。しかし、彼および他の人びとの努力のお陰で、それは根元から揺さぶられたのであった。

血を流しつづけるギロチン

高等法院における議論討論にもかかわらず、ユゴーおよび同時代の人びとの著作活動にもかかわらず、ギロチンは作動しつづけた。この法の裁きの道具は、発明当初の形のままであったが、もはや当時ほどすさまじいペースで動いてはいなかった。とはいえ、国家に対する犯罪は依然として死刑であったから、ムシュウ・ド・パリがすっかり暇だった訳ではない。一八三六年二月には五人の男の弑逆罪が露見し、その後まもなく六人目も逮捕された。

一八三六年二月八日、詩人ラスネールとその共犯のアヴリルが、ルイ－フィリップの命を狙った罪で断頭台に上った。アヴリルの処刑は滞《とどこお》りなく済んだ。だが、ラスネールが跳ね板《バスキュール》の上に横たわった時、ギロチンの刃は、犠牲者の首のちょっと上のあたりで、溝にひっかかってしまった。この哀れな男は、三度、彼の身体のわずか数センチ上まで落下してきた血みどろのナイフを見上げ、三度とも終りはやって来なかった。ラスネールが死刑を宣告されたという事実を知った民衆は、それまで彼の判決を軽減させることを要求していたが、容れられなかったものであった。そこで、この土壇場での侮辱、この不必要な苦しみは、いつにも増して憤激をひき起こした。新聞も、この「刃の事故《ランシダン・デュ・クトー》」を報告し、処刑人を手厳しく追求した。アンリ－クレマンが書面で抗議したにもかかわらず、どの新聞も、「ラスネールの処刑に際しては何の不届きなことも起らなかった。それは、共犯者アヴリルの処刑同様に、滞りなく済んだ」という彼の声明を載せようとはしなかった。

一七九四年七月二十五日に、別の詩人かつ革命家のアンドレ・シェニエが、恐怖政治に抗議してギロチンについた時とは、世論が異なったものになってきていた。ついに、人間の生命に関する関心が、公共出版物にも現れ始めたのであった。

一八三五年七月二十七日の月曜日に、ジョゼフ－シュイローという名の商人が警察本部に出頭して、翌二十八日に予定された一八三〇年革命の第五周年記念祭典中に、ルイ－フィリップ暗殺の計画が実行に移されるであろうとの情報をもたらした。この噂を告げられた国王は、それを取り上げようとはせず、式典を延期することを頑固に拒否した。この式典は、それでなくともすでに、五月一日から七月のこの日まで引き延ばされていたのだった。

王の行列の道筋は、物凄い波で埋まった。大通りや脇道は、王党派、革命派を問わず、見物人でぎっしりだった。数多くの旗が露台から垂れ下り、屋根ではためいていた。母親たちは、子供を高く掲げて、パレードや、馬上の国王が通り過ぎるのをチラとでも見せようとしていた。しかし、その時、歓声をつんざいて爆発音が轟いた。国王の馬は、耳をうち抜かれて棒立ちになった。トルヴィーズ公モルティエ元帥は、地面に叩きつけられて即死し、爆風で五十人以上もの負傷者が出た。無傷のルイーフィリップは直ちにチュイルリー宮殿に運ばれて行ったが、彼の傷ついた士官たちは血を流したまま放置され、一人の若い婦人が父の腕の中で息を引き取った。

この恐ろしい爆発の犯人は、逃げようとする所を国王の家来たちの手で取り押さえられ、この犯罪を計画したことを大威張りで白状して、コンシエルジュリに投げこまれた。この男は、四十六歳のコルシカ人で名をジュゼッペ・マルコ・フィエスキと言い、ミュラー将軍指揮下の陸軍に一時所属したのち、故郷のコルシカ島に戻って、そこで窃盗と偽造の罪で十年間服役していた。刑を務め上げたのち、彼はパリまでやって来た。だが、偽造した書類や通行証《パスポール》にもかかわらず、職を見つけることができなかった。自らを圧政の犠牲者だと思いこみ、憎しみと自己憐憫で一杯になって、彼は自分をこんなに非情に取り扱かった社会に対して復讐することを誓った。そして、類は友を呼ぶのたとえ通り、フィエスキは彼の同志を「人権協会《ソシエテ・デ・ドロワ・ド・ロム》」と呼ばれた組織の中に見つけた。これは、この時期のパリに簇《ぞく》生した多くの革命団体のうちの一つだった。

ここで、彼は、一七八九年の革命時には国民衛兵の一員であり、王制を毛嫌いしていた、やせてひょろ高い食品雑貨商、テオドール・ルーフロランタン・ペパンに出会った。ペパンはフィエスキを友人のモレーに紹介した。この男はマラーやロベスピエールの熱狂的礼讃者で、金に困っていたこのコルシカ人にどうにかこうにか職を世話してやった。ある晩、この三人が集って一杯やっていた時、フィエスキは友人たちに彼が設計した武器の図面を見せた。それは、二十丁とも二十五丁とも言われ、ある報告によれば五十丁ものライフル銃を一台の木わくに取り付けたもので、引き金を引くと全部が一時に火を吐くように考案したものだった。フィエスキはこの発明を「地獄の機械《マシヌ・アンフェルナル》(爆弾)」と呼び、三人の革命家たちは額を集めてその可能性を論じあい、彼らの計画を練《ね》った。

　彼らは、ルイ－フィリップが通る予定の正確な道順を確認した。そして、タンプル大通り五十番地のとある家の三階の一室を借りた。その部屋の窓は、パレードが通過する予定の大通りに面して開いていた。四月十五日にフィエスキはこの新居に引越し、彼の大砲の枠組みを作るための材木を集め始めた。五月一日になると、パレードが延期されることが分った。が、ついにその日が来て、彼はその機械を発砲した。だが、機械に装塡された多量の爆薬が爆発した時、彼もひどい負傷を負った。彼は建物の中庭伝いに逃亡しようとしたが、その血だらけの服と、こそこそした怪し気な態度とで、すぐ捕えられた。そして、共犯者の名も判明した。

　三人の裁判は一八三六年二月一日に始まり、二月十八日には判決が下った――三人とも死刑であった。二月十九日の夜から二十日の朝にかけて、アンリ・サンソンと息子は、助手たちと共に、バリエール・サン・ジャックのロン・ポアンに断頭台を組み立てた。ふたたび、彼らは民衆の怒りを肌に感じないわけにはいかなかった。パレードの間に罪の無い見物人が惨殺されたことに憤激した人びとは、王党派、革命派の如何を問わず、男も女も刑場に群れ集い、その怒りを三人の悪党と処刑人とに向けた。ついに当局は騎兵隊の一隊を派遣して通りの警備に当らせ、処刑台が無事組立てられ準備が整うように取りはかった。

処刑当日は、暁方から風の激しい寒い日となった。アンリ・サンソンは、フィエスキがベストとズボンしか着ていないのを見て、外套なしで寒くはないかと尋ねた。自分の報復行為に誇りを抱き、喜んで殉死しようとしていたフィエスキは、処刑人の方を向くや、「へん！」と嘲笑って、「埋められる時にゃ、これよりよっぽど冷たい代物になっていようぜ」と言った。

ギロチンの刃が三度《たび》落ちた時、心の中ではそのほとんどが反王党派であった群集は、断頭台のまわりにどっと押し寄せて、囚人たちの衣服や、腕を縛っていたロープや、髪の毛の一束などを取ろうとした。アンリ－クレマンは、父と自分を必死で守ろうとして、ペパンやモレーの所持品を群集に向かって抛《ほう》った。だが、二人のサンソンは、警官が応援に駆けつけてくれるまでは、脱出できなかった。

もう一人、国王暗殺を企てた六番目の罪人がギロチンにかかった時は、騒ぎも起らず、無事に事が運んだ。フィエスキの処刑後に断頭台に我先きにと押し寄せた凶暴な群集のことを思い出して、憲兵隊が大ぜい警備についていた。しかし、アリボーの処刑を見に集ってきたのは、五十人足らずの人びとにすぎなかった。彼の弾丸は的が外れて、誰一人として傷つけてはいなかった。

アンリ・サンソン父子の態度

生まれつき青白い顔色が、その日常の衣服の陰気な黒色でますます強調されていたアンリ－クレマンは、一八三〇年代になると、処刑台上でその姿を見かけることが多くなった。パリの人びとは、彼の病気の父に劣らず、彼のことを良く知っていた。彼が直接処刑に手を下そうと、ただ経過を監視するだけであろうと、それには関係なく、彼の土気《つちけ》色の顔には醜い紅い斑点が浮かび、その全身がおこりにかかったようにガクガクと震える、というのが一般の噂だった。「私ほど惨めな人間はいない」とこの若者は明らさまに告白していた。「処刑の命令を受けると、きまって私は発熱する」。

一八四〇年八月にアンリ・サンソンは死に、その結果アンリ－クレマンは処刑人の称号を得た。何カ月もの間、彼は、先祖代々のこの職業を捨てて、自分自身をこの耐え難いくびきから解き放すことを夢みつつ、思案に思案を重ねた。しかし、四十一にもなって、他の道でどうして生計を立てることができるだろう？　彼は他の職業を何一つ知らなかった。そこで、十二月一日に、正式な叙任状を受け取った時、彼は投げやりに肩をすくめた――賽《さい》は自分が生れるずっと以前に投げられていたのだ。

しかしその瞬間から、彼は罠にかかった動物が見せるあらゆる特質を示し始めた。幼年期から嫌悪し続けてきたこの職業、彼にとっては終身刑とも言うべきこの職業は、すでに耐え難いものとなっており、彼は多くの囚人同様にそこから逃避する道を探し始めた。生来の贅沢好きの傾向がますますつのってきて、彼はまるで、そうすることでこの忌まわしい職業の存在を消し去ることができるとでもいうかの如く、馬や飾り立てた馬車に金を使い、絵画を集め、最高級の仕立て屋で服を作らせ、過度の飲酒や賭け事に耽った。彼は評判の芳しくない家に頻繁に出入りしては賭博をし、その負けが莫大なものとなったので、彼の妻はびっくりして、どうか止めてくれと嘆願した。しかしこの不幸な男は、身内や友人の警告に耳を傾けようとはしなかった。彼は自分の一生の職業を選択する権利は、すでに否定されていたが、彼がそこから逃避したいと熱望すれば、逃避する権利まで彼から取り上げることは、誰にも出来なかったのだ。

彼が住いの改築を思い立ったのも、ちょうどこの、彼の人生における難しい時期の最中《さなか》であった。彼は、あたかも外面的な変化で自分の中の暗さを明るくすることができるかのように、扉の鉄格子を取り払ってエレガントな樫材のドアにつけ替えたり、ガラス張りのベランダを作らせたりした。たちまちのうちに嵩んで行く出費には無頓着、無関心で、アンリ－クレマンは仕事を可能なかぎり助手たちに委せきりにしたばかりか、医療の方も抛《なげう》ってしまった。当然のことながら、父アンリがこつこつと貯え管理してきた家の財産は、湯水のごとく出て行った（処刑人の給与一万二千フランは、一八三二年には八千フランになったが、一八四九年には再度切下げられることになる）。

アンリ－クレマンの放蕩は、この家庭――それは、父や祖父の時代同様、貧しい親類や父の未亡人、それに召使やら助手やらで、依然として大人数だった——の中で、絶えざる心配と募り行く不和の原因となっていた。彼の妻は三人の子をもうけたが、そのうち二人しか残っていなかった。息子（それも一人息子）は、まだ小さい時分に、ブリュノワの近くで馬車に轢かれて死んだ。一八三七年に、長女マリー・エミリー（一八一八年生まれ）は、ペルピニャンの陸軍病院の外科医で、ムランの処刑人の孫であり息子であるジャン－ニコラ・ジュエンヌと結婚した。ジュエンヌ家はずっと昔から続いた処刑人の家系で、初代シャルル・サンソンの結婚相手もその一族の娘だった。彼らは、カーン、コードベカンコー、アラス、エヴルー、ル・マン、ルーアンおよびディエップで、その職に励んでいた。この夫婦の子供たち、マリー－アンリエットとポール－ルイは、父が医者をしていたパリのサン－ルイ島で育てられた。アンリ－クレマンは大そうこの孫たちを自慢にし、自分の娘が同業者以外の相手と結婚したことを好んで吹聴した。一八四五年には、次女のテレーズ－クレマンチーヌ－アントワネットが、事務員のテオドール－ジョゼフ・クラリスと結婚した。彼女は夫の死後、修道院に入ったことが分っている（彼女は一九一二年に八十五歳で没した）。

一八四四年、〈ガゼット・デ・トリビュノー〉の編集者ジャム・ルソーは、アンリの死の直前に彼がマレー通りのサンソン家を訪問した時の思い出を出版した。彼はこの老処刑人を「実際は七十歳だったが、六十そこそこに見えた。彼は明けっぴろげのさばけた顔つきで、その表情は優しく穏やかであった。その背の高さ、見事な禿げ頭、その立派な顔立ちは、彼に長老の風格を与えていた」と描写している。さらに、彼は、アンリ・サンソンが、宿命の手によって就かされたその職業に対する嫌悪感を隠そうとはしなかった、とつけ加えている。彼はそれを、単にそうした成行きを軽蔑している男としてではなく、自分の値打ちを知っており、人間は常にその職業如何にかかわらず、生まれながらの地位以上のものに自分を高めることができるのだということを理解している賢人として、それに耐えていたのであった。しかし、ルソーはまた、卑屈ともいうべき盲従の痕跡や首切り人《ブロー》と他の一般人とを隔てる距離に対する意識をも、そこに見つけていた。その実例として彼は、アンリは嗅ぎ煙草を吸っていたが、それを決して客の自分に奨めようとはしなかったことを挙げている。会話の途中でルソーが自分の嗅ぎ煙草入れ《タバティエール》を取り出して処刑人に差し出すと、アンリは後じさりした。首切り人《ブロー》の血で汚れた手は、他人の持ち物に触れるべきではないとされていたからである。同じような事が、ルソーが辞去する時にも起こった。彼が握手のために手を差し出すと、その家の主は、驚愕と恐怖に顔をゆがめつつ、身を引いた。処刑人は、少くとも旧制度《アンシャン・レジーム》においては決して他人――彼に託された犠牲者は別として――の身体に触れないことになっていたのである。そして、アンリはこうした古い風習や慣例をいまだに保持していたのだった。

「現在の処刑人〔アンリ－クレマン〕は、その父とは大いに違っている」とルソーは言っている。「その職業と、それが含む諸々《もろもろ》の事について、彼は父親が示したような躊躇、ぎこちなさ、不快さ《マレーズ》といったものを一切示さなかった。彼は、自分の仕事の必要性と、社会に対して彼が果している奉仕とに確信を抱き、自らを単なる法の執達吏とみなしており、自分の仕事について驚くほどのびのびとした口調で話をした」。これを読むと、ルソーは強がりを気楽さと見誤ったのではあるまいか、アンリ－クレマンの態度はこのジャーナリストを完全に欺いたのではあるまいか、自分の言葉が印刷されて世に出ることを考慮したこの若い処刑人は、虚勢を張って強気に出て――そしてまんまと相手を自分の思うつぼにはめたのではないか、と思わざるを得ない。

アンリ－クレマンの娘が外科医と結婚していることを聞いて、ジャーナリストは驚きを表明した。それに対して、アンリ－クレマンはこう答えたという。「人間を救うために、外科医はしばしば病める手足を切断することを余儀なくされます。同じことが社会についても言えるでしょう」。

「しかし」とジャーナリストは言った、「それとこれとの間には大きな違いがありはしませんか」

「ナイフの寸法が違うだけですよ」というのが彼の答であった。いったい、アンリ－クレマンはどんな口調でこうした言葉を口にしたのだろう？　それを言う時、どんな風に眉を上げ、どんな風に唇をゆがめただろう？

一度ならずサンソン家を訪れたルソーは、次のような観察をした――


アンリ・サンソンの死後、マレー通りのその小さな家は、かつての不気味な、痛まし気な雰囲気を失った。錆びついた鉄格子はエレガントな扉に変わっている……かなり広い中庭には、一種のガラス張りの丸屋根の突出部が建て増され、その内部が瀟洒な内玄関《ヴェスティビュル》となっている。この内玄関の左手には、台所、食器室、サーヴィス・クォーターなどがあり、右手には食堂と、ムシュウ・ド・パリが客を迎える小さな客間がある。二階には、客が入ることを許されない寝室がいくつかと、サンソン夫人が閉じこもっている部屋がある。父を訪問した時も息子の方を訪問した時も、私は彼女の姿を見かけなかった。家の中の家具類は、そのような住居にふさわしい謹厳な簡素さを備えていた。

もしサンソン夫人が部屋に一人で閉じこもっていたとすれば、それは結婚生活が幸せなものではなかったからである。旧姓ヴィルジニー＝エミリー・ルフェビュールは、終いには夫と別居して、娘のジュエンヌ夫人とともにサン＝ルイ島に住み、一八四七年頃から一八六〇年に死ぬまで、そこにとどまることになる。

アンリ＝クレマンが飲酒と賭博に耽って、仕事のほとんどを彼の第一助手のピオまかせにしている間に、フランス自体も七月王制に次第にうんざりしてきつつあった。シャルル十世を支持する正統《レジティ》主義派《ミスト》（訳注 ブルボン王家の復位を望む一派）たちは、フォブール・サン＝ジェルマンの彼らの豪華な、ただし荒れるにまかせた屋敷に閑居しつつ、昔の特権を思っては悶々の日々を送っていた。学校での教育から閉め出された教会は、宗教抜きの教育制度を支持した国王に反対していた。若い共和主義者たちは議論を闘わせては過去に劣らない栄光を取り戻そうと切望し、社会主義者たちは共産社会の計画を提示してみせ、ボナパルティスト（訳注 ナポレオン支持者）たちは彼らの皇帝の勝利の数々と、パッとしない、無能のルイ＝フィリップ政府とを比較しては悪口を並べていた。フランス人は現状《ステイタス・クオ》にいら立って、変化を求めていた。一八三六年の凱旋門の落成式と、コンコルド広場（昔の革命広場）におけるルクソール（訳注 エジプト、古代テーベの遺跡がある町）のオベリスクの建設は、ナポレオンの大部隊《グランタルメ》の誇り高き記憶を呼び醒ました。一八四〇年に皇帝の遺骨がセント・ヘレナから持ち帰られて、廃兵院《アンヴァリッド》のドームの下に安置された時、共和主義的熱意と社会主義的夢想が手を結び、新しい連合政党が誕生した。民衆もこの変化の気配に反応を示し、新しい思想に対し以前より順応性を見せ、急速に体を成しつつあった革命を待ち受ける態勢になっていた。このように豊かな土壌の上で、死刑廃止運動はふたたび勢いに乗り、それとともに、処刑人の数とその給料がさらに減少することになるのである。

アンリ－クレマンの自棄的生活

一八四〇年から一八四八年にかけて、アンリ－クレマンは十八回の処刑命令を受けた——それ以前の数十年間の活動に比べると、これは驚くほど低い数字であり、裁判所が、バンジャマン・アペールのような人びとの意見や、改革、専横的逮捕からの自由、裁判の平等などの言葉に耳を傾け始めたことのしるしでもあった。

先祖同様、アンリ－クレマンも下層民《パリア》であったが、彼らとは違って、彼は好奇の的となった。彼以前のサンソン家の人びとに課せられてきた隔離という状態は、一家の最後の男となった彼にはもはや認められなかった。社会改革に純粋な関心を抱く人びとは、情報を求め教えを乞うために彼を追い廻した。そして、こうした人びとは立派な肩書きを持った有名人だったので、それより知名度の低い男や女たちもそれにならった。ディナー・テーブルで、「私はサンソンに会って話をしましてね」とか

「ギロチンの実演を見ましたよ」などというのが、ア・ラ・モード（流行）となった。このように自分の仕事をたえず思い出させられたことで、アンリ－クレマンの惨めな気持が一層強まったとも十分考えられる。なぜなら、来客がひきもきらず呼び鈴を押すのは得意な気分かもしれないが、自分が賞讃の的というよりはむしろ病的な好奇心の的なのだということに気付くのは、自尊心を満足させることにはならないからである。ある意味では、ギロチンの影は、先祖の誰にも増してしつこく、アンリ－クレマンのまわりにつきまとっていた。先人たちは必要悪として受け容れられていたのに、彼の方は受け容れられていなかった。おそらく大して必要な存在ではなかったからであろう。

ヴィクトル・ユゴーは、彼の作品の中でこの処刑人を使い続けた――それも、実名で。『随見録《ショーズ・ヴュ》』（一八四六）の中に、アンリ・サンソンの助手の一人から聞いたということになっているある話がでてくる。それは死刑執行人の生涯の出来事と、どんな種類の人々が彼につきまとったかを示している。

> サンソン氏はマレー・デュ－タンプル通りの、ぽつんと一軒だけ離れた、鎧戸を下ろした家に住んでいた。彼には来客が多かった。イギリス人が大勢彼に会いに行った。来客は、一階の小綺麗な客間に通された。その部屋はマホガニーの調度品で申し分なくしつらえてあり、家具の中ほどには立派なピアノが据えられていた。それはいつも蓋が開いて、たくさんの楽譜がうずたかく積み重なっていた。……イギリス人は、ギロチンを見せてくれと頼むのが常であった。

ある日、父と母と三人の愛らしいブロンドの娘たちから成るイギリス人の一家が到着した。彼らはギロチンを見に来たのだ……若い娘たちの注文で、何度か刃が引き上げられたり落されたりした。しかし、一番年下の、一番美しい娘は、それでは満足しなかった。彼女は、首切り人に向かって、「死刑囚の身だしなみ《ラ・トワレット・デ・コンダネ》」として知られる手順を詳しく教えてくれと頼んだ。それでも彼女はまだ満足しなかった。

しまいに彼女は処刑人の方を向いて、「ムシュウ・サンソン？」とおずおず言った。

「え、マドモワゼル？」処刑人は言った。

「囚人が処刑台に上った時、あなたはどんなことをなさるの？　どうやって彼を縛りつけるのですか？」

処刑人はこの恐ろしい手順を説明して、彼女に言った。「私どもはそれをアンフルネ〔文字通り訳せば、かまどに入れる〕と呼んでいます」。

「ねえ、ムシュウ・サンソン」とその少女は言った、「私をかまどに入れて下さらないこと？」

処刑人はたじろいだ。彼は、そんな事はできないと言った。少女はどうしてもやってくれと言い張った。「私はあの上に縛りつけられた、と言ってみたいの」

サンソンは両親を見やった。彼らは、「彼女がそうしたいと言うなら、してやって下さい」と言った。

彼は屈服せざるを得なかった。首切り人《ブロー》は、若いお嬢さんを座らせ、ロープで脚を縛り、手を後ろに廻して縛った上、彼女を跳ね板《バスキュール》の上に横たえて革帯でその身体を固定した。彼はそこまでにしたかった。

「まだまだ、終わってはいないわ」と彼女は抗議した。

サンソンは跳ね板《バスキュール》を水平にし、少女の頭を首穴《リュネット》に通し、二枚の半円板を閉じた。ここまで来てはじめて彼女は満足した。

あとになって、この話をしながら、サンソンは、「彼女が私に、『まだ終っていないわ。刃を落として下さいな』と今にも言うのではないかと思いました」と述懐した。

イギリス人訪問客のほとんど全員が、ルイ十六世の首を切り落したギロチンの刃を見せてくれと頼んだ。その刃は、他の刃と同様に、屑鉄としてすでに売られてしまっていた。刃が古くなって使いものにならなくなると、売ってしまうのだ。イギリス人はこれを信じようとせず、その刃を売ってくれと頼んだ。もし彼に金儲けをする気があったなら、いわゆる「ヴォルテールの杖《カンヌ》」ほども多数の「ルイ十六世の包丁《クトー》」を売ることができただろうに。


実を言えば、アンリークレマンは国王を断頭した刃を売ったことは売ったのだが、違った事情のもとで、それもこの文章が発表された時よりほぼ一年あとで、売ったのだった。

処刑台に足を運ぶ回数は減ったにもかかわらず、この処刑人の意気はますます銷沈していった。それを支えるために、彼は以前にも増して賭博場に入りびたり、高価な絵画や家具類を買って家の中を飾り立て、女たちにやたらに贈り物をした。そしてついにある日、気が付いてみると、その負債額は彼の支払い能力を超えていることが分った。彼は債権者たちに支払うため、美術品やら家族の持ち物を質に入れ始めたが、時すでに遅く、債権者の数は多過ぎたし、借金の額と彼の稼ぎ高の間のギャップは開きすぎていた。負債者の入る監獄であるクリシー（それがクリシー通りにあったためこう呼ばれていた）行きという脅威は現実のものとなってきた。

コンシエルジュリ、ラ・フォルス、サントーペラジー、リュクサンブール、シャトレなどのパリの監獄（革命期には八十ほどあった）は、収容される囚人の種類も、収容施設の点でも、たがいに異なっていた。セーヌ沿岸に位置するコンシエルジュリは、中でも最悪の監獄として知られていた。〈クーリエ・フランセーズ〉（フランス通信）の発行者で、「容疑者」にされて投獄されたことのあるボーリユーは、この監獄を描写して、「監獄という監獄の中で、もっともひどい、もっとも不健康な所である……入獄後二週間ほどたってから、やっとベッドのある部屋にありつける。そんな設備なのに月に十八フランも支払わねばならなかった。川の水位が上ると、監獄の床とすれすれの高さとなり、どこもかしこも湿っぽくなる。壁という壁から水滴がしたたり落ちていた」と述べている。高位の貴族も泥棒・人殺しの類《たぐい》もごっちゃにつめこまれ、害虫がうようよしている不潔な敷わらの上に眠り、殺人犯であれ、たんに時の政府の悪口を言った者であれ、同じようなひどい待遇を受けた。

こんなコンシエルジュリとは大違いで、クリシー監獄には殺人犯も政治犯も収容されなかった。負債のための入獄には、何の不名誉も被せられはしなかった。事実、そこの住人の中には、フランスでもっとも著名な人びとも何人か混じっていた。クリシーは、監房ではなく、大きな、換気のゆき届いた、設備万端整った部屋を提供した。それらの部屋は清潔で居心地良いばかりか、暖房さえしてあった。獄内には図書室や郵便の窓口まであり、誰でも必要な人のためにはパリ中を使い走りに出るメッセンジャーさえいた。中庭ではリクリエーションが行われ、男たちはスキットル（訳注 ボーリングに似た遊戯）のゲームを楽しみ、女たちは散歩ができた。親類の者や友人たちが不運な囚人に面会に来て、飲食物の差入れをすることも自由であった。

また、普通の犯罪人と異なっていた点は、負債者は、パリ警察の警官によってではなく、ルコールと呼ばれる執達吏に伴なわれてクリシーに来ることであった。執達吏は、パリ以外の地で犠牲者をつかまえることを、法律で禁じられていたし、彼らの仕事をさらにやり難くしていたのは、逮捕は朝六時から夕方六時までにしなければならなかったことである。その結果、債権者に追われていた人びとは、日中はパリを出てどこか郊外で時をつぶし、夕暮時にこっそり家族に会いに戻っては自分のベッドで眠るのを常としていた。アンリークレマンも、じきにこうした逃亡者の仲間入りをし、昼間の時間を田舎の居酒屋やカフェで、片耳をそば立て、自分の夜の解放時間を告げる時計の音に注意しながら、飲んだり食べたり、カードをしたりしてつぶした。

かなり長い間一人も囚人を断頭台に送ることのなかった裁判所の慈悲深さのおかげで、何カ月かの間、ムシュウ・ド・パリはどうにか逮捕を免がれていた。しかし、アンリークレマンが処刑を行なえとの命令書を受け取る時が、ついにやって来た。

又しても弑逆罪の犯人が死刑を宣告されたのだった。それは、ルコントという名の、かつてのレジオン・ドヌール勲章拝受者の一人であり、王の所領地フォンテンブローの森林監視長であった。彼は一度ならず、部下に対するひどい扱いで叱責を受けたり罰金を課せられたりしたことがあり、しまいに辞表を出して年金を請求した。しかし、フォンテンブローの森は、王個人の私領で、国王個人のものではあったが王位に所属するものではなかった。したがって、私的な雇われ人であるルコントには、年金の受給資格がなかった。怒った「森林監視長《ガルド・ジェネラル・ド・ラ・フォレ》」は、ルイ－フィリップ宛てに三度手紙を書いたが、いずれも梨の礫《つぶて》であった。ついにあまりの処遇に怒り心頭に発したルコントは、彼をこんなに痛めつけた当人を殺す決心をしたのである。王宮《シャトー》の近くの塀の上に身をひそめて、彼はルイ－フィリップが姿を現わす時を待ち構えた。やがて、国王が王妃や孫たちを連れて、無蓋馬車に乗って宮殿の車回しに出て来た。彼の銃から発せられた二発の弾丸が、王族の誰にも当り損った時、ルコントは森に逃げこんだが、すぐに捕まってしまった。

上院はこの事件を五日にわたって審議し、三十二名の代議員が死刑に票を投じた。三十三番目に立ち上った男は、ヴィクトル・ユゴーであった。

「十八年前から、私は死刑という問題に関して、断固たる包括的な考えを抱いて来ました」と、ちょうど一年前に上院議員に選出されていたユゴーは言った。「あなた方もそうした考えを良く御存じです。私は、それを一作家として発表して来ました。今政治家として、神の助力を得て、私はそれを適用しようと思います。一般的に言って、私は死刑が我慢ならず、容認できません。孤独な、惨めなこの男、ピエール・ルコントは、当然の結果として、気が転倒し、狂暴になったものでしょう。彼が国王の命を狙ったこと、それも、家族に囲まれた父としてあった時に、婦人や子供の群に向って発砲したということ……これは憎むべき犯罪です。ところで、その動機を検討してみましょう。彼の給料

（三百フラン）から二十フランが差し引かれ、彼の辞表は受理されたのに、彼が書いた三通の請願書には何の応答もなかったのです。このような事情が重なり、こんな奈落に落ちこんで、気も転倒せずにいられましょうか……最も重大なる犯罪ともっとも些細な動機という、この両極端を目のあたりにしてみると、そこには理性が欠如していることが私にははっきりと分ります。この罪人、この暗殺者、この野蛮にして孤独な男、この恐慌に襲われた狂暴なる生きものは正気ではないのです。私は終身刑に投票します」。

他に二人の議員がユゴーに倣った。だが、反対票が二二九票もあったため、ルコントは死刑を宣告された。

一八四六年六月八日、アンリ－クレマンは断頭台に上って指揮を取り、マレー通りの我が家に戻る前に、遺体に付き添ってクラマール墓地まで行った。彼は、その日じゅう、彼のあとを犬のようにつけ回った執達吏を意識し続けていたであろうか？　彼の一挙一動につきまとった執達吏の馬車をまこうとして、さだめし苦労したに違いない。その夕方、アンリ－クレマン・サンソンはクリシー監獄に連行されて行き、抗議したにもかかわらず、そこにしばらくのあいだ留め置かれた。

やがて、彼は一計を思いついた。ギロチンを質入れしてやろう。この器具は自分の持ち物だ、借金の支払いに使って何の悪い訳があろうか？　執達吏に伴なわれて彼はクリシーを出て、彼の器具の保管場所であるヴァルミー河岸へ行くことを許された。そこから、彼はその機械を彼の第一債権者の元へ持って行った。債権者は、総計三、八〇〇フランの借金を払ったらそれを返してやると約束した。

何カ月かが過ぎた。その間、アンリ－クレマンは、怯えて息をひそめていたに違いない。もし処刑の命令が届いても、それを遂行する訳に行かなかったのだから。そのような命令は、首切り人《ブロー》と助手たちが断頭台を組み立て、諸準備を整えられるように、処刑の前日に届くのが普通だった。一八四七年三月十七日、ついに、パリ市有罪判決執行人に対し、これこれの時間に裁判所に出頭せよとの命令書が届けられた。アンリ－クレマンは、債権者に、午前中だけでも良いからギロチンを返してくれるよう泣きついたが、無駄であった。とうとう彼は、司法省に出向いて、自分の窮状を告白する羽目に追いこまれた。司法大臣はやむなく、アンリ－クレマン・サンソンが彼の器具を請け出せるよう、彼に三、八〇〇フランを支払ってやれとの命令を出した。六月十八日、彼はその最後の犠牲者をギロチンにかけた。彼が解職の通告を受けたのはその晩のことだった。

サンソン家の最後の男は、こうして彼の勤め《キャリア》を終えたのであった。

死刑廃止への動き

気がついて見ると、アンリ－クレマンは四十八歳で、生計の手段もなく——失業して、再就職の望みもなしに、一人ぼっちになっていた（妻はとうに彼の許から去っていた）。債権者の手で売りに出されていた彼の家を買ったのは、エドゥアール・プルヴィエという皮革業者で、ギロチンの跳ね《バスキュ》板《ール》用の皮帯を製造販売していた男であった。この元処刑人と母親は、田舎へ引っこんで行った。ブリュノワの家屋敷も負債の支払いにすでに売却したので、そこへではなく、とある小さな村へ引越し、そこで二人は、ひっそりと、そしてもちろん質素に暮していた。その頃、世は、一八四八年の二月革命を機として第二共和制へと変っていった。

「高齢で病弱な母さえいなかったら、私は新大陸へと旅立っていただろう……新しいやり方と、人跡未踏の森林や数々の大河を持ったアメリカについては、以前にシャトーブリアンやフェニモア・クーパーの作品で読んだことがあり、かねてから行きたいと思っていた土地であった」と、アンリークレマンは書いている。だが、彼の財政状態を考えてみると、彼がこう言っていたことも、単なる夢物語にすぎなかったのではないかと思われる。

ムシュウ・ド・パリの地位には、十八人の志願者があった。ここ数十年間に、職を解かれた地方の処刑人の数を考えると、この程度希望者があったとしてもほとんど驚くにはあたらない。マコンの処刑人の息子のジョゼフ・ヘンドレックが、今では処刑人組合の中での唯一の安定したポストである、この羨望の的の称号を獲得した。

一八四九年三月の布告により、首切り人《ブロー》の数はさらに減少し、今後は各地方控訴院ごとに処刑人の数は一名となり、その処刑人は控訴院の所在地である町に住むことが定められた。同布告はまた、セーヌ県（パリ）の二名、コルシカの一名を除いて、あらゆる助手の廃止を命じた。給与も減らされた。ムシュウ・ド・パリは五千フラン、リヨンでは四千フラン、ボルドーとトゥルーズではそれぞれ三千フランとなった。
この同じ年、デュマは戯曲『エルマン伯爵』――この戯曲は、作者がその「覚え書き」で述べているところによると、上演を目的としたものではなく、読まれることを目的として書かれたものである――の序文の中で、次のように言っている。

二十年前には、死刑の執行は、パリの真中で、一日のうち最も活動的な時間に、最大限の観衆の目の前で行われた……今では、もはやそのようなやり方は取られなくなっている。死の機械をパリの端ぎりぎりの所まで移動し、処刑の時刻をまだほとんどのパリ市民が眠っている時間にし、たまたま通りがかったか、ひどく好奇心の強い者のみが断頭台のまわりに引き寄せられるという風に、死刑囚の最後の瞬間にごく少数の目撃者のみを配することによって、死刑廃止に向かってすでに一歩が踏み出された。

今や、ビセートルからバリエール・サン＝ジャックへの道中で、かつてコンシエルジュリからグレーヴ広場への道中で見かけたのと同じくらい多数の冷酷な人びとに出会うものかどうか、今日《こんにち》、午前四時に、十字架の足元で、かつて午後四時に流されたのと同じくらいの涙が流されているかどうかを我々に告げてくれる人は、死刑囚の福祉に献身している僧侶だけである。

我々は、断固、こう信じる。

然り、かつての喧噪と雑踏の中によりも、静寂と黙想の中に、より多くの悔悟の念が存するであろうことを。

さてここで、処刑が民衆の好奇の目から遮断された場所で行われたらどうかという事を考えて見よう。民衆というものは、処刑から何ものも学ばず、それによって何一つ向上するものでもないばかりか、処刑ずれしてますます冷酷になるのがおちである。そこで、処刑を牢獄内で、ただ僧侶と処刑人だけの立ち会いの下で、行なったとしてみよう……たとえば、処刑を、落雷で打たれたように電気で一瞬のうちに行なうか、あるいは、眠気を催させる毒薬で行なうとしよう。死刑囚の心は、昼日中《ひなか》よりも、この闇の中、この静寂、この孤独の中では、はるかに和らぐのではあるまいか……処刑は現在、ラ・ロケット監獄の門前で行われている。そこから、監獄内での処刑に移行するのは、わずか数歩の問題である。

そして、監獄の中庭から獄房自体へと下りて行くのは、たった一歩なのだ。

処刑人たちに関して言えば、一八五〇年六月二十六日に、法令によって再度給与が引下げられた時に、次の一歩が取られたことになる。これで、ムシュウ・ド・パリはわずか四千フラン、地方の同業者たちは三千フランか二千フランということになった。

この年の六月十八日に、アンリ・サンソンの寡婦マリー・ルイズ・ダミドが死に、アンリ－クレマンは田舎の侘び住まいにたった一人取り残された。「ここはこの上なく穏やかで辺鄙《へんぴ》な所なので、かつての私の人生の憂鬱な職業を思い出させるものは何一つ存在しない」と彼は書いた。だが、彼は、そこに偽名で住んでおり、新しい知り合いや隣人たちが自分の素姓に気づきはしまいかとたえず怯《おび》えていたことも告白している。

一八五七年に彼はパリに戻り、郊外の地に家を一軒購入したものとされている。その金は、母の年金を貯めたものか、あるいは義父の家屋敷を売って手に入れたものなのか（彼の妻は一八六〇年に没した）、一切記録が残ってはいない。

一方、第二共和制は、ルイ－フィリップの凡庸さ、無能さを払拭するのに熱心なあまり、ナポレオンの甥のルイ・ナポレオン・ボナパルトを大統領に選び、かつ、（ナポレオンの息子の死によって）帝位の後継者に指命していた。一八五一年十二月二日、彼の軍事的クーデタによって、共和制は第二帝政へ道を譲り、それは直ちにフランス有権者の過半数によって承認された。一八五〇年から一八六〇年までの十年間は、繁栄の年月であった。生産方法が進歩し、輸送もより迅速に行なえるようになったことで、工業は発展し、世界市場における商品価格は騰貴し、雇用率も高くなった。オスマン男爵の都市計画でパリは美化され、曲がりくねった街路は広い大通りとなり、袋小路は堂々たる広場に変身した。一八五五年の万国博覧会は、ヨーロッパ全土から集まって来た見物客に、パリが再び、ルイ十四世やナポレオン・ボナパルトの治世下同様の、華やかで優雅な都となったことを知らせた。魅惑に満ちた美しい皇后ウージェニーが、まばゆいばかりに壮麗な宮殿で主人役をつとめ、フランス人民は、彼らの祖国が、芸術においてファッションにおいて、——また偉大さにおいて、世界をリードしていることに誇りを抱きつつ、昂然と胸を張った。

しかし、彼の先祖同様、ナポレオン三世も自分の威信を高めるために戦争を必要とした。一八五四年、フランスはイギリスと手を結んでクリミヤ戦争を行なった。一八五九年には、ナポレオン三世は、イタリアからオーストリア軍を駆逐しようとし、一八七〇年には普仏戦争が勃発した。そして、九月にはセダンでフランス軍が敗北し、その結果、帝政は崩壊し、第三共和制へと移行した。十九世紀の残り数十年は、しかしながら、フランスにとってもすべてのヨーロッパ諸国にとっても、平和な時期となった。そしてこの平和な時期に、国々は自国にその心を向け、国内問題に専心することができた。第三共和制が手始めに発した法令の中には、処刑人に関するものも含まれていた。

一八七〇年十一月二十五日の布告により、処刑人は、ただ一人を除いてすべて廃止されることになった。唯一の処刑人はパリに居住し、同じく首都の住人である五人の助手を擁することを認められた。ムシュウ・ド・パリの年俸は六千フラン、助手のうち二名は四千フランずつ、残りの三名は三千フランを支給されることになった。二台のギロチンはパリに置かれ、必要な地方にはどこであれ輸送されることになった。かつてジョゼフ・ヘンドレックの助手を務めていたルイ・デイブレが、フランスおよびアルジェリアの処刑人の称号を獲得した。彼の息子アナトールがそのあとを継ぐことになる。

アンリ－クレマンは、晩年を、長女のマリー－エミリー・ジュエンヌと一緒に、ヴェルサイユで暮した。ジュエンヌ夫人——彼女自身も夫に先立たれていた——は、その地で教職について、つましい暮しを立てていた。彼女の父は、隣人たちにムシュウ・アンリと呼ばれつつ、一八八八年の万国博覧会を見物するほど長生きし、その一部を成していたエッフェル塔に驚きの眼を見張った。しかし、惜しいかな、一八八九年七月十四日の革命百年祭を祝うまでには到らなかった。彼は、式典が挙行される六カ月前、一月二十五日に、九十歳で没し、モンマルトルの墓地に葬られた。

アンリ－クレマンが死んでちょうど二年たってから、『彼方（あの世）』という題名の一冊の本が発表された。その著者、ジョリス‐カルル・ユイスマンス（一八四八〜一九〇七）は、ゾラのリアリズムとボードレールのデカダンスのあいのこのような作品を残した作家であるが、十九世紀後半の視点から把えた処刑人の姿を描き出している。十九世紀後半といえば、多くの作家や芸術家たちが、神秘主義、悪魔主義、頽廃、死、などに魅了されていた時代であった。

現代においては、過去のどの世紀におけるよりも、ほんの些細なショックで神経がピリピリ震えることは確かである。たとえば、死刑囚の処刑に関する新聞記事を思い出してみよう。処刑人はおずおずと仕事につき、今にも気絶せんばかりに怯えて、人の首を刎ねる時は神経衰弱になっていることが分る。さて、この神経病を、昔のすさまじい拷問の数々と比較してみよう。奴等は君の腕を湿った羊皮紙ですっぽり包み、それに火をつけたものだ。羊皮紙は縮み上って、じょじょに君の腕を腐らせる。あるいは、奴等は君の大腿部にくさびを打ちこみ、骨をくだいた。君の親指をねじ締めの拷問具にはさみこんで、締め上げて砕いたりもした。かと思えば、君の皮膚の上に生えた毛という毛を、火搔き棒で焼き切ったり、腹の上の皮膚をくるくるとひん剝いて、君をまるで一種の肉垂れ《エプロン》の状態にしてしまったりした。あるいは、荷車の後ろにくくりつけて引きずったり、吊り落し《エストラパード》にかけたり、焼いたり、熱したアルコールを浴びせたりもした。おまけに、その間、犠牲者の悲鳴や哀願にも眉一つ動かさないだけの強靱な神経を持ち続けたのである。ただ、こうした仕事はかなり疲れるものだったので、それを終えたあと、拷問者たちは熊のごとく腹を減らし、かつガブガブと酒を飲んだ。彼らは決して動ずることのない強い神経を持った、血に飢えた輩であった……

サンソン一族の最後の、そしてもっとも繊細な感受性を持った一員が、こうした文章を読まずに世を去ったことは何たる幸運であろうか。この本が世に出た一八九一年には、彼はすでに、彼と彼の祖先たちがあれほど多くの人びとに恵んでやった逃避を与えられていたのであった。

アンリ－クレマンの孫娘のテレーズ－クレマンチーヌ－アントワネット・クラリスが、長年にわたって彼のつつましい墓を守っていた。そして毎年一月二十一日のルイ十六世の命日には、腕一杯の花束を祖先の墓前に捧げる彼女の姿が、墓守りたちの目にとまったものである。一九二〇年に、彼女はポワティエ近くの修道院に身をかくした。そして七代にわたってその無気味な機能を果たし続けたサンソン一族は、歴史の中にかすんで行ったのであった。

「ムシュウ・ド・パリは生きている」

一七九二年に初めて人間に対して用いられた、ジョゼフ－イニャース・ギヨタンの発明した器具は、今日にいたるも依然として使用されている。また、こうしてこれを書いている現在、なおもムシュウ・ド・パリが存在している。

普仏戦争の際、処刑人の地位についたルイ・アナトール・スタニスラス・ディブレルは、一六九人の罪人を処刑した。彼の助手をつとめていた甥のアナトールが、一八九九年にあとを継ぎ、在職中に三百人以上を手がけることになった。一九三〇年二月にアナトールが死んだ時、彼の義理の甥にあたるアンリ・デフルノーがその称号を得て、一九五一年の死亡時まで在職していた。現在の処刑人アンドレ・オブレクトは、アナトールの甥の一人である。

もう一つのサンソン家が生まれつつあるのだろうか？　年に五千二百ドルを稼ぎ、これまでに三六二人を処理してきた、七十三歳のこの現役処刑人は、後継者の名を知っているかとの問いに対して、「さあ、誰がなるのか私は知りません」と答えた。「果してなり手がいるもんでしょうかね？」

一八四九年にアレクサンドル・デュマが、処刑は監獄の敷地内でやるべきだと熱心に提唱したにもかかわらず、第二次大戦の直前までは依然として公衆の目の前で行われ続けた。一九三九年六月十七日、一人の殺人犯が、ヴェルサイユの裁判所前でギロチンにかけられた。その男、ジークフリート・オイゲン・ワイトマンは、彼の処刑前後は一晩中、処刑場へ集って来る群集のざわめきを聞くことができた。裁判所を見下ろす部屋という部屋、バルコニーというバルコニー、窓という窓は、この見もののために賃貸されていた。〈ル・フィガロ〉は、この事件を次のように報告した――

一晩中降り続いた雨にもめげず、ヴェルサイユの住民たちは、ジョルジュ・クレマンソー通りを監獄の門前へ続々とつめかけて来た。そこでは、午前三時頃から、ムシュウ・デフルノーと助手たちがギロチンを組み立てていた……真夜中以後、警官、民兵、警視庁の刑事などから成る特別警護団が、裁判所と監獄に通ずる諸街路を遮断した。多数の客が陣取っていた近くのカフェからの眺望は、その真前《まんまえ》に駐車された大きなトラックによって遮られていた。それは、物好きな人びとに処刑場を凝視させまいとする配慮からであった。

ワイトマンは、午前五時直前に、ギロチンにかけられた。ちょうど一五〇年ばかり昔、革命広場に集って来たのと同様に、血に飢えた、手に負えない男や女（女も大勢いた）の大群が、それを見守っていた。

フランスのあらゆる新聞で写真報道されたその光景は、非常な反響を呼び起こしたため、一週間後の六月二十四日には、以後の公開処刑を禁止する法令が発せられた。これ以後は、処刑は監獄の庭で、重罪裁判所の主審判事、検察庁の役人、処刑地区の裁判所の判事、重罪裁判所の書記、弁護士、僧侶、監獄長、警視、および監獄の医師の立ち会いのもとで行われることになった。処刑が済むと、その旨を通告し、処刑の日時を並記した告知板が監獄の門に貼り出される規定であった。

刑法《コード・ペナル》の規定によれば、死刑に相当する犯罪には、暗殺、尊属殺人、毒を盛ること、殺人、放火および国家に対する犯罪――反逆、スパイ行為、敵に情報を洩らすこと、内乱の誘発――などが含まれる。

戦時中のフランス（一九四〇〜一九四五）では、民間犯罪と並んで、スパイ行為や反逆罪やらの政治的犯罪に対する処刑が多数見られたが、この時期の国の処刑人の活動の回数は、軍のそれに比べるとはるかに少なかった。しかし、デフルノー氏の勤めが暇だったという訳ではない。彼の手がけたものの中で最も悪名高い犠牲者の一人が、少くとも二十五人の人びとを殺害した廉で、一九四六年の五月に断頭台に上った。

デフルノーは一九五一年十月に死んだ。一ヵ月後の十一月八日に、〈ル・フィガロ〉の第九頁の人目につき難い場所に掲載されたささやかな記事が、次の処刑人が指名されたことを報告した。「新しいムシュウ・ド・パリが任命さる」と、つつましい見出しに書いてあった。「だが、まだその名は発表されていない」。記事によれば、慣例に従って、新しい処刑人の名は、次の処刑が予定される時までは公表しないということであった。

一九五二年十月になると、死刑問題がふたたび注目を集め出した。この頃までに、すでに死刑を廃止した国は二十一ヵ国にのぼっていた（ノルウェー、スウェーデン、デンマーク、フィンランド、イタリア、スイス、ブラジル、アルゼンチン、ドミニカ共和国、ヴェネズェラ、ニュージーランド、オーストリア、西ドイツ、ベネルックス諸国、コロンビア、コスタリカ、オーストラリア、サン・マリノ、ポルトガル、および合衆国の七州）。しかし、フランスでは、一九四四年から一九五二年の八年間に、一四六五人が死刑を宣告されてギロチンにかけられていた。一八四八年にヴィクトル・ユゴーが議会に呼びかけた次のような言葉が、もう一度印刷物に現われるようになった。「人にではなく、神に属するものが三つある。すなわち、取り返しのつかないもの、償い得ないもの、永久不変のもの、の三つである。人間が、もし彼の法典にそれらを組み込もうとするならば、それは大それたことである」。

これと対照的なのが、ジャン－ジャック・ルソーの言葉である。「悪事を為した者はすべて、社会の権利を侵害したことによって、その罰として、祖国に対する裏切り者、謀叛人となる。国の規則を犯したことで、彼はその一員たる資格を放棄するばかりか、国に対して戦争をしかけたことにさえなる。そのような場合、国家の存続と彼の存続とは互いに相容れないものとなる。どちらか一方が死なねばならない。罪人を死刑に処すのは、市民を殺すことではなく、敵を殺すことである」。

一九五三年から一九六六年にかけて、ギロチンは二十二回作動した。そして、その都度《つど》、死刑に関する是非論が起こり、公共出版物の中で、知識人、官吏、民間人による討論が闘わされては――立ち消えとなってきた。フランス憲法第十七条によれば、フランス共和国大統領のみが生死を決める権限を有し、死刑の判決を終身刑に減刑することができる。

一九六七年十二月、ギュンター・ヴォルツという男が強姦殺人の罪で処刑された。また、アルジェリア戦争の間に、暗殺や反逆や、国家の安全に関するその他の理由で処刑された者も多かった。一九六九年三月十二日、ジャン・オリヴィエという男が、十歳と十二歳の二人の子供を、その一人を強姦したのちに殺した廉によって、ギロチンへと送られた。シャルル・ド・ゴールは減刑を拒否した。同年、ジョルジュ・ポンピドーが大統領に就任すると、自分が共和国の大統領に在任中は誰一人死刑に処することはしないと公約した。そして、それを証明するため、彼はただちに、裁判所から廻されてきていた三件の死刑判決に減刑を与えた。

しかし、一九七二年十一月、ポンピドー氏は彼の約束を破棄したのだ。またしてもギロチンの刃が落ちた――クロード・ビュフェとロジェ・ポンタンの首の上に。三年以上ものギロチンの休止ののちの、最初の犠牲者であった。フランスのありとあらゆる新聞が、あらためてこの問題を取り上げた。というのは、二人のうち一人しか殺人を犯してはいなかったのに、両方とも死刑を宣告されたからであった。クレルヴォ監獄で暴動が起きた際、ビュフェは、人質となっていた男女二人の看守の喉を掻き切ったのだ。ポンタンは殺しはしなかった。だが、何の止め立てもしなかったのである。にも拘らず、ポンピドー大統領は恩赦を差し控えた。

今では四十カ国以上が死刑を廃止している。しかし、最近の世論調査によれば、フランス国民の大多数が依然として死刑に賛成だということである。そして、ジョルジュ・ポンピドーは、七歳の少女を殺した三十四歳のチュニジア人、アリ・ベンヤールの処刑をも黙認した。一九七三年五月十二日の暁《あ》け方、彼は、「私は、フランスの宥《ゆる》しを乞う」と言いつつ、断頭台への階段を上った。

ムシュウ・ド・パリはまだ生きている!

訳者あとがき

現代のある拷問被害者は語っている。

「――私は拷問執行人の顔を暗い房内で見てきた。その顔は、出血して土気色になった私の顔よりも恐ろしいものであった。その拷問執行人の顔はけいれんにひきつって、とても人間の顔とも思われなかった。彼は緊張のあまり、まるで中国の仮面によく見られるような恐ろしい表情をしていた。……この状況では私の方にむしろ心のゆとりがあった。私は他人を辱しめてはいなかった。私はただ若痛にうずく体内深く悲しい人間性を抱きしめていただけである。だが他を辱しめる人間はまず自分の中の人間性を辱しめねばならないのだ。……いまこの瞬間に、私は子供たちが学校に行ったり、公園で遊んだりしているのを見るという喜びを奪われているのだが、しかしあいつらは自分たちの子供の顔をまともに見ることができるだろうか」（ゲオ・マンガキス『ヨーロッパの友への手紙』の一節、アムネスティ・インターナショナル編『現代の拷問』清水俊雄訳より）。

人間の強靭さと優しさとを示す感動的な一文である。一人の人間は他の人間を苦しめたり辱しめたりその生命を奪ったりする権利は何ひとつ持っていない。たとえ上からの命令によってであれ、そうした行動に出ようとすれば余程の覚悟がいるだろう。そしてその後ではその行動の度合いに応じてそれ相応の償いを要求されるに違いない。

これはその「自分たちの子供の顔をまともに見ることができ」なかった「あいつら」の償いの歴史である。

拷問と死刑を別箇のものとして見れば、一方が一人の人間を丸ごと社会から排除抹殺するのに対して、他方はその人間を社会の埒《らち》内に留めておきながら人間の引き摺っている弱い肉を責め苛むことによってその内部を奪い去ろうとする点で、いっそう許しがたい卑劣な人間冒瀆の行為と言えよう。

フランス革命に先立つ一七八〇年、自白強要のための予備的拷問はルイ十六世によって廃止されたものの、死刑の方は従来どおり、斬首、絞首、車責め、焚刑の四種が存置され、死に至るプロセスとしての拷問はそのまま随伴したままであった。

これがギロチン(フランス語ではギヨティーヌ)の出現によって断首刑ただ一つに統一されるのが、フランス革命最中《さなか》の一七九二年のことであった(本書P87以下)。

ギロチンといえば現在なおフランスでは活動中の処刑具であるが、われわれにはそれはルイ十六世からロベスピエールにいたるまでの首をいとも無造作に刎ねていったフランス革命恐怖政治の象徴と

して思い浮かべられるのが常であり、しかもそれはほとんど卑猥ともいうべき滑稽感を伴っているのである。それは瞬時にして首と身体が処を異にするという人間としておよそ有りうべからざるその死に様《ざま》と、もっとも苦悩深かるべき人間の死を木と鉄の道具にすべてを委ねて乾いた平板な瞬間に変えてしまった（ギヨタンはその瞬間死刑囚はただ「頭に軽い一抹の清涼感」を感じるだけと説明した）ことからくるのであろう。当時フランスでも首を切り離すと赤いリキュールがこぼれる仕掛けのギロチン人形などが作られたのを見ると、この感情もあながちギロチンとは縁遠いわれわれだけのものではないらしい。

それはともあれ、このギロチンと、それだけにその名を残している提案者のギヨタン博士とはともに世上広く誤解されているのではないだろうか。当時の中世さながらの行刑法ないしは刑事訴訟法に対して、近代的市民法ないしは罪刑法定主義の立場に立って、「犯罪者の身分家柄がいかなるものであっても、同じ犯罪は同種の刑罰によって、罰せられなければならない」と主張し、「犯罪者は断頭されるものとする」ことを提案したのが他ならぬギヨタン博士であり、いかにすれば死刑囚の苦痛をもっとも少なくし、しかも執行人の伎倆に左右されず「頸部の急速で完璧な切断を確実に行なう」ことができるか、という問いに対する具体的な解答として登場したのがこのギロチンだったのである。

当時、斬首刑は貴族に、絞首刑は平民ないしは女性に適用されるというような差別があり、斬首刑はそれまでは貴族の特権だったわけである。それからすればギロチンこそは死刑の人権宣言だったのであり、まさに勝れてフランス革命的な産物ということができよう。

ギヨタンはこれと同時に、「犯罪は個人的なもの」であり、「その家族にまで累をおよぼすようなことがあってはならない」こと、「受刑者の財産の没収は、決して行われてはならない」こと、受刑者が「いかなる種類の死に方をしたかについての記載」は、「戸籍上には書かれてはならない」こと、といった近代的な基本的人権に関わる重要な提案をも国民議会に対して行なっているのである（ジャン・ブロック＝ミシェル『死刑論』杉捷夫・川村克己共訳など参照）。

後にギヨタンは、断頭台をギロチンと呼ぶことに再三異議を申し立てたが結局聞き届けられず、自ら改姓することで諦めたという。

こうして登場したギロチンは、その後間断なく作動し続ける。その最盛期には、一日三十人から六十人をこなし、「二十一名のジロンド党員が三十分間、三十一名の司税官が三十五分間、五十四名の赤シャツ組が二十八分間、十二名の反革命囚人が二十分間、革命政府が崩壊し、フーキエ・タンヴィルを含む十五名が二十分間、で手際よく彼岸に送られた」（辰野隆『フランス革命夜話』）という。絞首刑による絶命時間は七分から十五分、電気殺でも受刑者が数回の衝撃を受けて死ぬまで四分半かかるとされているのに比べると、ギロチンはまさに驚くべきスピードで「急速で完璧な切断を確実に」行なっていったのである。

このギロチン台上に必ず一人は姿を見せていたのがこのサンソン家の人々である。時には親子、叔父甥など複数の人間が立ち並ぶことも珍しくはなかった。

著者はムシュウ・ド・パリ（パリの死刑執行人）を中心にこのサンソン家を、ギロチン以前に溯ってそのルーツを探り、七代二百余年にのぼる系譜をたどって十九世紀半ばに及び、さらにサンソン家がその舞台から姿を消したあとにまで筆を進め、その下限は一九七三年に至っている。

二百年（サンソン家以外にも枠を広げればおよそ三百年）の期間は決して短くはない。話の始まるのが一六六三年で、太陽王ルイ十四世親政時代＝大世紀の開始とほぼその時期を一にしている。以後その終焉とブルボン絶対王制の動揺、大革命から市民社会の成立といった大変動の時代をカバーする。そのフランス社会の変動を背後に点綴《てんてつ》させながら、親子相継ぐ死刑執行人の一人一人の姿に照明があてられる。それはむしろ資料によって静かに語られるのだが、事実そのものの重さが読む者を圧倒し、いわば通時的共時的な興趣の中に引き込まれて行く。

とくに首切り人サンソン家の始祖となった初代シャルル・サンソンと死刑執行人の娘との宿命的な出会い、軍人としての社会的地位を捨てて被差別者の娘と敢て自己を結びつけて行く過程、さらには死別した昔の恋人と瓜二つの女を自ら手にかける最後の処刑にいたるまで、さながら一編の中世的悲恋物語を読む思いがする（本書P9以下）。

著者バーバラ・レヴィは、一九二一年ニューヨーク生まれのアメリカ人。父は心臓病専門の医師であったが、祖父はかなり大きなデパートの創立者（現在は叔父が経営）で、のちフランクリン・ルーズヴェルト大統領のもとで駐仏大使をも勤めた人。余談になるが、この祖父夫妻は一九一二年あの有名な世界最大の海難事故となったタイタニック号に乗り合わせ、「夫を残して私だけが助かるのは嫌だ」と妻が救助されるのを拒否して世界的に話題をまいた。

バーバラがフランスに興味を持ったのも、もとはといえばこの祖父の影響による。ヴァサー・カレッジでフランス文学およびフランス史を専攻。卒業後は、コピーライターの仕事についたり、〈パリ・ヘラルド〉の「ショップ・トーク」欄などを担当。この本を書く最初のきっかけとなったのは、あるシナリオ・ライターからサンソン家の歴史を調査してくれるよう依頼されたことであった。しかし、この時は荷が勝ち過ぎるとしてそのまま放擲したが、数年後再びこの主題に熱中し、広くフランスでの資料を渉猟し、この本が生まれるに至った。

原題は、『LEGACY《レガシー》 OF《オブ》 DEATH《デス》（死の遺産）』、一九七三年 PRENTICE-HALL《プレンティス・ホール》 社刊。「七代二百年にわたってフランスの死刑執行人を勤めた驚くべきサンソン家の物語」という副題がついている。著書はこれまでに次の四冊、うち二冊は推理小説である。

『アドリエンヌ　ADRIENNE』（洗濯女から見出されラシーヌの古典悲劇で好評を博したフランスの女優アドリエンヌ・ルクヴルールの物語）一九六〇年

『裁きの庭　PLACE OF JUDGEMENT』（法廷もの）一九六五年

『見失われたマチス　THE MISSING MATISSE』（推理小説）一九六九年

『華麗なる災い　THE SHINING MISCHIEF』（推理小説）一九七一年

「第二十区にあるその墓は、モンマルトル墓地の中でも最も古いものの一つである」という本書の書き出しも、いかにも推理作家らしい。

サンソンについては箕作《みつくり》元八の『フランス大革命史』（サムソンとして出てくる）以来数多くのフランス革命史あるいはマリー・アントワネット伝などでそのほんの片鱗については本邦へも紹介されてきたが、あるていどまとまったものとしては辰野隆『フランス革命夜話』（メルキュール・ド・フランス所載のロジェ・グーラールの記事に拠った『断頭吏サンソン』および『ルイ十六世の最後』以外には私は寡聞にして知らない。


この本を書くきっかけとなったのは前述のとおりだが、その心理的動因となったのは何であろうか。それは恐らく、著者自身も引用しているとおり、「処刑人の心に何が去来するのか」知りたいということにあっただろう。「自分の恐ろしい役目を、ごくありきたりの仕事とみなしているかどうか、死刑囚の最後の言葉を聞き、最後の眼差しを見たことを知りながら、夜の眠りに就くことができるかどうか知りたい」（本書Ｐ５）という百年前の人間と変らず今も誰もが抱く烈しい好奇心にあったのだろう。

「……四人の下級執行吏が鞭を鳴らして追い立てる四頭の頑丈な馬が、受刑者の血まみれのやけどの傷の上を縛った綱を引っぱった。引いたりゆすぶったり、一時間もしていた。四肢は延びたが離れなかった。刑吏たちが最後に筋肉を何本か切った。すると四肢が一本一本と外れていった。両足と片腕を失ってダミアンはまだ生きていた。残った腕が血にすっかりまみれた胴体から離れたとき、やっと息絶えた」(『パリ高等法院史』、ジャン・ブロック＝ミシェルの前掲書原註より)というヴォルテールの簡潔な描写を読むさえ肌に粟を生じる(ダミアンの)四裂きの刑を執行する処刑人(シャルル－アンリ・サンソンと叔父ガブリエル・サンソン。本書P44〜48にはこの前後にわたるもっと詳細な記述がある)。この処刑人はまた恐怖政治の頂点(一七九四年)で毎日三十人から六十人をこなした男であり、恐怖政治が終った時点で、彼が立ち会うか、あるいは直接手を下すかした処刑者数は、実に総計で二千七百人を越えていたのだ。

当時の人の目にはなんとサンソン一家が「不気味な存在」に見えたことだろう。それは「太い指と血糊のついた爪を持った怪物」に見え、「彼らも愛したり憎んだり、弱みや欲求、偏見、疑念、恐れといったものを持って」いるのだろうか、と審《いぶ》かられたのも無理はない。

しかし、死刑を執行する人間と、それを取り巻いて眺めている大ぜいの人間との間には、一体どれほどの径庭《けいてい》があろう。

処刑前日から、馬車で、あるいは徒歩で大ぜいの群集が処刑場目指して押し寄せ、広場近くの窓という窓、屋根という屋根に取り付いて、受刑者が「処刑台に上ると、人びとはあたかも観劇時のように拍手喝采し、そして処刑が行われている間、街頭の売り子たちは、犠牲者の似顔絵に、その犯罪物語のパンフレットを添えて、売って廻り」(本書P44)、中にはカザノヴァのように、処刑の見物人の間でのエロチックな小事件を楽しんでいる男もいるといった工合だったのである。

果して処刑人たちは、ユイスマンスが描いたように、「処刑の間、犠牲者の悲鳴や哀願にも眉一つ動かさないだけの強靱な神経を持ち続け」た「血に飢えた輩」であり、仕事が終れば「熊のごとく腹を減らし、かつガブガブと酒を飲む」だけの連中であったのだろうか。

著者は処刑人のその行為に対する「償い」を見いだそうとして、ユイスマンスとはほとんど裏腹の処刑人像を示して行く。

その初体験の折、脚がもつれて処刑台上で転倒し、またその晩年には血を見ると震えがくるようになった初代シャルル・サンソン、絶えず緊張を強いられた結果、三十五歳で卒中に見舞われたジャン＝バチスト・サンソン、ダミアンの処刑後遂に二度と立ち直ることができなかったランスの処刑人ガブリエル・サンソン。処刑直後の夜、ルイ十六世のためにひそかにミサを頼みにきたシャルル＝アンリ・サンソン。……

このシャルル＝アンリ・サンソン自体、あのギロチン論議の際に、「斬首刑執行に関する意見書、付、斬首刑が実際に示し、また恐らく惹起するであろう諸種の障害について」という文書を提出している。

「処刑が法の意志通りに終了しうるためには、囚人側になんらの障害がない場合であっても、執行人は非常に伎倆の優れたものでなければならず、死刑囚はたいへんしっかりしていなければならない。さもなければ、危険な場面が惹起しないまでも、剣をもって、この処刑を終了することは、決してできないであろう」と（ジャン・ブロック＝ミシェル前掲書）。

本書にも切り損じの残酷な場面は幾つか出てくる（P23〜24、P58）が、古くは手斧と首切台を使ってのスコットランド女王メリーの斬首にも三振りを要し、近くはわが国斬首刑の最後といわれる高橋お伝も切り損じたあと押し切りにしたと聞く。斬首刑ではないが、三島由紀夫の切腹の介錯には一人が二ないし三太刀、代った一人がもう一太刀振ったか押し切りにしたのではないかと推定されている。ともかく斬首には斬る方も失神するくらいの極度の精神的緊張とエネルギーの消耗がともなうことは間違いないところであろう（綱淵謙錠『斬』）。

しかしギロチンが出現してもそれは決して処刑人を解放しはしなかった。それどころか斬首方法の合理化は処刑の際の処刑人の精神的緊張と平素からの修練を免除したため、却って処刑人の疎外はいっそう甚しく、まさにギロチンの一部品にひたすら転落して行くかのごとくである。もはや被処刑人と四つになって組み合う場所は失われてしまったのである。それは次代になって逃避につぐ逃避を重ね、放蕩と浪費の生活に身を持ち崩し、ついにはギロチンまで質入れして馘になってしまったサンソン家最後の首切り人アンリ－クレマン・サンソンの生き様にはっきり影を落としているのではないだろうか。

日本にも周知のとおり首切役人がいた。山田浅右衛門である（実際には首打役ではなく「徳川家御佩刀御試御用」であった）。山田家は山田流据物斬りで一家をなした家系である。ねずみが道場の羽目板の破れ目からチラと首を出した瞬間それを切り落とすという手練の早業を持っていた（綱淵謙錠『斬』による）かどうかまでは知らないが、斬首の際、「首の皮一枚を残して斬る」といった態《てい》の腕の冴えを目指して日頃の訓練に怠りなく励んだことは恐らく間違いないであろう。封建的なモラルを除けば、代々の山田浅右衛門の人間崩壊を支えていたのは実にこの人間的矜持ではないかと私は考える。斬首に美学はあっても、ギロチンには機械的合理性しかなかったのである。

（ちなみに、アメリカの数州で用いられている電気殺のばあい、ボタン板に並んだ二十数個のスイッチボタンのうち一個だけに電流が通じており、ボタンを押した二十数名のうち誰の押したものが死刑囚の生命を奪ったかわからない仕組みになっているという。執行人の感情救済の一方法であろうが、主観的には誰もが「殺さなかった」のに、確実に一人の人間が死ぬわけである。）


総じてこの種のものが、たとえノンフィクションのものであっても、それが単なるゴシップ読物に終ることなく文学として成り立つためには、勝れて人間的な立場に立つことが要求されよう。どこまでも被差別者＝処刑人の立場に立ってその解放を志向するものでなければならないだろう。しかしこの立場を徹底させて行けば、これまでもその都度《つど》その都度《つど》の処刑人の心理的振幅に即して語りながら、絶えずのぞき込まざるをえなかった暗渠《あんきょ》を明るみに引き摺り出さずにはおかないだろう。それはあれやこれやの処刑人を越えて、処刑人を処刑人たらしめているものであり、また同時に受刑者を受刑者たらしめているものであり、そして見物人を見物人たらしめているものでもある。

すでに二百年以上も前に、ルソー、ヴォルテールなどと並ぶ当時のイタリアの危険思想家チェーザレ・ベッカリーアは、「われわれが死刑執行人をほんの一目でも見たときのあのはげしい怒りとけいべつ」が、実は死刑そのものに対するわれわれの「普遍的な感情」の投影に過ぎないことを明快に指摘した上でこう言っている。

「……理性的になろうとあらゆる努力をしてもなお、このいかりと恐怖の感情を消すことができないのはなぜだろう？　それはこうなのだ——われわれのたましいのずっと奥の部分、そこではたましいの天来の要素が、まだ少しも毒されずにありうるところで、一つの感情がわれわれにむかって叫んでいることにわれわれが気づくからだ。人間は生命にたいして何らの合法的権利ももっていない。あらゆるところへその鉄のシャク（専制支配）をのばす『必要』だけが人間の生命を処理できるばかりだ、と」（ベッカリーア『犯罪と刑罰』風早八十二・同二葉共訳）。

著者もまたおのずから死刑論へと踏み込んで行き、それをユゴーに語らせ、デュマに語らせている。「二十年前には、死刑の執行は……最大限の観衆の目の前で行なわれた……今では……死刑囚の最後の瞬間にごく少数の目撃者のみを配することによって、死刑廃止に向かってすでに一歩が踏み出された。……処刑は現在、……監獄の門前で行なわれている。そこから監獄内での処刑に移行するのは、わずか数歩の問題である。そして監獄の中庭から獄房自体へ下りて行くのは、たった一歩なのだ」（本書P262〜267）と。

デュマがこう言ってからすでに何と一二〇年以上を経過している。フランスでの最後の公開処刑が行われたのが、第二次世界大戦直前の一九三九年のこと。デュマの言った「わずか数歩」を歩むのにこれだけの時間の経過を必要としたのである。しかもまだデュマの予測は十全には実現されてはいない。

ユゴーはその『死刑囚最後の日』序文の中で、社会は個人に復讐を加えるには偉大過ぎ、個人に懲罰を与えるには卑小過ぎるといった意味のことを言っている。裁きは神の業としたのである。何もサッコ・ヴァンゼッティ事件やローゼンバーク事件を引かなくとも、わが国においても誤判の例にはこと欠かない。「もし誤判を犯した場合にはその裁判官は死刑に処する?」といった乱暴な法規を一体誰が認めるだろう。逆に言えば裁判もそれほど不確かな人間の営みの一つに過ぎない。そう考えると、死刑論については著者は、デュマよりも、ユゴーよりも、むしろ先ずロベスピエールに語らせるべきではなかったかと私は考える。彼は誤審を最大の理由の一つとして烈しく死刑廃止を主張しているのである(一七九一年)。

「……人間のなす審判は断じて、十分に確実なるものにあらず。社会は、誤謬を犯しやすき人間が、同じ人間に死刑を宣告し、死を科するのを許さざるものである。……完璧この上なき法の秩序を想定せりといえども、またもっとも廉潔にしてもっとも明敏なる裁判官を見いだせりと誇称するといえども、依然誤審の余地と偏見の余地を払拭し能わぬであろう。

……公共の権威が人間の生命をもてあそぶとき、人間の尊厳に対する観念は、その偉大さを失うのみなのである……」として、「殺人を命ずる法規」の抹消を求めたのであった(ジャン・ブロック゠ミシェル前掲書より。誤判については、アーサー・ケストラー『絞首刑』西村克彦訳、正木亮『死刑』などを参照)。

ここで死刑論を総体的に取り上げるゆとりも能力も私にはもちろんないが、現実に死刑を廃止した国が数多く存在する現在では、死刑の可否は、理論の問題であるよりはすでに実証の問題となっているといえるだろう。

著者はこうした動きを踏まえながら、縁者の捧げる二鉢の赤いゼラニウムに代えて、本書をその墓前に供えて、死刑執行人らを「人間として厚く弔う」とともに、簡潔な結びの言葉で読者に対して鋭い警鐘を鳴らしているように思われる。「ムシュウ・ド・パリはまだ生きている」と。……そしてもちろん「ムシュウ・ド・トウキョウ(ムシュウ・ド・ミヤギというべきか)も、ムシュウ・ド・……も生きている」のである。

終りにこのような興味深い本の訳出の機会を再び三度び与えられたことに対し、文化放送出版部ならびに五所英男氏に心から感謝の念を表したい。

一九七七年八月　訳者記す

あとがき再び

この本が初めて出版された翌年、私はやっとサンソンの墓を探し当てた。実はその前の年にも同じモンマルトルの墓地を訪れたものの、原著にあるとおりの第二十七区ばかりを探し回って空しく引き揚げたのだった。このときも道からその一画に入るとき、はっきり第二十七区という標識を見たのだが、探し当てたあとでもう一度確かめると、なんとそれは切れ目なく続くお隣りの第二十区だったのだ。著者ならずとも、いくらかそそっかしい人だったらだれでも間違えそうだった。

その墓は、両隣のどっしりした大きな墓石の間に挟まれ、上の十字架と「ファミーユ・サンソン」と刻んだ台座の前面を残して、まだ真昼だというのにすっかり陰っていた。碑面も風化して刻んだ文字も浅くなり、私はためつすがめつ、最初のほうの「ここに眠る、シャルル・アンリ・サンソン、一七五〇年二月十五日パリに生まる……」と、最後のほうの「アンリ・クレマン・サンソン、一八八〇年一月二十五日死去、行年八十九歳」とあるのをやっと判読した。

「そんなところにルイ十六世やマリー・アントワネットの首を切ったやつの骸などありませんぞ。

あんなやつはこの墓地には入れんのだ」。通りかかった老紳士が足をとめて、そうはっきり私に断言した。墓はその老紳士の言葉の中でいっそう小さくみすぼらしげに見え、その前に枯れた茎だけを残した鉢が一つぽつんと転がっていた。

紳士はついでにそこから程遠からぬところ（第十五区）にある娼婦アルフォンシーヌ・プレシスの墓に案内してくれた。小説の主人公となったいわゆる「椿姫」である。こちらのほうは見落とすこともないような明るい陽だまりの中で、頭部には椿の花をあしらったクッションをつけ、とりどりの花に囲まれ、まるでゆっくり現世の傷を癒しているかのように見えたことだった。

この本を訳出してからすでに十年。この間おりおり主として文庫に入れたいという御意向を頂いていたが、いま法政大学出版局のご厚意によって前と同じ判型で再びこの本が陽の目を見ることができることとなった。そのいきさつはまったく知らないながら、私どもにとっては大へん嬉しいことで、著者の分も含めてここに改めて深く謝意を表するしだいです。

一九八七年五月十日　訳者記す

パリの断頭台
七代にわたる死刑執行人サンソン家年代記

1987年 9 月 1 日　　初版第 1 刷発行
2014年 3 月10日　新装版第 1 刷発行
2018年 5 月30日　　　　第 2 刷発行

バーバラ・レヴィ
喜多迅鷹／喜多元子 訳
発行所　一般財団法人　法政大学出版局
〒102-0071 東京都千代田区富士見 2-17-1
電話03(5214)5540　振替00160-6-95814
製版，印刷：三和印刷／製本：積信堂

Printed in Japan

ISBN978-4-588-36416-7

著　者

バーバラ・レヴィ（Barbara Levy）

アメリカの女流作家．1921年ニューヨーク生まれ．父は心臓病専門の医師．祖父は実業家で，のちルーズヴェルト大統領のもとで駐仏大使をつとめた．フランスへの興味はこの祖父の影響による．ヴァッサー・カレッジでフランス文学・フランス史を専攻，卒業後コピーライター，『パリ・ヘラルド』紙のコラムニストなどをつとめた．本書はシナリオ・ライターからサンソン家の歴史調査を依頼されたのがきっかけとなって数年後に書き上げられ，米国推理作家協会賞を受賞した．他に，Adrienne（アドリエンヌ）1960，Place of Judgement（裁きの庭）1965，推理小説 The Missing Matisse（失われたマチス）1969，The Shinning Mischief（華麗なる災い）1971，などの著書がある．

訳　者

喜多迅鷹（きた　としたか）

長崎市出身．1948年，東京大学法学部卒業．元東京都立大学・横浜市立大学講師．
著書：ポルトガルスケッチ紀行『珍酡の酒』
　　　『東欧・激動の底流はここに（上・下）』，他
訳書：トリストラム『地球を測った男たち』
　　　シェニョー『自由への最終列車』，他

喜多元子（きた　もとこ）

東京都出身．1961年，東京外国語大学英米文学科卒業．英米文学の翻訳に従事．
訳書：コッホ『北極グマの四季』
　　　モーガン『巨大穀物商社』
　　　フェル『紀元前のアメリカ』
　　　アジモフ『聖書を科学する』
　　　マクベイン『ジャックと豆の木』
　　　バートゥ『嫌われる日本人』，他

ルイ-シル-シャルルマーニュ
1748-1794
プロヴァンの処刑人
結婚

マリ-ジョゼフ
1751-1813
ランスの処刑人
ジャン-ルイ・サンソン
と結婚

ピエール・シャンクス
1753-?

ジャン-パチスト-
ピエール
1754-?

ジョゼフ-クロード
1757-1779

ガブリエル

マリ-マドレーヌ・
ジュヌヴィエーヴ・エリッソン

子供3人（夭折）

マリ-ファール-マルグ
リッド・ジャンドロン

ルイ-アンリ-ガブリエル
?-1874
錠前製造人として
生活しようと試み
たが挫折

サンソン家は次にあげる各地区の処刑人であったか、もしくは処刑人と縁続きであった。
エタンプ、モー、レンヌ、オルレアン、ランス、アベヴイル、ヴェルサイユ、ソワッソン、トウール、ディエップ、アミアン、ラ・ロシェル、モンペリエ、ブロア、ムラン、プロヴァン、リヨン。